W0188971

Thomas Kapielski
Sozialmanierismus

Thomas Kapielski (*1951) studierte Geographie, Philosophie und Musikwissenschaft. Als Künstler, Musiker, Fotograf, Performer, Brüll-therapeut und Kultautor ist er einer der bekanntesten Vertreter der (West-)Berliner Literaturbohème. Von der *Zeit* wurde er als »Voll-ender des Künstlerromans« gefeiert, von der *Woche* als »Trash-Titan«. Kapielski lehrt als Professor an der Kunstakademie Braunschweig.

»Der Autor … zeigt sich hier in seiner bislang besten Rolle als emp-findsame Berliner Dickhaut und wertekonservativer Vorstadtanar-chist, den nüscht aus der Fassung und der Kneipe bringen kann – es sei denn die eigene redselige und abgrundtiefe Melancholie.« (Iris Radisch)

»Ein Werk, Mann, ein Werk! Das sicher nicht bei einem knappen ›Ende der Durchsage‹ bleibt. Und über das sich schon lange nicht mehr, wie von Kapielski gewünscht, ›immer klug, tief und leicht schweigen‹ lässt.« (Gerrit Bartels)

Thomas Kapielski

Sozialmanierismus

Zweitausendeins

1. Auflage der durchgesehenen und erweiterten Neuausgabe, Februar 2003.
Copyright © 2003 bei Zweitausendeins, Postfach, D-60381 Frankfurt am Main.
www.Zweitausendeins.de

Fotos: Thomas Kapielski.
Lizenzausgabe mit freundlicher Genehmigung
des Merve Verlags, Berlin, Copyright © 2001.

Lektorat der Neuausgabe: Ekkehard Kunze (Büro W), Wiesbaden.
Herstellung: Dieter Kohler GmbH, Nördlingen.
Druck: Gutmann + Co GmbH, Talheim.
Einband: G. Lachenmaier, Reutlingen.
Printed in Germany.

Diese Ausgabe gibt es nur bei Zweitausendeins im Versand,
Postfach, D-60381, Frankfurt am Main, Telefon 069-420 8000, Fax 069-415 003.
Internet www.Zweitausendeins.de, E-Mail info@Zweitausendeins.de.
Oder in den Zweitausendeins-Läden in Berlin, Düsseldorf, Essen,
Frankfurt, Freiburg, 2× in Hamburg, in Hannover, Köln, Mannheim,
München, Nürnberg, Stuttgart.

In der Schweiz über buch 2000, Postfach 89, CH-8910 Affoltern a. A.

ISBN 3-86150-474-X

Je dickens destojewskij

Inhalt

211 Atelier
     Prof. Kapielski

Bin gleich
wieder da
— also hier!

I.
Tür des Monats

Februar 1999 – Mai 1999

> Das meiste wird von Leuten bewirkt,
> denen es nicht besonders gut geht.

War eben kurz zur Tür raus: Himmel! Die heutige Hitze (17,3 °C) haut mir auf's Haupt und Gemüte! Wir haben Ende Februar, Mensch!

Der Schnulzenputzi ist zu den Spielwaren, um sich dort, auf dem luftigen Weltmarkt unserer Bahnhofstraße, »Glibbermasse« zu besorgen.

»Tu das, mein Sohn!« brummte ich ihm wohlwollend nach. (Muß ja sein: langsame Verlängerung des Familienlebens ins Weltweite, erstes Umspannen der Großwelt – qua ›Glibbermasse‹! Und warum nicht? Denn fürwahr ein merkwürdig giftgrünes Material, die Glibbermasse; man kann sie gegen die Wand schmeißen, wo sie als träger Flatschfladen haften bleibt oder kann sie etwa schadlos zwei, drei Meter auseinanderziehen, und dann kraucht das Zeug, nie ganz die Form aber immer strikt die eigene Wesenseinheit wahrend, klebrig reptil und restlos spurlos die Wand herab und schrumpelt allmählich wieder zu einem flüssig-festen Klumpen chemieindustrieller Inspiration zusammen. – Überlebenstaktisch nicht unklug, das Ganze!)

Ihm, dem Sohne, am Fenster nachsinnend: Wird er, der Schnulzenputzi (8), einmal einer sein, der, wie ich, sich die Welt erdichtet und daher an der Krankheit leidet, sie nicht mehr unmittelbar erfassen zu können, oder wird er sie sich erraten und tüchtig erkundschaften, wie seine Mutter, die wiederum daran leidet, alles für wahr und ernst nehmen zu müssen?

Eben sie, mein liebkünftig Ehezweiglein, sitzt unterdessen beim Friseur, irgendeiner ernsthaften Kurpackung als auch wahrhaften Welle wegen oder was; man wird sehen.

Und ich lief heut schon früh zur Lottoannahmestelle, um das Familienleben qua Samstagslottoeinsatz auch finanziell etwas mehr abzustützen; eine hoffnungsfroh gehobene Stimmung dort! – Über uns allen, im Jackpott, sollen sich ja gerüchteweise an die 29 Millionen DM stauen! Und alle dachten sich für den Fall des großen Groschenfalls verwegenste Kreuzfahrten auf den Lottoscheinen aus. Man war froh und freundlich zueinander, ließ aber hinter vorgehaltenen Handschutzschilden partout keinen abschreiben.

So werden dann also das Weib verschönt und der Sohn beglückt heimkehren, derweil ich schon guter Dinge häuslich umhersinne und die Lage für gut befinde. Das Wetter heute aber ist eindeutig krank!

Montag, 1.3.99, Charlottenburger Stammtisch. Neuigkeiten: Kellnerin Trixi ist gekündigt, vermutlich, weil zu schnell – das störte den Betriebsfrieden. Das Trixi eher gewogene Volk quälte den Wirt deshalb respektlos zeternd, und der Wirt quälte das Trixi eher gewogene Volk mit wiederhergestelltem Betriebsfrieden, also mit zäh verschlepptem Nachschub und verstreute auch das Gerücht, es seien zwielichtige Trixitrixisachen vorgefallen und wahrer Kündigungsgrund gewesen. Sein Pech! Als starke Steuerbluter haben wir hier nämlich alle viel Verständnis für Trixitrixisachen!

Dann am Tisch ziemlich viele Krankengeschichten; wir rücken halt in geschlossener Formation teils auf sechzig, teils auf fünfzig vor. Die noch Gesündesten unter uns tummeln sich darüber und darunter und überraschen stets mit allerhand Weibergeschichten! (Einer unserer unverwüstlichsten Uns-voran-auf-siebzig-zu-Lebenden: Er habe neulich in die Badewanne gewixt, da größeres Gefäß nicht zur Verfügung stand! – »Boh, du Sau!«) Da morgen Vollmond, sahen sich auch noch alle genötigt, wie geisteskrank gegen diesen körperlichen oder moralischen Niedergang anzusaufen. Und obwohl wir alle genau wußten, daß wir sterben werden, glaubten wir es heute einfach nicht!

Na, ich weiß wenigstens noch, daß ich da war.

Das Problem der Problemgeschichte. »For every complex problem there is a solution that is concise, clear, simple, and wrong.« So sprach Henry Louis Mencken, sehr amerikanisch, sehr starrsinnig deutschfreundlich, wie alle Großen. Seit seinen Besuchen in München, um 1910, auch big friend of the oktoberfest and the unique, incomparable, transcendental Bavarian beer, and the riesige schnitzels and those mighty double portions of sauerbraten and rostbif, and – yeah! – friend of the gemütlichkeit. (Just like me!)

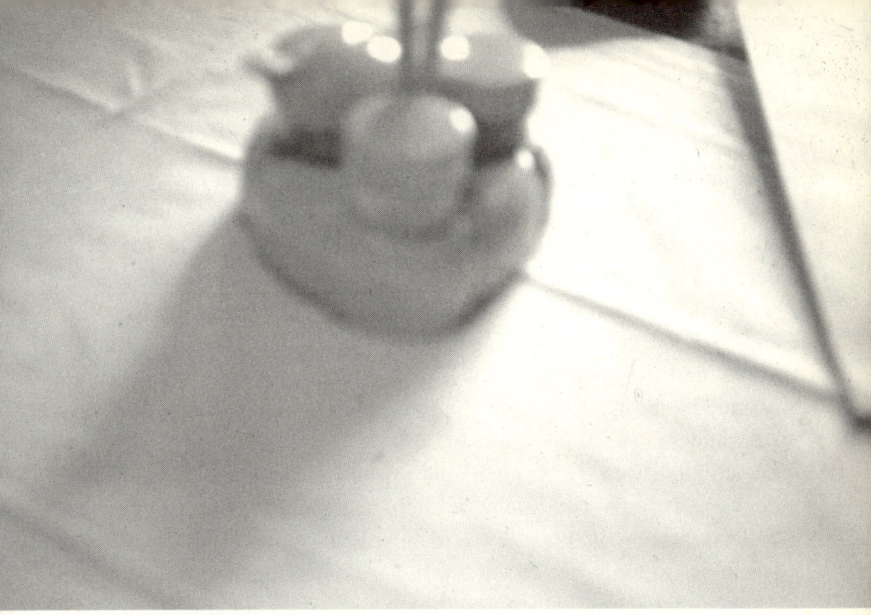

In China war jetzt im Frühjahr eine Kampagne gegen explodierende Bierflaschen amtlich gestartet worden, da beim chinesischen Verbraucherverband tausende Beschwerden sich häuften, Personen bereits auch zu Tode gekommen und Tausende zerfetzt und sonstwie beschädigt worden waren. Es stand so, ziemlich splitterig, in der Zeitung.

In Berlin hingegen war einem Manne um etwa die gleiche Zeit, nämlich vorige Woche, bei Neumond, kurz vor Frühlingsanfang, die Zunge im Halse einer Bierflasche steckengeblieben. Dies war uns erst gar nicht aufgefallen. Der Mann hockte, tränenden Auges eine Pfeffer-Salz-Mostrich-Kombination fixierend, seit Stunden gebeugt über der Flasche, man wähnte ihn schlicht besoffen, bestenfalls nachdenklich, hatte es in Wahrheit aber mit einem Verzweifelten zu tun, der sich heimlich mühte, seine festgesaugte Zunge aus der Flasche zu ziehen. Als er sich keinen Rat mehr wußte, hob er den Kopf, wodurch man den Ernst der Lage erkannte.

Zunächst versuchten der Wirt und zwei Gäste, darunter zufällig ich, dem Verzweifelten die alberne nulldreiunddreißiger Flasche ›Berliner Kindl‹ mit Drehbewegungen vom Gesicht zu ziehen. Vergeblich! Dann schlug ich vor, die Flasche, in der sich noch drei Finger breit Bier befand, so zu schütteln, daß aufschäumende Kohlensäure durch Druck von innen die Zunge würde herauspressen müssen. Auch dies mißlang, weil, wie der Wirt schlechtlaunig erklärte: »Der nu schon volle zwee Stunden vor die eene Pulle hockt!«

Dann bemühte sich der Wirt, den Glaskörper, welchen das Opfer ihm wie eine Trompete tapfer entgegenhielt, am Boden elektromaschinell aufzubohren, rutschte dabei aber immerfort sehr heikel ab (da doch der Bohr ständig aus dem Körner lief), weswegen wir besorgten Gäste schleuniges Eingreifen berufsmäßiger Hilfskräfte forderten. Der Wirt zauderte, da er alle drei Tage »wegen besoffene Idioten Rettungskräfte alarmieren« müsse, wobei für ihn nichts als Ärger herauskäme, während »die Arschlöcher, ohne zu zahlen!« im Unfallwagen verschwänden.

Gleichwohl, wenige Minuten später war die Sache bereinigt: Nachdem ein Notarzt die Zunge seitlich taubgeimpft hatte, zerbrachen Feuerwehrleute die Flasche (für die der Erlöste beim Wirt dann Pfand bezahlen mußte!) mit einem speziellen Werkzeug und drückten die Zunge durch den Flaschenhals zurück ins normale Leben.

Nach einer Verschnaufpause konnte der Genesene eine Erklärung abgeben: Er, der seit Jahren problemlos Flaschentrinkende, habe neuerdings vom Magdeburger Vakuumversuch des Otto von Guericke gelesen und nichts als sein berühmtes Luftpumpenexperiment mit den zwei pferdbespannten Halbkugeln ausprobieren wollen, was im Grunde auch geglückt sei.

Wir Hilfskräfte staunten!

(Beide, chinesische und hiesige Flaschenvorfälle verhalten sich irgendwie symbolisch-proportional sowohl zur Bevölkerungszahl als auch zur je eigentümlichen Gemütslage beider Völker, ich weiß nicht wie, aber schätzungsweise verhältnismäßig.)

Inge-Wirtin beklagt, aus Erfahrung, den zunehmenden »Verlust des natürlichen Sättigungsgefühls« bei ihren Kunden, die aber, »da kann man nichts sagen, jederzeit voll hinter und vor« ihr stünden.

Freund Kramer berichtet, der Kommunistenführer Thälmann, ein ohnehin eher schlichtes, von Stalin ferngelenktes Gemüt, habe auf einer öffentlichen Versammlung, in den frühen dreißiger Jahren, im Redefeuer vergleichsweise unüberlegte Behauptungen hinausgebrüllt; am unglaublichsten aber sei folgendes gewesen: »Genossen! Man scheißt uns auf den Kopf! Doch wir reißen das Maul auf!« (Was, wenn er an Hitlers Statt hochgekommen wäre?)

Die Tatsache, daß man da ist, beweist, strikt darwinistisch gedacht, daß man von rücksichtslosen, durchsetzungsfähigen (fitten) Arschlöchern abstammt. Ich kann aber entlastend vorbringen, daß die Leuchterkette mit mir auslaufen wird. Voraussichtlich. (Der Schnulzenputzi kommt ja vom Fremd-Gen.)

Nachdem ich nun immerfort strikt probiere, was mein Sohn, der Beihaspel und Schnulzenputzi, an synthetischer Speise tagtäglich zu fressen beliebt, wurde mir gewahr, daß es mir gelingt, tiefste Kindheit mit seliger Wehmut zu wiederholen, wenn ich einfach nur in das düstere Duftpastell eines immer noch erhältlichen Kaugummis namens ›Bubblegum‹ tauche!

Wäre ich nicht geboren, keiner vermißte mich, und ich vermißte nichts. Nichts vermißt man nicht, und die Toten vermissen nichts. Leben müßte folglich das Gegenteil von Nichtsvermissen sein, also: Vermissen. Aber nur von Unvermißtem, denn das gänzlich Unvorstellbare läßt sich nicht vermissen. Das Vermissen und Begehren muß sich an, und seien es noch so gewagte, Possibilitäten halten.
Und so betrachtet ist der Fall dann gar nicht mehr so erstaunlich. Schlimmer noch: Wenn es ihn, diesen Einfall, nicht gäbe, würde man seiner auch nicht ermangeln.

Worum geht es eigentlich? (Das Eigentliche?) Es geht um das schlichte Wunder des Daseins und Passierens! Das fällt eben schon gar keinem mehr auf, daß man da ist und immer etwas, im Grunde Seltsames, passiert. Wenn man dann eines Tages selten wird und nicht mehr da ist, ärgert man sich: Wieder ein Wunder verpaßt! Und auch noch DAS Wunder schlechthin! Und man konnte es nicht mal mehr wem erzählen!

Vorige Weihnachten, beim Krippenspiel, hatte ich ja, mehr als pädagogischer Fix- und Festpunkt disponiert, den gewöhnlich nur so nebenher rollenden Josef zu mimen und mußte zusehen, daß die mir beigegebene Maria (11) nicht die Fassung verlor oder Kindchen fallen ließ, und so hatte man Zeit, sich umzusehen und ab und zu die Rolle auch eigenmächtig auszubauen: Zum Entsetzen aller Eingeweihten sprach ich, die ordnungsgemäß stumme Rolle, unverhofft, aber an gebührender Stelle: »Laßt uns herein, ihr Schurkenhunde! Maria! Mein Weib …«, große Geste auf das zu Tode erschrockene Kind neben mir, »trägt ein Kindlein unterm Herzen! Beziehungsweise: bei sich! Gott verflucht noch eins, macht auf das Tor, macht weit die Tür!«
Die Menge, die von meiner Eigenwilligkeit nichts bemerkt haben konnte, da ihr keine Einsicht in die dramaturgischen Eigentümlichkeiten dieser Inszenierung gewährt war, tobte gleichwohl! Insbesondere die irdisch verträumte Jugend oben auf den Rängen bejubelte mein »gottverfluchtes Schurkenpack«! (Und fand auch, entzückt an solch josefischem Lutherdeutsch, sofort zurück in die Heilige Handlung! Luther, der Flucher vor dem Herrn, wußte, wie man das Volk packt und rüttelt und bibelstark macht!)
Und zu entdecken gab es unterdessen oben, im hübschen Mahlower Kirchlein, am umlaufenden Holzbalkon für überhandnehmende Gemeinde, Tafeln, worauf geschrieben stand, ich wurde ganz baff:
»Der Männer Herzen muß bluten um das Licht. Aber der Frauen Herz muß bluten um die Liebe.«
(Sic! Steht einfach so da, als biblische Gewißheit!)
Aber in der Bibel ist diese Wahrheit gar nicht aufzufinden; ich bin extra drei-, viermal durchgetaucht, von allen Seiten. Und mit Hilfsmitteln wie: ›RGG‹, ›Rienecker – Bibellexikon‹ usw. – nichts! Also ultraapokryph das Ganze!
Die Suche im Buch der Bücher zog mich auch immer tiefer in die Nacht, Kohelet, Hohelied, Hiobsjammer, alles wunderbar! Man

konnte sich nicht satt lesen! Die Heilige Schrift wollte durchmachen mit mir, aber der heiligen Nachtruhe meines Weibes, einer Schwimmlehrerin, ist selbst mein Leselicht heute zu laut. Also: Gute Nacht und Amen!

(Später wurde mir sehr geheimnisvoll zugetragen, daß der Satz dem 12. Kapitel des ›Hungerpastor‹ Wilhelm Raabes entnommen sei. Darauf muß man kommen!)

Im März verstieg sich, entnehme ich der heutigen B.Z., ein bedürftiger Chinese in eine, wahrscheinlich an dortigen Biertischen vor Pfeffer und Sojasauce geplante, törichte Schadensersatzklage in Millionenhöhe (Dollar natürlich!) wider eine chinesische Brauerei, da ihm nach Genuß dreier ihrer auf Flaschen gezogenen Biere übel geworden und angeblich auch ein ziemlicher Durchfall erfolgt sei.

Das Gericht wies die Klage nüchtern ab, woraufhin der Kläger seine Wiedergutmachungsforderung prompt zurück auf etwa zwei Dollar, den Ladenpreis der drei Flaschen, schraubte, um zu retten, was nicht mehr zu retten war.

Auch dies wies das Gericht standhaft zurück. Und also kroch er davon, der Vermessene! (»Wieder beide Beine ab!«)

Da nun jeder dritte Mensch auf diesem sowieso schrumpfenden Erdenball Inder, eher aber Chinese ist, wird man im Hinblick auf

die zukünftige Geartung der menschlichen Rasse bei solch einer
Mischung aus Dreist, Hoffart, Geldgier und andererseits Zimperlich-
keit, Verweichlichung und Umfall doch gleich unbedingt noch nachdenklicher.
Die Gerichte dort scheinen allerdings, im Gegensatz zu amerikanischen oder den unsrigen, doch noch bei Trost zu sein.

Könnte sein, daß die für Menschen belangreiche Realität nicht die
Struktur der Sachverhalte, sondern der Ereignisse besitzt. Daß sie
folglich nicht mit Thesen, sondern mit, von Aristoteles so genannter
(also erhabener!) práxeos mímesis, vulgo: mit Wiedergabe von Handlungen, also Geschichtenerzählen, angemessen zu fassen wäre.

Ausgenommen werden müssen Grenzfälle, ich nenne sie hier jetzt
mal: ›Hyperthesen‹, wie etwa Hans-Joachim Knustis ›Zichtenthese‹:
Diese nämlich behauptet, man brauche sich nur eine Zigarette anzu-
zünden, um das Eintreffen eines unter der Flagge des Nichtraucher-
gebotes segelnden Ereignisses (Linienbus oder Straßenbahn etwa) zu
erzwingen. (Es ist dies: Bonum durch Malum oder Bonum durch
Bonum, je nachdem ob man gern raucht oder nicht.)
Einer von Hans-Joachim Knustis mannigfaltigen Beweisen:
»Günstigerweise befand sich noch eine letzte ›Prince‹ in meiner,

Knustis, Schachtel, die ich sogleich anzündete. Beim Inhalieren des
Rauches ruft meine Tochter, die vorn an der Ecke steht: ›Der Bus
kommt! Papa!‹ – Wird meine Tochter später Raucherin?«

Die finale Frage belegt, daß die gesicherte These vom Eintreffen des
Linienbusses qua Zichte (Kippe, Gresse, Förster, Flöte) sofort in einen
Katarakt offener Handlungsstränge umschlagen muß, da sie, die Zichtenthese, nur auf Kosten üblicher Unvorhersehbarkeiten ihre einma-
lige Unfehlbarkeit behaupten darf.

Es gibt mächtige Einwände! Da Labermüll bereits ausreichend. Die
Alltagslage häuft hinreichend parfümierten Mist, und viel emsige
Traudels, die ziehen auf den Prenzlauer Berg dort, den literarischen
Kalvarienberg, und dann geht's los mit der bergwerksfleißigen Cham-
pignonzucht: Hausarbeit mit extra viel Schreiben, Tippen, Tippsen.
Traktate trivialster Tippsart! Lauwarm daheim Gefühltes, fades Plaudern, paar moralische Invektiven nach Maßgabe des derzeit öffentlich, rechtlich Verpönten, über das den Tieren Entnommene etwa,
über arme Bubus und schlechte Männer, die übliche Liste, dazu noch
Beziehungsgelaber und etwas geföhntes Schamhaar mit extra Waschen und Legen für die hohen Auflagen vorne drauf, in der Sprache
alles gänzlich unbemüht und unbedacht, im Blaton der Bei-gutem-
Wetter-Draußensitzer gehalten. Und jeden Tag wird fleißig ein neuer

Laberdreck aufgezeichnet und mit Grünem Tee begossen. Und dafür wird aber lieber nichts erlebt, nicht gesoffen, nichts! Allenfalls wird Katze gehalten. Poesiealbum.

Es ist der sich anbahnende universelle Diktierstil. Literatur und Kunst gehen ja nicht ins Elend, wenn keiner mehr schreibt und künstelt, sondern wenn alle dies tun! Ich verfluche den Tag, an welchem man in die Flimmerkisten seitlich reinlabert und am Drucker schnurren die paginierten Mitteilungen hinaus in die ohnehin traktierte Welt. (Nach Diktat vergreist.)

Das kommt schon bald! Die große Laberlawine, Abfall von allen, für alle. (Dieser athletische Klumpen Karamasow war schon 'ne Zumutung! Nun, der Goetz hat ein Jahr Zeit gehabt, zu schreiben; ich aber habe das Ding, diese Dicke Berta da, an zwei Tagen zäh weggelesen, mußte sein, habe viel angestrichen, vieles tangierte mich nicht im geringsten (die ständige Betriebskunde Literatur), habe auch notiert, wo ich ja viermal sogar erwähnt werde, und fertig! Eine Entlastung! Aber der Goetz, mit seiner unlustigen, apodiktischen Art, hat ja doch was gedacht, gearbeitet, ist kein Flaukopf! Und auf irgendeine Weise imponiert er mir! Nicht wegen seines Fleißes! Nicht die Stücke oder: »Benjamin sitzt am Schreibtisch und Katharina sagte…«-Sachen, nein, dieses dicke Ding! Das Dostojewskiformat, aber weitgehend erdichtungsfrei, Klartext. Das geht nach vorn los! Das hatte Kraft! – Also er ist doch ein Guter. Jawoll! Und ich bin dann noch mal durchgetaucht durch den Abfall: gefällt mir immer besser! Hat die Güteklasse Artmanns Suche nach dem gestrigen Tag, nur eben fülliger.)

Selten, daß es Erzähltalent gibt. Das trefflich, genießbar Gesprochene: Jörg Schröders feine Impromtus, Kippenbergers grandioses Abkauen der nach seinem Spezialschmäh abstehenden Ohren. Und die hatten aber dann auch noch einen, dem sie's erzählt, diktiert haben, der es ertragen und abtippen mußte, also etwas Disziplin erwarten durfte. Oder Oskar Huth, er sprach so tief bedacht, wie es auf Grund der Alltagslage heute nicht mehr möglich ist. Wenig davon ist aufgenommen und von wenigen abgeschrieben und bewahrt worden. (O. Huth: Überlebenslauf. Sein Aktuarius: Alf Trenk) Unermeßlich wunderbare Sätze Huths aber funkelten und böllerten als festlichste Vergeudung quasi jeden Abend in die verrauchte Welt einiger bevorzugter Gaststuben oder Galeriehinterzimmer.

Ich hatte es mir immer für die Zeit meines Ruhestandes vorbehalten: das ausführliche Lesen Dostojewskijs (und vieler anderer überdicker, etwa der aller Dickens'schen Bücher). Nun kam mir, schon wegen des grandiosen Titels, jüngst ›Der Idiot‹ an die Hand und bedrängte mich, und ich ging hinein in das Werk, weil es sich gut anließ. Um es schnell wegzubekommen und nicht ständig wieder zu vergessen, welcher Fjodor Iwanowitsch wer ist, nahm ich das Möbel auch mit hinaus aus dem Grabgewölbe, das wir gewöhnlich Wohnung heißen, und las es unterwegs und an Stellen, wo ich es mir ab und zu angelegen sein lasse, draußen, mitten im Erleben Erfrischungen einzunehmen.

In einer dieser Gaststätten hatte man vor kurzem eine sehr hübsche Hilfskraft italienischer Abkunft probeweise angestellt, und diese aber etwas verschnupft dünkelhafte Bierschleppse und Jobfotze (eigentlich wohl Studentin irgendeiner leichteren Wissenschaft, BWL o.ä.) hatte sich dummerweise immer fein vor uns, den Zechern, hinter Illustrierten und Modemagazinen verschanzt und dann, um die Unterscheidung zwischen sich und uns Schluckern noch zu verstärken, sogar mit Büchern ihre so arg beladene und unsere so kostbar knappe Zeit totgeschlagen, ja, und dann hatte sie erwartungsgemäß auch noch – das Schlimmste! – andauernd eiligste Bestellungen verschleppt.

Und – das Allerschlimmste! – beschäkern ließ die sich och schon erwartungsgemäß gar nicht ein bißchen!

Nun hatte ich, von flotter Bedienung mal abgesehen, hier gar nie was Extraverschäkertes erwartet oder auch nur anspekuliert; mir liegen die Servierkräfte, Manne und Uschi ausgenommen, eher fern, ich laß sie in Ruhe, sitze hinten am Tisch und verhalte mich zivil. Aber da sitzen wir gestern also beide, the Beauty and the Priest, mit einem fetten Karamasow im Anschlag auf unseren gewohnten Positionen im Gemütlichen Treff, ich hinten an Tisch drei, sie vorn wieder hinter ihrer Thekenschanze, und die despektierliche Bardame beäugt mich schon so skeptisch, und ich schiele nun auch interessiert auf das Titelblatt ihres Brockens und die späht auf meinen Schmöker und liest, klar: »Der Idiot!«

Und ich ducke mich, und heische und lese, ja, was lese ich, was die da liest? – Ich lese: »L'idiota«!

Allmächtiger! (L'idiota italiana? – So doof kann sie ja nu wohl doch nicht sein und gut sieht sie eigentlich immer noch aus! – Egal – es bleibt bei der ehernen Unschärferelation!)

Darf so was wahr sein? Die Italobraut aber – typisch! – glaubt nicht an wunderbaren, köstlichen Zufall, sondern an dumpf inszeniertes Anbaggern! (So verhunzt sich Hochmut das Leben, welches nur mit Demut köstlich sein kann!) Woche später war sie probeweisemäßig beseitigt, gekündigt. Con fuoco! Ende de la grande Fisematentia!

Thematische Adhäsion. Seit jener experimentellen Zungengeschichte mit asiatischen Flaschenvorfällen häufen sich diese variiert und klumpen, da ich ihnen besondere Aufmerksamkeit schenke:
Einem siebzigjährigen Japaner war jetzt am neunundneunziger Gionfest, so stand es wieder in der Zeitung, im Kyotoer Yamabokocho-Viertel ein traditioneller Reisklops in der Kehle stecken geblieben, welchen ins Rutschen zu bringen, ihm auch mit Festbier nicht gelingen wollte, und es setzte ein furchtbares Würgen ein und der Mann lief schon blau an und drohte am Reiskloß zu ersticken.
Doch seine Tochter reagierte geistesgegenwärtig, eilte in den Abstellschrein, um geschwind den Staubsauger herbeizuholen. Dann entfernte die Besonnene den Reispfropf beherzt mit der schmalen Düse (Schlitzdüse), die man gewöhnlich zum Saugen schwer zugänglicher Polsterritzen verwendet, indem sie diese dem Vater entschlossen in den Schlund senkte, wo sie sich am Knödel festsaugte, welcher nunmehr vorsichtig gefördert werden konnte.

Der Leser möge mir gestatten, daß ich hier einer Tilgung hinterhersinne: Auf dem Bildschirm meiner Schreibmaschinerie steht mir ein Mülleimerchen zur Verfügung; ich zog soeben zwei weitere solche idiotischen Vorfälle mit Bierflaschen und chinesischen Salzstreuern dort hin und versenkte sie eisig, und die Tonne ward dick.

Und ich drückte Ja! mit dem Mäuschen: »Gib uns die dünne Tonne!«

Und weg war der Quatsch! Denn es wurde mit den Verschluckungen und Salzstreuern in der Menge und Gewichtung zu blöd! (Was man in Jahren zusammengetippt hat, kann man in null Komma nichts spurlos in diesem Mülleimer verschwinden lassen! Als Kollekte. Abgeben lernen. Symbolischer Tausch: ich gebe ab, ER gibt an!)

Tilgen ist leicht, aber die Wahrnehmung dessen, was es nun nicht mehr gibt, ist schwer. (Dazu Hegel zum herabgesetzten Preis:) Man kann es sich leicht machen; man kann es sich schwer machen; man kann es sich leicht schwer und schwer leicht machen. Schwer aber hebt leicht und leicht aber schwer nicht so leicht auf. (So auch Luhmann, anläßlich einer Schrift über Fußball!)

Und nun bleibt die nicht getilgte Frage, ob es nicht besser gewesen wäre, auch diese hochwichtigen Anmerkungen hierzu hier zu tilgen?

Falls aber einer noch Schnapsideen hat: Bitte mitbringen! (Beispiel:

Walther Nernst. Dritter Hauptsatz der Thermodynamik. Woher weiß die Thermoskanne, ob draußen wärmer oder kälter ist?)

Radio mit Idiosynkrasieknöpfchen. (Spielformen der Idiosynkrasie.) Für diesen festlichen Augenblick bitte ich den geneigten Leser, sein Ohr mit mir gemeinsam in die Schallwellen der allerschrecklichsten aller Melodien, der ›Dolamus‹-Melodie, zu halten und sie sich mit der Panflöte gespielt zu vergegenwärtigen: Tatataaa taa ta tata…
Hunde! Es ist grausam! Zotte und Skalp werden sich euch, wie mir, sträuben! Und die Ohren werden verwurmt sein auf Tage. (House of absterbende Ohren.)

Warten, bis die Tropfen anschlagen. Au weia! Manchmal kommt sowas müdes durch, eine slawische Faulheit, nix Kasatschok, nix Krakowiak, sondern Kaputtski, Kapielski: alles müde, matt, marode. Oben dicke Schicht, unten dicke Beine, der Arsch schon am Eingruften, rückwärts vorangehen, schon mal die Hämorrhoiden reinhängen. Die Kuhle ruft! Die Zeche will bezahlt sein. Hegen und Betupfen der Winterkirschen unter Zuhilfenahme eines weichen Waschlappens anempfohlen. Wider: Bakterien, Hefe, Pilze. – Schaurige Scheiße!

Derweil, es ist Sonntag mittag, schallt eine ganz diesseitige Behauptung mit Befehlscharakter aus der Sitzecke unseres irdischen Küchentrakts in meine und des Sohnes Richtung: »Essen ist fertig!« (Das Gewöhnliche und Geweihte siedeln unweit: Denn gleichermaßen sprach der Herr, als er das Ruhrgebiet schuf.)

Aber! Aber!: Zweimal erster Preis dieses Jahr! (1999) Ich hatte ja meinen Ruhm jahrelang in verschiedenen Kneipen versteckt (Hoeck, Blauer Affe, Goldener Hahn, Gemütliches Treff). Das war ganz klug so und ulkig. In Ruhe ließ sich ein vielspartiges Werk anreichern und durchdenken, und man hörte sich auch erst mal gründlich um.
Aber nun ließ sich das alles nicht mehr aufhalten. Man war fällig.
Also gut! Da soll man sich nicht widersetzen. Ich hatte auch genug Luft geholt, und sie konnten kommen mit ihren Blumenkübels! Die zwo Preiseimer wurden festlich abgestellt und ordnungsgemäß mit Reden, Fresserchen, mit big Kennenlerne, Brüderschafttrinken und Armdrücken (in Hannover mit Krempel, in Hamburg mit Michaelis, beide Male sie die Sieger, da ich schon zeitig geschwächt!) ohne

Zickerei angenommen. (Und für meine Dienstleistungen treten ab sofort neue Preislisten in Kraft.) Zwei Eimer mit viel Geld: Was tun? Zuerst ganz viel Kaufi-kaufi und dann vernünftig sein und anlegen. (Es hat sich aber, anläßlich eines tiefen Blicks in die leeren Konjunktureimer, herausgestellt, daß Kaufi-kaufi viel vernünftiger war und gewesen wäre!)

Umzugsmeldung per Post. Wieder einer! Jetzt kommen sie aber auch alle nach Berlin, das etliche von denen früher nur verachtet haben. (Na, immerhin!) Die kommen jetzt von überall, von Köln, Hamburg, München, Frankfurt und noch kleiner und sind nach zwei Monaten die Berlinexperten hier, die auch alles ganz aufregend finden an den Hackeschen Höfen und so, und das liest man dann alles in der Zeitung.
(Dazu spreche ich würdevoll: »Was brauche ich die Hackeschen Höfe? Habe ich doch den Hoeck'schen Hafen!« (d.i. Gaststätte Hoeck))
Was tun bei Einmarsch? Da schnapp' ich mir Frau und Blag und trage die Koffer und zieh alles hart zurück ins Grüne, Deckung suchen. Wir ziehen raus, nach außerhalb, ab nach Lichtenrade! In't Jrüne! – wo ja von den Touristen partout keiner hinmöchte.
Ich bin allerdings in diesen Jahren der vorigen, früheren Deckung

sehr gut geworden im Antäuschen, Doofstellen und Spartenwechseln. So wimmelt man dann notfalls Allesausschlachter, Waswoller und Berlinversteher ganz gut ab und hat seine Ruhe wieder.

Man glaubt bisweilen, man habe den Verstand verloren. Ich aber habe heute früh sogar einen gefunden! Die Kirchenlehre unterscheidet bei Reue und Buße zwischen attritio und contritio, welche letztere die wahrhafte und gnadenbringende, während attritio eine Reue aus Angst vor Strafe und Beschämung ist. Von einer mir wesenhaft innewohnenden aber leider nur ab und zu ausbrechenden Verzückung getrieben, sang ich daraufhin den ganzen Vormittag: »Bellabellabella Marie! Häng dir uff, ick schneid' dir ab, morgen früüh!«
Bis mir der scheiß Ohrwurm wieder so im Hirne wühlte, daß es mir bis in die tiefe Nacht verwehrt war, ihn abzuschütteln. Wie ich dies nun schreibe, geht's wieder los, Belami! (Radio hat nur Ein-Schal-ter.)

Heute (17.3.99, Mittwoch, Neumond) Hervorbringung einiger Poiemata (gestalthafte Gebilde, Werke): Kunstwerke! In meinen Speichern lagern eigentlich immer nur die Ideen dazu. Im Falle eines Auftrages, einer Ausstellung jage ich zu ›Boesner‹, kaufe Pinsel und Farbe und alle anderen Notwendigkeiten (wobei Not: die Mutter, und Wendigkeit: der Vater) und mache, wenn endlich die Wehen einset-

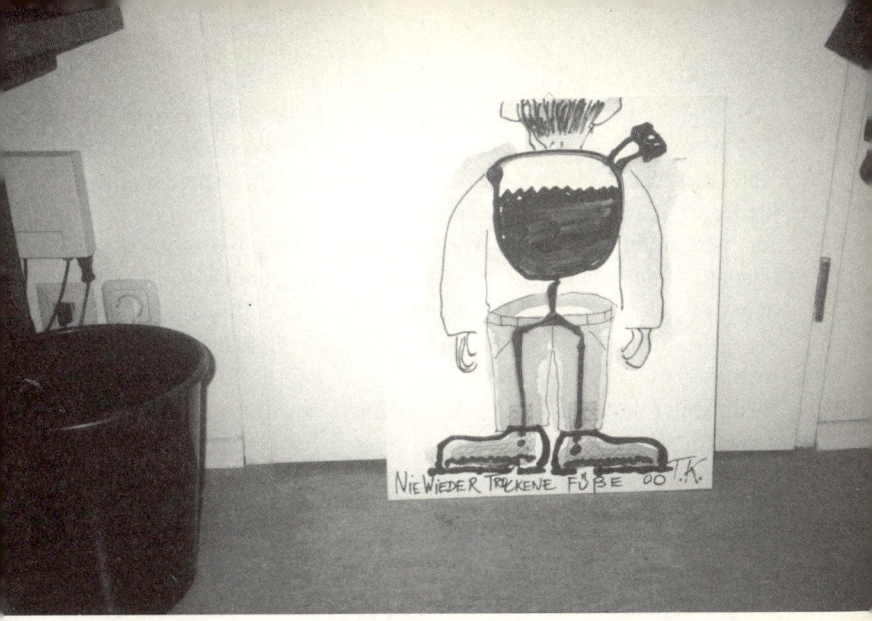

NIE WIEDER TROCKENE FÜßE 00 T.K.

zen, Poiemata im Akkord. Wenn alles fertig ist, kommt der Restdreck, Pinsel, Tuben, Nachgeburt, alles in den Müll. Diese Hochgeschwindigkeit läßt gar kein großes Geschmäckeln zu und die Schnellschüsse sind meist Treffer. Der Rest an Verunglückung kommt mit zu den Farbresten und auch weg.

Heute, immer noch Vollmond mit Freitag, im zähen Kampfgeschehen zwischen mir und meiner Langeweile, fragte ich mich, ob es nicht taktisch überraschend wäre, wenn ich einfach mal was machte! Anstatt blöd dazuhocken und langzuweilen. Gut, dann mach mal!
Vor Schreck gab es aber nur ein Täfelchen, weiß, und eine halbe Gummiflasche Acryl, schwarz. Ich machte daher den ›Dreitastenflügel‹, den ich als Zeichnung im ›Einzigen‹ abgebildet und Schlippenbach zum Geburtstag geschenkt hatte, noch mal in Öl, aber geschummelt, mit extra viel Glanzlack drüber gesprüht.
Jetzt also Öl! Sieht gut aus! Wie ein nagelneuer Boesner-Flügel, aber mit nur drei Tasten! (Da fällt mir auf, daß der Künstlerbedarfs-Boesner auch Boesner heißt! – Nee: Bösendorfer, Blödler oder Blüthner, nicht aber Boesner heißen die Flügel. Bis jetzt.)
Und dann, überaktiv, doch noch zu Boesner, wegen eines drängenden Einfalls: »Nie wieder trockene Füße!« (Eher eine Erfindung und geht so: Wasserkanister auf den Rücken geschnallt, unten kleine Öffnung

mit Tropfer, eine Gabelung führt zwei Schläuche hinten dezent in die Hosenbeine hinab in die Strümpfe und mündet in den Schuhen.)

Kann man bauen (aufwendig) oder zeichnen (leicht) oder malen (verkauft sich besser). Also auch in Öl!

Ja, wie kommt man auf so was? Es könnte sich um eine Art Konter handeln. Freund Dittmann hatte ja ›Tritt – die Dittmannsohle‹ erfunden; es ist dies eine aus solider Pappe gestanzte, billige Einlegesohle, die man stapelweis kauft und täglich wechselt. Bei käsebeinigen Kellnern findet sie reißenden Absatz.

Erfindungen haben mich immer fasziniert; also macht man einfach auch mal eine!

Gestern betrat ich leicht angesäuselt (Mut!) einen Laden für Funktelefone und sagte: »Folgendes: ich möchte auch so eins. ABER: Angerufen werden möchte ich überhaupt nicht! Nummer will ich gar nicht! Jemanden anrufen tue ich aber auch äußerst selten und wenn, dann kurz. Es ist mir deshalb auch ziemlich egal, was das kostet. Hauptsache: keiner kann mich anrufen! (»Wann kommst du?«, »Wo bist du?«) Und ich will nie mehr nach verpißten und in Deutschland neuerdings häßlich lackierten Telefonzellen Ausschau halten müssen.«

»So, so!« Die Funktelefonverkäuferin betrachtete mich mit einem inneren Ausdruck der Verblüffung, der mir so zu deuten angemessen schien: Nach der ersten, zweiten und dritten Welle unter den Handykäufern (1. Vollidioten, 2. Idioten und 3. dämliche Mitläufer) kommt nun also eine solche neue, gänzlich sonderbare und oben etwas gekräuselte Irrsinnswelle in Gestalt dieses Menschen mit Brille angeschwappt!

Und, wird sie gedacht haben, was wird wohl danach kommen? (»Ich möchte weder angerufen werden noch anrufen. Egal was es kostet!« – Obwohl! Das wär's doch: Totale Interpassivität! Soweit bin ich aber noch nicht.)

Ich verließ den Laden mit einer »free & easy«-Packung, die nach Dafürhalten der Fachverkäuferin mein Begehren fast adäquat zu bedienen im Stande sein würde. Ohne Nummer aber gibt's nicht! Die Verkäuferin beschwichtigte jedoch: Diese elfstellige Nummer, die man doch schließlich mitbezahlt habe und die nun mal unbedingt mit dazugeliefert gehöre, die würde man ja sowieso schlagartig vergessen, noch bevor man sie sich überhaupt würde gemerkt haben können! Die sei ja also quasi automatisch sowieso gleich weg!

Dann versuchte sie mir noch so einen Händyhalfter oder -hulster zum Händy-mutwillig-am-Gürtel-Dulden anzudrehen; ich entkam mit Not.

Anmache mit ohne Unschuldsvermutung:
»Kannst du mir mal deine Telefonnummer geben?«
»Hä? Bisse blöd oder was?«
»Nein! Ich habe meine vergessen.«
(Hähä.)

Meine gute Idee war dann noch: Post schafft Telefonzellen ab und gibt für eine Mark Volkshändi (VH) aus, wo dann diese gewöhnlichen Telefonkarten reinpassen, und man kann nicht angerufen werden, kann aber jederzeit und auch im Wald jedweden telefonisch kujonieren. Und viel Verwaltung braucht das auch nicht; der Antennenkrempel steht sowieso. Aber Post ist doof. (Pd) (Bahn sowieso.) (Bs)

Heute dann Ausflug. (Ich mag es nicht, aber es mußte aus ehehygienischen Gründen wieder mal sein.) Weib chauffierte, ich navigierte (Kompaß, Atlas) und proviantierte (harte Eier, Stullen, Käse und ›Überraschungseier‹ und ›Duplo‹ für Schnulzenputzi) uns durch eine sogenannte Uckermark bei Berlin. Ein trostloses Ungefähr vernieselter Welt- und Wegläufte.
Mark-Brandenburg: Die Natur würde einem schon gefallen, miserable Verpflegung und das wenig Liebenswürdige der Bevölkerung aber schrecken ab. (So Fontane!)
Plötzlich auf der anderen Straßenseite etliche Männer neben parkenden Autos mit laufenden Motoren stehend und mit Ferngläsern in eine Richtung schauend. Was sehen die da? Ich sah dort nichts, aber es schien sich um fernröhrende Hirschbetrachter zu handeln. Um röhrend Kommunizierende. Oder um optisch telegraphierende Luhmänner.
Sieht man selten sowas. Denn: der Beobachter eines Beobachters muß ja sehen, daß dieser nicht sieht, daß er nicht sieht, was er nicht sieht. O ja! Nur die Unbeobachtbarkeit der Beobachtung ist die Möglichkeit von Beobachtung!

Zeichentheoretische Wirrnisse. Ich wollte mal wieder den Unterschied zwischen Signifikat und Signifikant nicht verstehen, obgleich

ihn mir eine klopffeste Lacanianerin neulich mal in Gestalt des Unter-
schiedes zwischen ›Sex‹ und ›Sexualität‹ plausibel zu machen vor-
schlug. Form und Inhalt: das ist klar, trifft es aber nicht. Wie also?
Was also: der Unterschied zwischen Signifikat und Signifikant?
Da lief ich heute etwas meschugge hinaus, sah dieses Auto, und
glaubte, ich hätte ihn, den Unterschied, und sie, die Differenz, nun
sogar gesehen! Und als Foto überdies in einen Zustand höherer opti-
scher Ordnung gebracht! Mehr Geheimnis ist da wohl nicht. Und
alles soweit endlich, oder einstweilen erst mal, auch verstanden!

Die eigentliche Stärke lehrreich belehrender Tiere aber ist, daß sie
weder lesen noch schreiben können. (Dennoch würde ich zu gern mal
was lesen, von Tieren.) Die ihnen gleichwohl angedichtete Nachdenklichkeit, die man etwa im Gesichtsausdruck eines kackenden Hundes
zu erkennen vermeint, erklärt sich wohl durch die humane Über-
schwenglichkeit beim Betrachten von Spiegeln.
(Mnemosynemäßig mag diesem Fall von Fehldeutung ›Der Denker‹
von Rodin zugrunde liegen, der ja doch mehr einen Kotenden als, wie
fest behauptet, einen Denkenden darstellt. Wer sieht denn so beim
Denken aus? Beim Scheißen denkt man gewöhnlich genausowenig,
wie man beim Denken scheißt. Behaupte ich mal, als einer, bei dem es
schnell geht.)

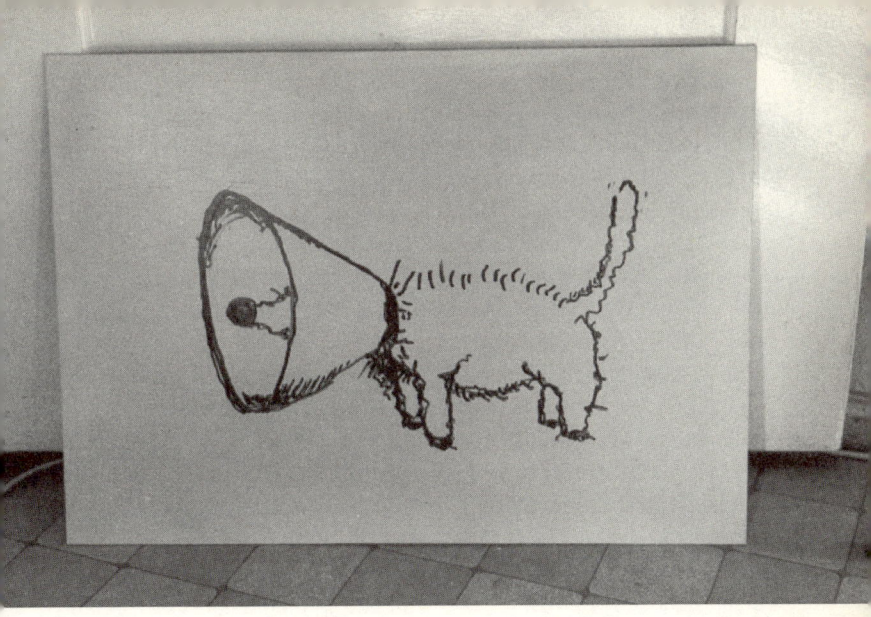

Bildung muß sein! Es ist auch eine schöne Vorstellung, daß ein Buch, um einigermaßen vollständig verstanden zu werden, immer wieder wegen liegender Fotos gedreht und wegen Nachschlagebedarf in andere abzweigen muß.

Durchschnittsleser sind hier, laut Merve-Verlag, aber Mädchen im Alter um sechzehn. Die wissen nicht, wie ich aussehe! Sind aber lern- und lebensbegierig?

(Ich glaube, Manuel Bonik ist der einzige, der aus meinen Werken seinem Hunde vorliest. Es soll ihm, dem Hunde, gut anschlagen.)

Möglich, daß die Tiere reden könnten, wenn sie bloß wollten, es aber nicht tun aus Angst, sie müßten dann in die Schule gehen und arbeiten und dann auch arbeitslos werden, was ihnen den einst naturwüchsigen Müßiggang mit Langeweile und existentiellem Überdruß vergällen würde. Also ist es klug, daß sie sich doofstellen.

Neulich in Scheiße getreten. Wer war das!? Ja, erst mal ich! Dann sah ich mich genauer um und entdeckte in der Nähe des Unglücks am Heck eines dieser popeligen Geländewagen, die im Felde sofort auseinanderbrechen würden, wieder so ein Hundeabziehbild, diesem hier aber war noch der mir neue Aufkleber »No airbag's! – Wir sterben wie Männer!« beigegeben. (Natürlich mit Unfugsapostroph!) Und: »Böse Opelz«.

Au, Scheiße! Sterbt nur! Die ihr ›off road‹, um Grillstellen versammelt, von Grillgut, von Äckern und Wiesen euch zu nähren wünscht und gehet ohne Luftsäcke dahin in Wildlederstiefeln!

Dem Grabe beigegeben aber sei der praktisch am Reißbrett entwickelte, furchtlose, aber dennoch angeblich nicht aggressive, auf ein Leben als Gefährte und Helfer des Menschen perfekt zugeschnittene Gelände- und Gebrauchshund: der verfluchte Schäfer! Und nicht nur dieser, alle Köter mögen verrecken!

Gab und gäbe es sie nicht auf der Welt, würde einer ihnen nachbellen? Von meinem Ansitz aus beobachte ich täglich, wie genau so ein Vieh, der Köter des Mieters Zisch vis-à-vis, hier umherrennt, schamlos die fremden Marken prüft, um dann immer schön lautstark seinerseits jeglichen irdischen Gegenstand anzupissen und gut verteilt die Straße dichtzukacken.

Wallenstein, der Friedländer, ließ freiheraus Geschwader aufstellen, welche sich, des Friedländers Andacht und Gemütsruhe wegen, einzig dem Abmurksen der Köter in hörbarem Umkreise widmeten. So zog der Wallenstein'sche Heerwurm einst auch eine Schneise der Befriedung durch Mitteleuropa!

Sohnemann (8) macht Krach. Er neigt, wie alle seiner Generation, zur monorhythmischen Dröhnmusik, dazu exerziert er ravemäßig, wie Opa weiland zu Märschen. Obwohl mir klar ist, daß noch vor der Nahrung alles Dasein nach Musik hungert, setzte ich ihn folgendermaßen ins Benehmen:

»Mein lieber Schnulzenputzi, es ging und geht auch immer anders! Zwar ersetzt schon die Bachzeit intime Gamben durch das lautere Violoncello, ersetzt sanfte Blockflöten durch die pfeifigen queren, die subtilen Violone durch die dröhnenden Kontrabässe, und Darm weicht dem Stahl bei der Besaitung. Und das war gut so, sollte aber genügen! Also laß den Scheiß und halte Ruhe!«

Ob solcher Hintergründlichkeit zeigt er mir einen Vogel und die Zunge, die aus seinem Kugelkopf noch ganz rosa-munter hervorleuchtet. (Zumindest also scheint er noch keine Drogen zu nehmen!) Und dann sagt er mir, ganz wie ein großer Vituperator: »Du«, also ich, sein Vater, habe wohl »nicht mehr alle Nadeln an der Tanne.« Wörtlich! Mit acht! Ich höre es nicht ohne Stolz, denn die Sprachmacht hat er von mir!

Was er allerdings wenig würdigt. Ich gelte ihm längst als bemoostes

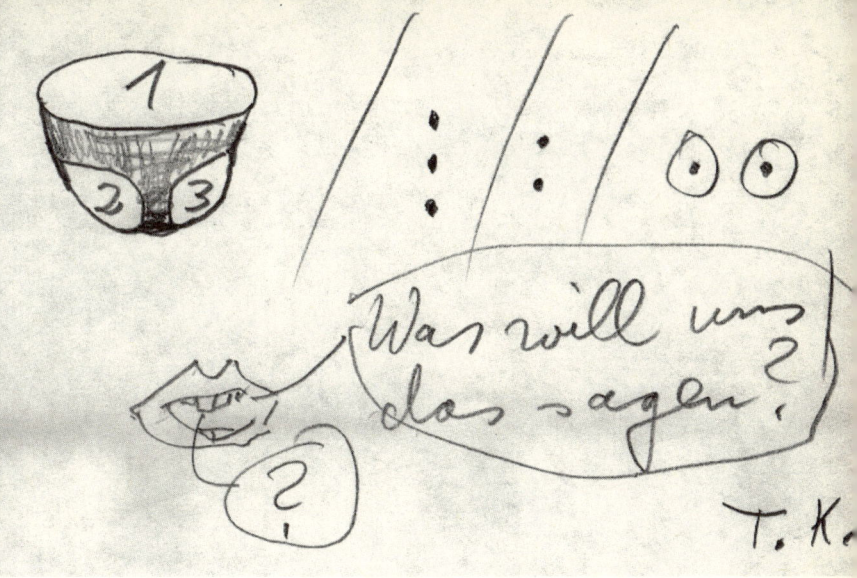

Semester. Und es wird nicht mehr lange dauern, bis er mir abhanden kommt, da er doch unabwendbar in drei, vier Jahren rund um die Uhr wird »trashige Adressen absurfen« müssen und derlei akuten Quatsch mehr.

Allein, wenn ich ihm, dem geliebten Schnulzenputzi, aus meiner werktäglichen Plage heraus, so manches Mal unversehens ins Gesicht blicke, dann ist da ein Augenblick, da sehe ich, wenn ich von seinem Anschaun tief gestillt, daß alles, was ist, gut ist, lebenswert und gott-geliebt! Ganz einfach! Ganz herrlich!

Ich verlange die Rückerstattung dessen, was die Musik laut und wort-los sagt, an ein unparteiisches Schweigen.
Diesen einleuchtenden Satz verstehe ich noch immer nicht.

Gestern Erntetrinkfest, heute jämmerlich. Leidensmiene: Christos mimetes. Hoc est corpus meum. Hokuspokus: Ich habe mir bei ›Tschibow‹, oder wie die heißen, ein russisches Fernrohr mit Nachtsicht gekauft, womit ich wieder die Gegend kontrolliere. (Den Zisch'en Köter und so.)
Nachmittags dachte ich sehr herzlos über das Blindsein nach, tastete mich zur Buße ein wenig geschlossenen Auges experimentell durch

das vertraute Zimmer, lief gegen die Stehlampe und hockte dämlich
da, denn ich war wie blöd und konnte ohne Auge gar nichts.

Dann befühlte ich huldvoll, weil sehend!, ein im Schlafgemach her-
umliegendes Höschen meiner Holden und machte mir verschwürb-
lichte Gedanken en dessous und über Löcher: Traun! Ein Höschen
braucht der Löcher drei, um dreie zu bedecken! (Da es keiner sonst
versteht: Ein Höschen hat Löcher: eins für den Rumpf und zwei für
die Beine (macht drei); ein Weib aber eines für den Kot, eines für den
Harn und eines zum Gären, Empfangen und Gebären (macht auch
drei). Ein Herrenschlüpfer hat also drei für zwei! (Löcher) Oder 3 +
Schlitz = 4 (Loch/Loch-Verhältnis somit Frau: 3 zu 3; Mann: 4 zu 2)
Meine Brille aber verglast zwei für zwei irgendwie auch glasige
Löchlein.

Eins aber, Loch am Kopfe, spricht unverhüllt: »Was will uns das alles
sagen?« – »Ich weiß es doch auch nicht!«

Nicht nur das zugekniffene Aug' ist sonnenhaft und kann sie gleichwohl nicht erblicken. Dem strahlenden Gestirne gleichsam gleich,
bleibt auch dem Arschloch Sonne zu sehen verwehrt. Also darf man
im Nachtschatten der Unterwäsche tun und lassen, was sich nirgends
gehört. (auch –: Quatsch mit Hose!)

Dann lief ich hinaus und sah dieses Auto. Und da erst drückten mir Schwermut und Mitleiden Tränen unter das inzwischen doch schon ziemlich dicke Brillenglas. Und Verwirrung kam über mich, weil ich von den Dingen, die ich zu sehen glaube, doch nur das Wenigste, die Oberfläche, sehe. Die Luft aber bleibt mir unsichtbar, obgleich ich sie durchschaue. Ich faß es nicht! Durch diese Luft nun und zwiefach durch's Brillenglas betrachtete ich eilends im Spiegel die Oberfläche meines Auges und den Schädel. Kapielski, wie gut kennen wir uns eigentlich?

Da sagte mir nun heute eine, die es schwer hat mit der Welt: Glückliches Leben sei ein Geschenk! Ich, selbst eher Weltschmerzler und trostbedürftig, im Grunde aber doch zu hoher, guter, von wahren Plagen (noch!) verschonter Zeit lebend, zweifle immer mehr an geschenktem Glück. Am und im Außen kann es nicht liegen. Würde einem Blinden das Gesicht wiedergeschenkt, so wäre es doch sein Sehvermögen, wodurch er sieht.

Bei Betrachtung eines Necker-Würfels, welcher einem plan dargestellt auf zwei verschiedene Arten plastisch erscheint, läßt sich die völlige Konstruiertheit des Sehens, der Gestalt, Tiefe, auch der Farbe mutmaßen – oder umgekehrt: die objektive Abbildungstheorie wird

komplett demoliert (dekonstruiert bzw. derridarisiert). So kommt einem das Sehen bisweilen noch unverständlicher vor, weil es so selbstverständlich ist.
(Von den Mysterien launischer Verschwommenheit und willkürlicher Einteilung der Stimmungen, Eindrucksbereitschaften und Entschluß-lagen innerhalb eines Menschen, der, seltsam genug, immer ein und denselben Namen trägt, mal ganz zu schweigen!)

Daß man so einsam in sein Fleischkuvert und die Welt im Kortex sich zu konstruieren gezwungen ist, empfinde ich als das Schlechteste nicht.

Im Bad vorm Spiegel vorm Pickel: Platsch! Ich bin mir heute (oder gar immer!) wieder sehr unähnlich! Und das ist gut so: Vor dem da brauchst du nicht zu erschrecken! Aber sei gut zu diesem Menschen, wider alles Ansehen, füttere und tränke ihn gut und drücke mit Demut seine Nasenoschis aus!

Ein Mensch, der von der Seite erheblich besser aussieht, als von vorn. Sowas gibt es! Neulich betrachtete ich mit Vorsicht eine schöne Frau, die sich an einem entfernten Tisch hübsch unterhielt. Dann drehte sie sich plötzlich zum ersten Mal in meine Richtung, und wir sahen uns für eine Schrecksekunde lang mit aufgerissenen Augen unsere Mond-gesichter an! – Eujeujeu! (ohne œ…)
Als sie wegschaute, mochte ich sie von der Seite wieder ungemein. Machte sie Anstalten, ihren Blick wieder in meine Richtung, auf den Mann mit dem entsetzten Gesichtsausdruck, zu schwenken, wendete ich mich lieber gleich ab, damit sie nicht wieder mein erschrockenes Antlitz, sondern lieber meine unvorteilhafte Seitenansicht gewahren sollte. (Und ich mochte mir die Annehmlichkeit ihrer Seitenansicht nicht verderben.) Wahrscheinlich erschrak sie nun ihrerseits von neuem. Denn bei mir ist es leider umgekehrt: die Ansicht von vorn erhabener. Etwas. Etwas schon.

Eine deterministische Anekdote: Veit Hanns Schnorr von Carolsfeld portraitierte einst Kant und dieser, unser Kant, versenkte sich während der Seance seinerseits ins Optische: »Ich habe eben über die Verschiedenheit meines Gesichts nachgedacht, und wenn ich eine Ursache derselben angeben sollte, so wüßt ich keine andere, als daß

ich von Jugend an bis heute bei offenem Fenster, sowie immer auf einer und derselben Seite geschlafen. Ob nun auf der einen Seite die Luft, und von der anderen die Bettwärme eingewirkt? Dies wäre wohl möglich.«

Ein Kollege von mir berichtet, er mache, auf Grund eines übersäuerten Magens, eine ›Rollkur‹, was bedeutet, daß er täglich ein zuvor verschlucktes Medikament nach verordneter Weise von allen Seiten, also links, rechts, bäuchlings und jeweils eine viertel Stunde lang auf dem Rücken liegend, einwirken lassen muß; dies wird ihm wohl also zumindest ein symmetrisch ausgewogenes Antlitz eintragen.

Gestern sagte einer der manischen Quatscher im ›Gemütlichen Treff‹, hockend an seiner, des Treffs, prachtvoller Theke (welche mal in den Hobbykellern einiger handwerklich begabter Stammgäste im Eigenbau entstanden war und im Stile sehr energisch dem spätmanieristischen Comeback (Renaissance) nachempfunden ist), ganz, ganz unvermittelt zu einem der dortigen typischen Dulder mit schlaff gierigem Säufergesicht, so von Mann zu Mann eben: »Du siehst aus wie 'ne Fotze auf der Flucht!« – Aua!

An allerhand Grobheiten gewöhnt, zeigten sich dennoch alle, bis auf den Angesprochenen selbst, welcher es gar nicht gehört haben wollte, ein wenig erschrocken. Der Schreck aber wurde irgendwie aufgesogen von Nachdenklichkeit bei allen, wie man das denn eigentlich zu verstehen habe.

Es blieb für lange Minuten ganz ungewöhnlich stumm. Die hübsche Kellnerin, einzige Frau im Raum, spülte, mehr als sonst erschöpft, einige Gläser.

Und dann ging es plötzlich weiter, als wäre nichts und nie was gewesen. Der Fall war einfach übergangen, überholt worden. Kein Kommentar, keine Replik, keine Nachfrage, kein Nachhallo!

Außer icke: denn mir wuchs von hinten langsam so ein Befremden den Rücken rauf, weil ich nie zuvor diese Klarheit gewußt und gefühlt habe, daß Vergangenheit eine solche wahrhaft rücksichtslose Radikalität besitzt. Das kann einfach so restlos wegrutschen. Dagegen stemmen sich vergeblich nur die harmlosen Kraftakte mottenanfälliger Erinnerung. Und wir überschätzen die Spuren. Man kann natürlich zurück sehen, aber da ist eigentlich nichts mehr. Aus und vorbei! Die rätselhaften Worte sind verhallt, die fliehende Fotze ist am hinteren Horizont entschwunden, die stumme, ihr nachsinnende Zeit ist auch schon vorüber. Und das Ebengerade auch. Und jetzt ist jetzt, und das ist auch gleich rum, und morgen erzählt auch wieder einer was, und egal was. Und hier sowieso.

Die Eindringlichkeit dieses ruckartigen Gedankens verdankte sich aber auch der Eigenart dieses Publikums hier, im Gemütlichen Treff, welches eine enorme Tüchtigkeit besitzt, was die Bewältigung der Mühen völlig ahistorischer Einstellung betrifft.

(Protokolliert an Palmsonntag, den 28.3.99: Das obsurd-abszöne Ereignis, weniger Tatentummel als schnöder Sprechakt, verflümte also doch nicht ganz spurlos in trefflicher Gemütlichkeit. Daher nun bloß kein Unterschätzen der Spur! Andererseits: das hätten Sie mal miterleben sollen, das kann man beim besten Willen alles und gar nicht beschriften. Das war schon oberkrank! Das war unbeschreiblich.)

Luft immer noch unsichtbar, obwohl sie sich heute über den Wipfeln mit Windstärke zwölf als später Frühlingssturm in Berlin zu erkennen geben möchte. Überall liegen Äste rum. Und die Bäume wackeln wie geisteskrank, ob ihres unten von Kötern bekackten Lebens, sie rütteln und schütteln von allen Lüften bestärkt um Erlösung vom irdischen Dasein, auf daß in Ewigkeit Erdöl aus ihnen werde zum Zwecke gesicherten und ausschweifenden Herumgondelns in oben offenen Autos. Amen!

Und ich laufe mit einem Gefühl aus Furcht und Hoffnung, daß mir ein solider Ast auf den Schädel donnern möge, durch die wankenden Alleen auf ein Haus in der Gegend zu, worauf die Wein- und Bierschankgerechtigkeit vergeben ist, damit ich dort, falls ich unbeschadet ankomme, den ganzen Hokuspokus wegschlucken kann, mit einer Prachtmolle, die ab heute auch mit dem Auge zu trinken, ich mir für immer angelegen sein lasse!

Das Laufen tut wohl, köstliches Gefühl, durch die eigenen Beine, mit freiem Blicke in jede Richtung, sich befördert zu sehen! Hoho!

Schwer beeindruckt hielt ich unterwegs auch vor einem ›Reformhaus‹, denn dort wurde irgendein diätischer Stopfpapps in nicht weniger als »zwölf Geschmacksrichtungen« verkündet, welcher weiter nichts anderes zu bewirken verspricht als nichts in Form einer angetäuschten Sättigung! Himmel, was gibt es für mulmige Tage!

Barmer Weltveränderung durch Ersatzkassenschikane. Beim Zeitungsladen kaufte einer zwei Stangen Zigaretten; es hatte etwas von Medikamentenzuteilung. Klamme Augenblicke, hastiges Wegstopfen der zwei Frevelstangen im mitgebrachten Stoffbeutel und dann eilte der Kranke davon, und wir schauten ihm mitleidig hinterher: »Zwei gleich! O weh, o weh!«

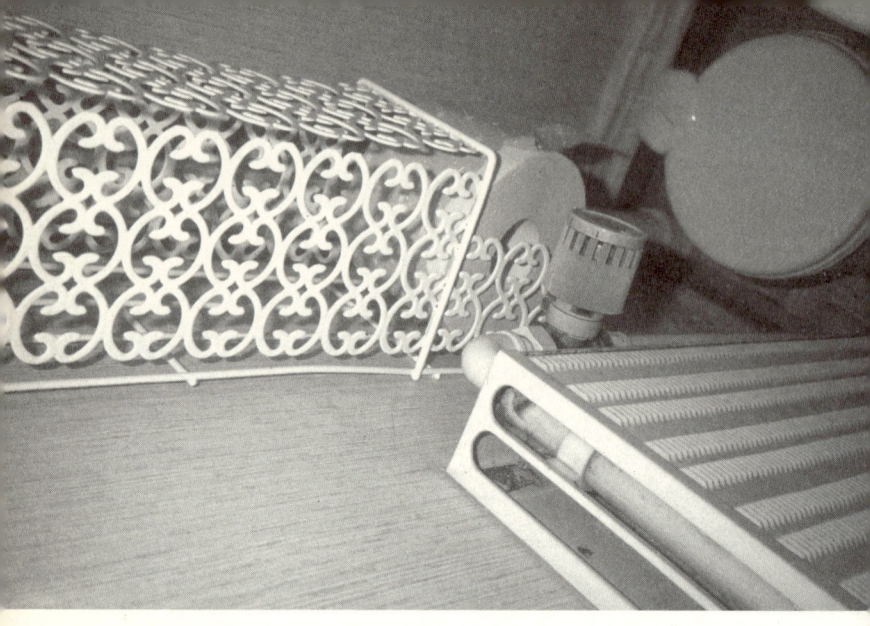

Beim Schreiben kommt mir, obgleich es mir, das Schreiben, immer noch wie ein der seligsten Erfüllung nahes Tun anmutet, ständig die Frage hoch, ob es eigentlich sein muß? Was soll der Quatsch? Muß das sein? Ist es nicht nur noch bedenkenloses Weitermachen, so, wie sie alle immer, immer alles weitermachen, oder ist es eitel, im zweifachen Sinne, oder geht es darum, daß ich werde soviele Bücher schreiben müssen, bis ich mir im Irrenhaus eine Liegestelle erster Klasse werde leisten können? (In diesem Sinne also: Weitermachen!)

Der erste Buchstabe am Wort ›Buch‹ alphabetisch flektiert ergibt sechsfach Sinn: Auch, Buch, Euch, Huch, Luch, Tuch; vierfach Halbsinn: Juch, Kuch, Puch, Such, und sechzehnfach Unsinn. So what? – Nothing. Only Käsevariationen. Mit Zugabe wegen ganz unulkiger Rortylektüre:
»Ironie, Kontingenz?«
»Ach was! Lieber 'n bissel Kontingie mit Ironenz als Englisches Brausepulver.«

Eine meiner, des Wohners, irrsinnigsten Marotten ist ständiges auf Wohltemperiertheit besorgtes Regulieren der Zentralheizungskörper sowie das Ausschalten überflüssigen Lichts in den Zimmern der Wohnung (vier Zimmer, Küche, Bad, Balkon). Wie ein Gestörter, krank!

Ich durchstreife aber dadurch mehrmals täglich mein Terrain und habe immer alles fest im Blick. Und so gibt denn unsere Behausung einen fleckenlosen Fechtboden für gut beobachtetes, würdiges und sparsames Familienleben ab!

Furcht soll das Haupt des Glücklichen umschweben, / Denn ewig wanket des Geschickes Waage. (Schiller seine Worte!)
Zu meinem, des Glücklichen, Glück knistert es mir bei drohender Gefahr frühzeitig am Kopfe, da ich befähigt bin, mir die Welt und Wahrheit vorsichtig mit den Spitzen meiner Kopfbehaarung zu ertasten, und ich erachte es nicht als Einwand, daß mir etliche davon ausgefallen ist (insbesondere an der Stelle, wo meine Aureole montiert ist).

Wird Kellner-Manne endlich seine Ruhe wiederfinden? Er, der alte, treue Kellner-Manne, mußte hier, im Gemütlichen Treff, heute mit angucken, wie ich mir die Schnapsideen vom Füller lutschte, anstatt wie üblich Bier zu trinken und in unaufgeregter Weise BZ zu lesen. Das verwirrte ihn, trieb ihn um; er fragte schon, dabei Krümel vom Tisch feudelnd, besorgt nach: Ob ich etwa, vom Kummer getrieben, einer »Lieben Angelika!« hinterherzuformulieren genötigt sei! (Dieser nämlich schrieb ich dort einen eiligen Artikel zum Thema Angst, weil es versprochen war.)
Vielleicht ist man Gewohnheitsmensch und ordentlich, zuverlässig, pünktlich usw. – und all dies ist er, der Kellner-Manne, gewiß (so wie auch ich!) – nur, wenn einem genug Angst eingejagt wurde im frühen Leben. Zum Beweise denke ich da im Umkehrschluß an angstfrei erzogene Leibesfrüchte, denen all diese Tugenden ja gänzlich fremd sind.
»Also«, schrieb ich meiner werten Angelika Maisch, »werte Elika Angst! Ich bekenne, zur Zierde Deines Rabenheftes, wie ich hoffe, Angst zu haben: vor Dir, vor Frauen über als auch unter Körbchengröße achtzehn (ich fürchte, das gibt es gar nicht! Du aber gehörst in welchen Bereich?) und vor zuviel Menschen auf einem Haufen (über Haufengröße fünf) und nachts vor männlichen Orientalen über elf und unter dreißig ab Haufengröße drei in Vierteln mit mehr als fünfzehn Prozent Sozialhilfebedürftigen (meine ›Überfallkonstante‹; ich weiß es aus eigener, leidvoller Erfahrung!) und vor Hunden aller größeren Art natürlich, insbesondere vorm Schäfer des Mieters vis-à-vis, Zisch ist sein Name! (Nicht der des Hundes, sondern des Mieters; wie der

Köter getauft ist, Asta oder so'n Scheiß, will ich gar nicht wissen.)
Und vor Hasen! Letztere (Angsthasen) aber haben wiederum ganz offensichtlich Angst vor mir (Angstmenschen). So wird die Angst zum
interaktiven, sozialen Grundrauschen, das alle bemüht sind qua Gewohnheit oder Anstrengung, zum Zwecke allgemeiner Erträglichkeit
rauszufiltern. Übrig bleibt indifferente Verdrossenheit und schlaffe,
schlechte Laune bei Mensch, Tier und Pflanze (Primel). Mehr kann
ich dazu nicht sagen. Phobien sind mir fremd. Allenfalls könnte man,
Dir zu gefallen, noch einiges schwach Etymologisches zu: gr. phóbos
(Furcht) abproben, was die Vopos (Phopos, die Volkspolizei der ehemaligen DDR) betrifft, aber es gibt sie ja nicht mehr! Klaustrophie,
fällt mir jetzt natürlich noch ein, und nun wundert er sich, der Kellner-
Klausi-Manne-Maus, warum ich ihn so blöd angrinse. (Risus sardo-
nicus!) Also, aus mit Klausmaus! Nimm diesen Schrieb, hau ihn,
wenn's beliebt, in Deine Haffmans'sche Kladde und laß sie gedeihen
zum Heft des Jahres!«
Solch einen Scheiß schreibt man auf eilig, und nur weil es töricht versprochen worden war, sogar in der Kneipe! Mannometer!

1.4.99, Donnerstag, wieder Vollmond. Es klingelt, es gongt. (Scheiß
Reklame! Scheiß Welt!) Ich hocke sehr früh, sehr zerknirscht in
Küche auf Hocker, vor dünnem Teechen in doofem Täßchen. (Drei
grüne Blättchen schwimmen wie Fröschlein gerührt darinnen im
Kreis herum, wiedebumm.) Ich beschließe, nicht zu öffnen!
Es klingelt, es schellt, es gongt: Bumm! Bumm!
»Verflucht noch mal!«
Ich beschließe zornigen Überraschungsangriff nach Stratagem 27: jia
(= falsch/künstlich) chi (= blöde/albern) bu (= nicht) dian (= ver-
rückt), also etwa: Den Irren mimen, ohne das Gleichgewicht zu ver-
lieren.
Reiße Tür auf.
Dort stehen: Ein potthäßliches Weib, jünger als ich, aber älter. Da-
neben ein Schleimpeter in Vertreteraufputz, etwa so alt wie ich, aber
älter. Beide nie gesehen.
Der Schleimpeter räuspert sich bedeutsam: »Herr Kapielski?«
»Was ist?«
»Sie sind Herr Kapielski?«
»Kann sein. Was is?«
Der Schleimpeter zeigt auf die links neben ihn postierte Häßlichkeit

in meinem Alter, aber älter. Die schiere Garstigkeit glotzt mich ver-
wundert an und spricht dann zum Schleimer, ich schätze russisch. Der
Schleimpeter sagt ihr auch was auf russisch: »Drrisch druschki drasch
Kapielski! Dawei!«

Dann glotzen mich beide geraume Zeit eindringlich an, und der
Schleimpeter sagt plötzlich: »Herr Kapielski, ich bin Anwalt und ver-
trete die hier neben mir stehende Frau Grischkowa.«

Die angebliche Grischkowa nickt.

Ich auch.

Er auch: »Frau Grischkowa stellt schwerwiegende Ansprüche an
Sie.«

»Ach so?« sage ich. »Ja, also bei schwerwiegenden Ansprüchen da
muß ich aber erstmal meine Frau fragen. Moment ma!«

Und knalle die Tür zu, laufe den Flur runter, Frau is garnich da, mache eine Drehung, um einem Gegenschlag mehr Anlauf von innen zu
geben, warte aber noch etwas ab, pumpe Luft.

Und Attacke!

Kapielski reißt Wohnungstür auf und brüllt dichten Abschreckungs-
blödsinn hinaus wider die zwo lästigen, garstigen Menschen.

So! Ja wie, ja was nu?

Beide bleiben ungerührt. Schleimpeter hüstelt betreten, räuspert Hals-
frosch ab, fährt gewichtig fort: »Frau Grischkowa, meine Mandantin,
ist im fünften Monat schwanger.«

»Schön!« sage ich. Schleimpeter schaut mich verdutzt an, holt ordentlich Luft, schnarrt weiter: »Und Frau Grischkowa meint nach-
weisen zu können, daß Sie, Herr Kapielski, ä, der Vater sind!«

»WAAAS!?«

Ich schrecke hoch aus klammen Ehebetten: April, April! Neben mir
das erschrockene Weib: »Was is los mit dir?«

»Um Gottes willen! Ich bin, ä, war schwanger!« (Mit Traumfrau!)

Frau zeigt Vogel, Frau lacht. Zu früh! Verschwitzt lauf ich zum Abort
und betrachte beim Harnen den Ausgang des Abflußrohrs meines
Gemächts mit seiner fatalen Doppelfunktion: Pissen und Zeugen.

Wer denkt sich sowas aus? – Darwin? (Aussterben getrennter Strän-
ge, da Einzelröhre fitter.) – Lamarck? (Pißröhrchen gewöhnt sich so
sehr an Samenstrang, daß Vereinbarung getroffen wird.) – Gott? (Wir
müssen sparen, damit überhaupt etwas und nicht vielmehr nichts ist.)

Dieses umherirrende Erinnern (HIER) ist striktes Vergessen. Darauf lege ich wert! (Ansonsten ist's Lüge!) Und zu meiner Familie Schutz und Frommen sei bemerkt: Das hier geschilderte Familienidyll hat, wie jedes sonst, mit der Wirklichkeit nichts gemein und ist frei erfunden! Und Ähnlichkeiten sind nicht mal zufällig!

Allem Kirchlichen wohnt faszinierender Irrsinn inne: Er speist sich zu nicht geringem Grade aus Widerrede zwischen Unfehlbarkeit (Infallibilität) und Erneuerung (Aggiornamento).
Nach seiner Exkommunizierung befand sich ein Jesuitenpater im Jahre 1954, in den Jahren sich anbahnender katholischer Reformtrunkenheit, in der heillosen Situation, daß er aus der Kirche ausgeschlossen worden war, weil er den Grundsatz vertrat, daß es außerhalb ihrer kein Heil geben könne. (Früher das granitenste Dogma schlechthin!) Dieser Mann ist nun auf ewig verdammt; mir aber, ausgerechnet mir, einem Thomas, strömt seit dem Zweiten Vatikanischen Konzil, verflucht noch mal! unumschränktes Heil zu! Ohne Einschränkung. Wer kann, verstehe!

Da sich Glaube bei mir nicht zu festigen vermag – der Gottesbegriff dient mir allerhöchstens zur Bezeichnung der rätselhaften Leerstelle auf der Position des Axioms, welches den Grund bilden müßte, mir das Welträtsel zu erklären, und ein solcher Begriff wäre mir auch nur in höchster Abstraktion und beinahe nur mathematisch denkbar (als Menge aller Mengen, die sich – ja wie denn? – selbst enthält; oder nach Gödel, wie schon bei Kant, eben unbeweisbar und unwiderlegbar) –, da mir also Kirche kein Gegenstand des Glaubens werden kann, muß sie mir einer des Brauchtums bleiben, weswegen sowohl Frau als auch ich und der Junge gewöhnliche Glieder der Evangelischen Landeskirche zu Berlin-Brandenburg, getauft, konfirmiert und mit allen sonst nötigen Sakramenten ausgestattet sind und uns in der Schrift zurechtfinden und gelegentlichen Kirchgang pflegen wie alle halbwegs ordentlichen Christenmenschen. Amen.

So streng ethisch es bei uns daheim auch zugeht und die gute Tat alles gilt, es herrscht doch strikte Freiheit der Rede, Franc-parler, Freimütigkeit! (Parrhesia; dazu ausführlich und selbst freimütig: Foucaults Berkeley-Vorlesungen von 1983.) Wir verabscheuen daher die politische Korrektheitsbewegung, insbesondere der Schnulzenputzi: »Darf man Nager sagen?« fragt ein sich seiner Unversehrtheit in Folge solcher Verbote nicht mehr sichere nachwachsende Mensch.

»Natürlich, mein Sohn! Sagen darf man alles. Daran geht die Welt eben nicht zugrunde! An böser Tat, womöglich mit schönen Worten verziert, tut sie's!«
Und ich legte ihm einiges klar von den Rousseau'schen Zwangsmaßnahmen im Dienste der Freiheit und vom Polizeistaat Platons und den Leichenbergen der irdischen als auch und sonderlich der himmlischen Utopisten.
›Die drei Besoffskis‹, neben ›Knorkator‹ seine Lieblingsband, und sonstige Formationen, zielsicher ausgewählt als die mit den übelsten Texten, darf er somit hören, soviel ihm zuspaß kommt; auch wenn man solches vernimmt: »Hast du Weinbrand in der Bluuutbahn, / Kannst du bumsen wie ein Truuuthahn!« (Sit venia verbo!) Er fragt dann allerdings nach, ob es sich bei Blutbahn um öffentlich risikolos zu verlautbarende Sachverhalte handele.
»Ja«, sagt dann die Mutter, die meiner Linie, in Fragen des Curriculums, tief mißtraut. Denn zum Abschluß meiner flammenden Reden über die Redefreiheit bringe ich im allgemeinen den Zusatz: »Keinesfalls aber darfst du deinem Vater ohne zuvor erteilte Erlaubnisgenehmigung widersprechen!« (Da es sich beim Widerwort um performa-

tiven Sprechakt, also Tat, sintemal widerrechtliche, vulgo: böse, handelt!)

Einem Schaumschläger meines Ranges ist das Geheimnis des Rezepts für Harte Suppe von Gott wohl mit in die Welt gegeben! Und dazu die Hauer und die scharfen Löffel! Der Freischwimmer, die Siegerurkunde über Dreikampf von den Bundesjugendspielen 1966, das Abiturium vom Januar 1971, die Fahrerlaubnis Klasse drei von '70, die Bescheinigung der Befähigung zur selbständigen Wahrnehmung der Dienstverrichtung eines Fahrkartenverkäufers durch die Deutsche Reichsbahn im Jahre 1971, die Ernennungsurkunde zum Universitätsprofessor im Beamtenverhältnis auf die Dauer von sechs Jahren von 1998, der blitzblanke Bluttest von Anno dummemals, das hochlöbliche Amtsärztliche Gutachten des Bezirksamts Steglitz von Berlin aus dem Jahre 1998, die Impfscheine, alles! Tauglichkeitsbelege für Kapielski noch und noch! Jahr um Jahr!
(Neuerdings verkaufe ich all diese Atteste gewinnbringend, zuvor hübsch gerahmt, als Kunstwerke. Beim Reckermann, Kölner Galerist feinster Geartung, ging mein Freischwimmer von 1963 einträglich von mir in die Obhut eines Herrn Dr. Strobel über. Möge das Blatt dort an würdiger Stelle Zeugnis vom Können eines großen Freischwimmers und Erschaffers und Sammlers ablegen!)

Krieg haben wir nun auch endlich einmal wieder. Die langen Strecken des für ewig gehaltenen Friedens machen Völker lethargisch und dumm, und nun soll Serbien sterbien! Aber sicherheitshalber nur aus der Luft. Denn die Wehr- wie Lebenskräfte unseres Bundes sind längst mürbe, das Heer ist sehr dünnhäutig, friert und kränkelt rasch. (Haubitzen, Granaten, Schrapnells usw. daher nur noch nach R. Steiner! Weleda, bleifrei.)
Im Fernsehn kommt Scharping, Verteidigungsminister, im Rausche eigener Hochwichtigkeit im Sterzgang vor die Kameras gerudert und dröhnt staatsmännisch, stark Brandt imitierend, zum Angriff mit übel seimtriefenden Ausreden (Auschwitzbekämpfung nachträglich), um Totmachen vom Flugzeug aus schmackhaft zu machen. Empörkitsch mit Leichenfotoshochhalten und: Zerfließe mein Herze in Fluten der Zähren! Das beinahe komplette Parlament schart sich ums Fähnlein der kriegstrunkenen Opferhelfer: Wir folgen dir gleichsam mit freudigen Schritten! Fischer, Außenminister und Künstler für den Frieden,

schärft die allsiegende Nato-Sichel mit seiner Partei entnommenem Menschenrechtsgequalle. (Ausgewiesene Pazifisten zetteln wohl immer die alleridiotischsten Kriege an!)

Man glaubt nichts! Die Kurze-Beine-Sammlung des deutschen Lügenmuseums marschiert eilig hinter der amerikanischen her, dieses Mal aber mit noch mehr allerbesten Absichten wieder Richtung Südsüdost. Man reibt sich die Augen. Während tränenlanger Fernsehbilder wird man das Gefühl nicht los, daß sie uns verarschen. Da stimmt was nicht! (Amerikaner wollen nur wieder Luftwaffe testen? Oder Europa Problemchen bereiten, die man selbst gern los wäre; also sollen sie wenigstens alle haben? Oder Europa bißel geostrategisch schwächen und in kostspieligen Dauerscheißdreck verheddern?)

Und die Albaner, Bismarck hegte noch gesundes Mißtrauen und empfahl strikte Zurückhaltung auf dem Balkan, haben sich alles geschickt zupaß kommen lassen, müssen auch, im Gegensatz zu den Serben, gute Propagandaabteilung (heute nennt es sich natürlich Medienconsulting oder so) geleast haben. (Vielleicht dieselbe Firma, die die Nato agitieren läßt?) Die mafiöse Privatarmee UÇK ist, trotz archaischster Entschlossenheiten, moderner, gewandter und unserer Gesellschaft ähnlicher organisiert, als das träg segmentierte, postkommunistische Regime und sein Schurkenheer. (Daher die Sympathie für die postmoderne Räuberbande und gegen den bösen Onkel Millowitsch, obgleich beide Seiten gleich doof.)

Irgendwie ahnt auch jeder Zeitungsleser und Fernsehgucker und Steuerzahler, daß die Aktion Quatsch ist und daß man die mit unseren Mitteln zerbombten Brücken wird selbst auch wieder reparieren müssen, aber die Bilder, der Kitzel eines Krieges aus sicherer Entfernung scheint allen jede Mark wert zu sein. Dazu, bei den gebildeteren Schichten, das erhabene Gefühl moralisch hehren, entschlossenen Handelns!

Sollte aber ein Krieg tatsächlich einmal zur Ultima ratio und unvermeidbar werden, da es alles, Volk, Verfassung, Freiheit, Besitz, zu verteidigen gilt, wird man sich hier, so beschleicht mich böser Verdacht, vor Kleinmut (und auch in Erinnerung an die ungewöhnlich zärtliche Bonner Vasallenzeit) lieber einer Unterjochung fügen.

Heute spirituelle Entfaltung sehr beengt, Entfalzung erst recht. Rettend war mir daher der Hinweis meines Arbeitskollegen, er prak-

tiziere noch immer anstandslos diese Rollkur, in seinem Falle, wie berichtet, um einen übersäuerten Magen zu kurieren. Ich probe die Rollkur nun meinerseits, mit Erfolg, um von gelegentlicher Gedankenärmlichkeit zu genesen: bäuchlings denkt es sich, hat man nur einen bescheidenen Ansatz, anders als rücklings, rechtsseitig oder linkslägrig! Die Permutation von vier Perspektiven erbringt dann schon satt und reichlich Gedankengrummet und auch das ebenmäßigere Antlitz. (Dazu kann man im Magen gern auch einen kl. Grog mit umlaufen und reinkullern lassen.)

Jemanden, der Arbeit hat, kennt man kaum noch. Unter den wenigen, die eine haben, ist aber auch nicht einer, der etwas Reales täte: Tische bauen, Brötchen backen, Fernsehröhren blasen, … Nichts dergleichen.

Allein immaterielle – na, von ›Produkten‹ oder ›Erzeugnissen‹ zu reden, stockt die Rede – und nur seltsam theatralische Luftgebäude errichten sie, die mir Bekannten, die noch Gehalt beziehen, und zwar alle, ohne Ausnahme: mit Gedröhne in Werbung, mit Mediengesummse, mit allerlei Gelaber in Therapie, Recht, Beratung, mit ethisch überheizten aber irgendwie einträglichen (steuerlich beheizten) Initiativen (›Inis‹) oder mit prolongierter Fortbildung oder mit modernem Turnzeugs (Jogging, Fitness, Hulahupp mit Wellness, Abspeckriege oder Rheumaliga) oder, so wie ich auch, in den besser ausgestatteten Flügeln des Kunstbetriebs, und einige fummeln auch anlegerisch mit ziemlich Geld hin und her.

Vielleicht umgibt man sich daher, abgesehen von Antiquaren, Übersetzern, Verlegern und Musikern, doch gleich lieber mit Leuten, die fleißig und mit Würde arbeitslos sind.

Ein guter Morgen vor dünnem Tee, und unentwegt in voller Frische zieret dich, meine Frühstückstasse, aller geschirrspülmaschineller Tortur zum Trotz, noch der eingebrannten Blumen Schmuck, juchhe! Da aber Kapielski sich heute früh für einen Leimsieder vor dem Herrn erkennt, einiges:

Ad otium.

Nun: ich denke, und das schreibe ich, weil ich einiges darüber nachgedacht habe und es nicht habe glauben wollen, denn lieber hätte ich gesprochen: »Ich glaube«, und spreche nun aber ungern: »Ich denke«, da jeder Arsch, insbesondere Politiker, Sportler, dumme Nuß im Fernsehn und überhaupt alle überall heuer unbedacht: »Ich denke« sagen als auch schreiben, ohne vorher jemals auch nur ein Etwas nachgedacht zu haben, und so rufe ich nun also: Ich denke, Leser, heute früh, beim Blick in den Spiegel, denke ich: Ich spinne! – So sieht doch kein Mann aus, der sich alle zwei, drei Tage grunddumpf langweilt!

Unglaublich! Sehr unerholtes, auch ungepflegtes Antlitz an einem, der behauptet, das Beste sei auf jeden Fall, man würde gar nichts mehr machen! Weil schon alles zu angestrengt, zu bemüht sei. Und die Welt hinreichend unterhalten und ausreichend befummelt sowieso. (Was auch stimmt!)

Die Weltläufte, von denen ich mich ein halbes Leben lang benachteiligt wußte, zwingen mich zu Einsicht und Bekenntnis, daß, wenn ich es mir leisten könnte (und eben hier wurzelt das Übel!), ich Ruhe geben und mich noch und noch belesen und fernsehbeflimmert unauffällig die Pappelallee hinunter begeben würde, freiwillig, mit Würde und Gelassenheit, derselben, mit der mein Freund K.D. Schacht (›Karmische Tupferl‹, Berlin o. J.) einst sein Blumenwasser zu trinken pflegte und ich jahrein, jahraus, ohne Zaudern täglich den anfallenden Müll raufbrachte (Einkaufen).

Man begreift ja auch sowieso nichts durch Anstrengung, aber einiges durch Langeweile. Und wenn man schon sterben muß, sollte man wenigstens nicht gelebt haben, dann ist es nicht so bitter. Zum Selbstmord wiederum ist ein auf Jahre dosierter Rausch auf jeden Fall die bessere Alternative. (Ein so starkes Glaubensbekenntnis kann nicht ungehört bleiben!)

Doch empfange, Leser, gütigst folgenden Nachtrag. Der Langeweil' Rezept ist: Laß nichts ungesagt! (Voltaire) Da nun also auf ewig Geld herangeschafft werden muß, bleibt, neben Arbeit an entbehrlichem Aufsatz über die Langeweile etwa oder an chemischer Sedierung dieser selbst außer Haus, wenig Appetit auf eine selbstsorgende tägliche Rasur! Und so kommt es, daß das Denken durch Verlust an Muße den Glauben segregiert und häßlich macht.

Weniger Worte, weniger Taten, mehr Liegen (Rumliegen), viel Sitzen (Rumsitzen), etwas Lesen! Anlage und Vorliebe für absolutes Chaiselongueleben. Katilinarische Tatenkraftlosigkeit. (Oftmals aber fördert ja Zügelung, was sie entmachten will. Daher meine unermeßlichen Leistungen nebenbei!)

Dem Volke dienen! Ich gebe es nicht auf und entfalte hier noch mal eine Idee, die schon alt ist, und ich hab's auch schon zehnfach erzählt und hoffe aber auf die Kraft der Variante! (Und es geht ja auch überhaupt nicht darum, was, sondern wie man erzählt!)
Nämlich: Als Berlin (West) anläßlich seines angeblichen 750jährigen Geburtstages, 1986, im sauer ersparten Gelde der mißlaunigen Schwaben, Bayern und aller anderen arg steuerblutenden Westphalen schwamm, versuchte auch ich ein paar Tropfen davon aufzusaugen. Ich, wie sich's für einen Berliner einst gehörte: arm, schickte also damals dem für die Künste offenen Senatsportefeuille einen Brief, indem ich einen Springbrunnenentwurf darlegte. Ich machte mir Hoffnungen, denn die Kunstakzeptanz unter der Bevölkerung und ihrer volksnahen Vorgeordneten weitet sich ja immer recht wonniglich jedweder Art selbst deppertster Wasserspielchen.
Mein Brunnen sollte also aussehen, wie sich das Volk einen anständigen Springbrunnen vorstellt: Runde, im Durchmesser etwa zwölf Meter messende, schnörkellose Schale aus hübschem Stein, mit Wasser gefüllt, damit man darin auch Beine baumeln oder Bier würde kühlen können, und in der Mitte sollte sich eine Düse für eine senkrechte, etwa sechs Meter hohe, gebündelte Wasserfontaine befinden.

Für die Begriffsstutzer unter den Kommissionsmitgliedern, von denen es immer reichlich gibt (ich weiß es, da ich inzwischen selbst solchen Ausschüssen beisitze) machte ich die hier abgebildete vereinfachende Skizze. Diese würde, spekulierte ich, nun also erst mal ein »Aha!« unter den Begutachtern auslösen müssen, und dann las man aber im Kleingedruckten noch weiter, daß nunmehr ›Moderne Kunst‹ meinerseits würde hinzukommen: Die Wasserdüse sollte nämlich, ohne daß sich vorhersehen ließ wann und wohin, immer mal um neunzig Grad in die Horizontale kippen und den Strahl weit über den Brunnenrand hinaus ins jauchzende Publikum jagen!

Nun hätte ich ein schallendes »O ha!« unter den Mitgliedern des Ausschusses erwartet haben dürfen! Allein, man reagierte gar nicht und baute anderen Schwachsinn mit und ohne Wasser. Ich aber ließ den Einfall erstmals abdrucken, auf daß er ewig werde.

Da nun horchte wenig später Kopenhagen auf! Der große Fluxusgalerist Knut Pedersen – ja!, der, der ›Der Kampf gegen die Bürgermusik‹ schrieb! – reiste zu mir nach Berlin, wegen meines kecken Brunnens, und ich reiste dann wegen meines tollen Brunnens nach Kopenhagen, wo wir auf einem Übungsgelände der Kopenhagener Feuerwehr in Ölzeug gekleidet Düsen testeten und anschließend nach ausgiebigen Rutschbahnfahrten wie im Film, auch unter Blaulicht, mit dem Leiterwagen von Tuborg zu Carlsberg und zurück tüterten.

Aber auch hier wurde es leider nichts, weil ein im städtischen Dienste verdorrter Trockenadvokat, wegen eventueller Schadensersatzansprüche feucht gewordenen Publikums, vom Bau des Brunnens abriet. Der Herr möge diesen Kerl von einem einzigen Hagelkorne – der Art, tennis- bis tischtennisballgroß, wie sie einst in München mal vom Himmel stürzten – treffen und nachträglich zur Besinnung kommen lassen, einen anderen Stadtvater aber möge er davon verschonen, weil dieser klug ist und weise und weil dieser wahrhaft große Politiker und Kunstkenner mein Wasserding dann endlich in Auftrag gibt. (Die Sache wird nun allerdings teurer als damals!)

In Phasen völliger Nüchternheit, bei karger Speise geht es mir unsäglich gut, und am Anfang ist es wie gestülpter Rausch: glasklar, kristallen ernst und heiter. Wie tiefstehende Wintersonne mit scharfen, eiskristallenen Schatten. Daher immer wieder großer Hang zu strikter Quartalsnüchternheit.

Aber dann, ganz allmählich, beginne ich mich zu fadisieren, mich jäh und zäh zu Tode zu langweilen, zu erstarren, und es wird, ohne alle Übertreibung, leidmüthig, öd und lebensgefährlich! Ich verdorre und erfriere bei bester Gesundheit. Eine Verblödung beraubt mich der Kunst der Unterscheidung. (Höchste der Künste!) Mir geht das Kontrastmittel aus!

Babylonische Wiedergutmachung mit Sprachentwirrung bei Gefahr des Sichverhedderns: Die sprachsanitären Umbenennungen der Negerküsse und Zigeuner- in Sintischnitzel und sonst welche Paprikaschoten, jetzt auch ohne Paprika, gehen soweit, daß sprachlich noch Fuß-fassen-müssender aber durchaus schon um das verminte Sprachfeld wissender Schnulzenputzi, ich sagte es schon, sich genötigt sieht, mit:»Mama, darf man Nager, Nugat, Nucki, Bauchlappen sagen?« um Erlaubnis zu gewagtem Wort nachzusuchen. Dabei ist er ein Mensch von moralisch edelster Gesittung! Im klassischen Sinne normal, was einem bekanntlich zum Makel sich wenden kann.

In merkwürdiger Gegensetzung zu beharrlich entübeltem Sprachgebrauch zählen zum Achtbarsten unter unseren abendländischen Angelegenheiten: das Verworfene und Häßliche, Unheil und Laster. »Daß Schwuchteln, Bauspekulanten, Rennfahrer, Trinker, Zeugen Jehovas, Linkshänder und Massenmörder zum Volkskörper gehören, ist selbstverständlich!« sage ich meinem Sohn, »aber man muß das Abseitige nicht zur Norm machen! Bist du anderer Meinung, mein Junge?«

»Nein, Papa, aber Mama sagt, du trinkst zuviel Bier.«

»Ja, wäre es dir lieber, ich würde mich vorher noch als Frau verkleiden?«

»Papa, du spinnst!«

(So das urfrisch herabtauende Wesen seines Geistes!)

Unterdrückte, Minderheiten. Die Eroberten bemächtigen sich geistig insgeheim des Eroberers und werden selbst Eroberer, indem sie sich beharrlich als Eroberte geben und so unmerklich ein Privileg nach dem anderen gewinnen.

Was sollen wir denn morgen mal essen?«

»Schlüpferbowle!« fiel mir augenblicklich blödsinnig ein, und ich schlug diese vor »mit extra viel Einweichen.«

Ein »Quatsch!« wurde mir zuteil.

Obwohl! Die Vorstellungsverknüpfung wurzelte ein wenig in Betrachtung der Dinge, die sich im Mai (Maibowle) nebenher zutrugen. Kleines Küchenidyll: Während das Kind drüben bei Tisch brav japanische Spielkarten, sogenannte Pokémonkarten, sortierte, studierte ich, da rot blinkende Lämpchen mich alarmiert hatten, die Gebrauchsanweisung unseres neuen Hausfreundes, eines Miele-Geschirrspülers, der mir jetzt die erste Arbeit des Tages und das frühe Wärmen der Hände weggenommen hat und nun auch schon Zicken macht. Mein Weib aber stocherte unterdessen drüben am Herd mit hölzernem Kochlöffel archaisch wie eine Kralsmutter im größten aller Bottiche des Hauses zum Zwecke einer sogenannten, eigentlich wohl längst aus der Mode gekommenen ›Kochwäsche‹, und hin und wieder hob sie eins meiner anmutig hellblauen Stücke von Schiesser aus der kräftigen Sodatunke, wo sie gewaltig dampften und meinen Gedankengang anregten.

Zur morgigen Atzung aber wurden einmütig Kartoffelpuffer erkoren –:

»Obwohl es immer so stinkt!«

Ja, herrlich! Soll es stinken! Da doch alles paßte! So rundum harmonische Augenblicke erfüllten, alltäglichen Familienlebens gibt uns – selten genug! – allein göttliche Gnade.

Trivialäußerungen. Manchmal kommt man mit seiner Wahrnehmungstüchtigkeit oder Urteilsschwäche nicht darüber hinaus.

Kraß! Geil! Formeln leerer Begeisterung. Ein Paar gediegene Prellsteine an den Ohrmuscheln lassen den gröbsten Blödsinn bereits zugerichtet auf die begriffliche Wahrnehmung treffen. Man muß sich ein striktes Befremden erhalten: So gelingt es meines Freundes, Husens, Chinesenohr, noch jeglichen Unfug in deutscher Femdsprache (»Schwiegermuttersprache«) wider den stärksten Blödblödwestföhn aufzuspüren und niederzukeulen.
»Gestell«, »Geviert«: den ganzen Heidegger schwäbisch aufführen lassen und die Sache wäre bereinigt. Schon die schwäbischen Scherzartikel vor den hehren Substantiven: Desch G'wisse als Ruf d'r Sorge!

Ich dichte nun auch alle zwei Jahre wieder und komme mir blöd dabei vor. Das beste Gedicht war noch das von 1996, als es in Berlin auch genau so war:

Scheißwetter

Scheiß Hitze
Scheiß Sonne

Scheiß Kälte
Scheiß Schnee

Das 98er Gedicht war für ein Hannoveraner Themenheft (»Feierabend«) zubereitet:

Der Feierabend

Ach, der Feierabend!
O!

Feierabend! Feierabend!
Einmal wieder froh!

Bierchen auf und Beine hoch
Und endlich wieder froh!

Paul Feyerabend von Kalifornien ruft:
»Everything goes!«

Prösterchen, Ihr Ärsche!
So!

Es geht! Jetzt las ich kürzlich begeistert im ›Kleinen Hey‹, einer
›Kunst des Sprechens‹, und dachte darum sehr beflügelt: Machst du
mal wieder eine Dichtung und machst du auch mal einen Shaftes-
bury'schen ›Test of ridicule‹ mit unseren ernsthaften Dichterkollegen,
sitzend zur Rechten Goethens. Dieser Test bespöttelt die überspannte
Ernsthaftigkeit, um zu prüfen, ob ihr eine Gelassenheit beigegeben
ist. Wenn ja, dann ist's in Ordnung. Wenn nicht, liegt mindestens –
volle Deckung! – Fanatismus vor. Also (bitte laut lesen!):

Knurrworte optisch

Nah dem Hage Tannen schwanken,
Unter dunklen Ulmenufern.
Waldpracht lugt durchs Zwiegelicht.
Oben thront der Nonnen Kloster.

Weil Waldwonnen Wunder wirken,
Wohnen dorte fromme Nonnen,

Vielfach verfolgt von pfiffigen Pfaffen.
Wüste Lücken, trübe Gründe!

Durstre, grünbebeinte Gräben
Müssen kühn sie überbrücken.
Klöster krönen öde Höhn,
Hört der Mönche Chöre tönen!

Schmetternd erschütternde Schauer
Gewitter erzitternd, in Forsten arg,
In ew'ger Angst, ihr edelen Äste
Am Obstbaum!

Heulsturm dräuend beuget die Bäume.
Bauern beleben breitbauchig den Plan.

So. Mal sehen. Der Test eignet sich auch sonst gut zur Prüfung multi-
kultureller Kameradschaften. Dazu sagt man einem Christenmenschen: Gott ist doof bzw. tot und so, und anderen Glaubensvarianten
auch. Aber es werden ja vermutlich alle mit großer, afghanischer
Gelassenheit reagieren, und also ist alles gut unter den Glaubens- und
Himmelsrichtungen!

Wenn Gott nun in seiner Rechten alle Wahrheit und in seiner Linken
den einzigen immer regen Trieb nach Wahrheit, obschon mit dem Zu-
satze, mich immer und ewig zu irren, verschlossen hielte, und spräche
zu mir: Wähle! Ich fiele ihm mit Demut in seine Linke und sagte:
Vater, gib! Die reine Wahrheit ist ja doch nur für Dich allein! : – So
spricht wahre, aufgeklärte Gottesfurcht!
Die Frommen aber reißen ihrem Herren den Sprengstoff eifernd aus
der Rechten, um damit alle Irrenden ins Pneuma zu jagen. Und ver-
dächtig ist, wer, ohne etwas gegen der Frommen Glaube getan zu
haben, nichts für ihn getan hat.

Den semitischen Völkern mit ihren zwei Glaubensrichtungen, Juden-
tum und Islam, wohnt, wie auch dem derzeit mit einiger Vernunft
begnadeten christlichen Bekenntnis, höchst verwandter Wahn inne.
Daher, abgesehen von der Lust am Martyrium, der Haß aufeinander

Eine sehr konkrete und auch zarte Poesie aber kam neulich in Gestalt dieser beschrifteten Bude zu Lübeck auf mich!

so voller Leidenschaft. Dazu kommt die Geschwisterzwietracht des erstgradig verwandten, abrahamitischen Geästs.
Ich aber stehe, wenn's darauf ankommt, zu den Wenigen Israels gegen die Vielzahl ihrer Feinde und möchte auch, hätte ich mich zu entscheiden, in keinem anderen Lande des Nahen Ostens als dort leben, wo man die Wahl hat, lesen kann, was man möchte und die Willkür beschränkt ist. (Noch früher hätte man sich wohl für den Libanon entschieden.)

Kleine Dienstreise steht an zum Jaschke nach Wien. Ein Hotel werde ich mir genehmigen, das geht auf meine Kappe, da eventuell auch mein Weib, der ein Wienwahn zueigen ist – sie nötigte mich letztes Jahr, anläßlich einer Zwangsfahrt (Kurzurlaub) nach Wien, gar in einen Fiaker! Mein Gott, was schämte ich mich und hoffte inständig, nicht gesehen zu werden! Das kann grausam sein! (Ich traf mal mit Blixa Bargeld bei Ikea aufeinander, o je! Beide hatten wir irgend so ein blödes Kissen und ich – kuckuck! – eine nordische Kuckucksuhr namens ›Jök‹ unterm Arm und die Begegnung war insbesondere für mich, wegen ›Jök‹, von der unheimlichsten Art, also knappes Ab-

nicken und gleich weiter und ganz schnell vergessen. Und – genau! –
ich weiß es ja doch heute noch! So etwas zu vergessen ist nicht
einfach. Oder schier unmöglich! Und verdrängen geht schon gar
nicht!) –, da also mein liebes Eheweib über das Wochenende vielleicht auch zureist, um mit mir wieder Sacherbomben zu entschärfen
und so, da muß ich bißchen den dicken Otto rauskehren, um den an-
gedrohten Fiaker rechtzeitig in luxuriösen Doppelbetten auszubrem-
sen – verstahscht mi? Und in meinem Alter residiere ich auch allein
lieber so, daß ich jederzeit unbemerkt saufen gehen und dann gegebe-
nenfalls ins Waschbecken pinkeln kann.
(Jaschke will's Hotel übernehmen. Und er ist überhaupt der generöse-
ste Gastgeber und Gastfreund, den ich je erlebt habe! Es macht rich-
tige Mühe, auch ihm mal einen auszugeben.)

Reise beendet. Herrlich! Tafelspitz und Kalbshaxen bei Hein und Oswald oder wie die heißen. Und ohne Kutsche aber mit Jaschke in der
Kutschkergasse.
In der schönen Universitätsbibliothek dort ergründete ich etwas
mühevoll über's Eck, es hatte mir eben keine Ruhe gelassen: der ›Erfinder‹ der Kuckucksuhr (u.a. ›Jök‹) nämlich sei kein Schwarzwälder
Köhler noch Uhrwerker, noch auch winters werkelndes Bergbäuer-
lein, sondern ein Architekturprofessor Friedrich Eisenlohr in Karls-
ruhe gewesen und habe das Kitschteil, so um 1850, stilistisch doch
ziemlich vollverblümt und einen auf ›kuckuck!‹ bei den Bahnwärter-
häuschen der Badischen Rheintalbahn abgeguckt.

Heute versuchte ich die ›GEZ‹, diese Gebühreneintreiberei für die
Glotze, im Telefonbuch zu verorten, um ihr mitzuteilen, daß wir und
unser Fernsehn umgezogen sind. Was sehe ich? Wir sind im Buchsta-
benbereich Gez… telefonisch unterwandert! Dort wohnen größtenteils Türkennamen. Im Buchstabengebiet Y, früher eher schmächtig,
schaut es noch orientalischer aus. Auch beim »Rahmann« suchen
geht's zu wie bei Karl May.
Ein Erfolgsstück: Das Osmanische Reich und Volk der Türken greift
im 14. und 15. Jahrhundert nach Europa aus, nimmt 1453 Konstantinopel (Der Verlust Byzanz' schmerzt mich täglich! – Da man Israel
Jerusalem abzuringen für rechtens hält, sollte es billig sein, Konstantinopel einzufordern! Unsere Kreuzfahrer könnten diesmal mit TUI
reisen …), steht 1683 sogar vor Wien, greift vielmals noch nach Grie-

chenland und dem Balkan aus und sitzt, trotz großer Verluste an europäischen Eroberungen während der Balkankriege 1912/13, nunmehr fest im Berliner und auch im Wiener aber auch im Stockholmer Telefonbuch! Sie können's und wollen's nicht lassen! Und haben es nun telefonisch sozusagen erreicht. Alle Achtung!

Neulich wurde im Fernsehn (›Offener Kanal‹) eine Frau aus der Gattung Berliner Portiersfrau mit Kopftuch als »Frau Schulz ist Moslem!« vorgestellt. Und sie nickte bedeutend. (Sagte aber leider nichts; ich hätte zu gern ihrem speziellen Bekenntnis und der Geschichte ihrer Bekehrung gelauscht. Schade.)

So, nun muß ich mich wohl umstellen! Die Herkommen anatolischer Landsmannschaft, in Berlin großteils aus den Provinzen um Samsun und Denizli stammend, vermehren sich recht freudig, währenddessen unsere Heimatjugend ja das offene Auto, die Singlebude und den Flugtourismus den Mühen der familiären Haushaltung und Nachzucht vorzieht! Und kochen können die unseren schon gar nicht mehr! Um mich hin und wieder gesund und einigermaßen hausmannsköstlich zu ernähren, kehre ich schon seit Jahren vornehmlich am Görlitzer Bahnhof beim Türken ein, esse dort Flecksuppe, Hammeleintöpfe und dergleichen. Es kochen freundliche, alte Männer der ersten Generation mutiger, wißbegieriger Auswanderer von braver Gesittung, die mir allerdings noch 1965 Angebote machten, meine blonde Schwester zu kaufen. (Zwanzigtausend – damals viel Geld!) Sie haben solide Sprachkenntnisse, zeigen, auch meine Schwester betreffend, längst vollendete Manieren! Aber die Jugend! Aber die Jugend! Allmächtiger! – Da rollen auch sie die traurigen Augen!

Wird sich nun dereinst die Gesellschaft für bedrohte Völker um meinen verwaisten Psychopomp, den Schnulzenputzi, kümmern, zumal wenn er, wie sie, die Blassen, alle, darauf verzichtet, sich fortzupflanzen?

Und nach Frieden unter den Völkern sieht es ja zunächst, Gott sei's geklagt, auch nicht aus! Mein Kind saß schon mit wenigen anderen Zarten blasser Geartung unter wehrhaftem, in Überzahl auftrumpfendem Türkenwurf, um der ›integrierten multiethnischen‹ Verheißungen gewahr zu werden, mußte aber in Wahrheit sittliche Unartigkeiten als kulturelle Bereicherung ertragen, die sich von Maximen dieser Art leiten ließ: Frauen haben nichts zu melden! Ehre, Rache und die Wahrung des Gesichtes gehen vor Toleranz und Rechtmäßigkeit. Homosexualität gilt für Abschaum, Krüppel gelten nichts. Unglauben (Chri-

stentum, Agnostizismus usw.) gilt es zu verachten und zu missionieren oder gar zu bekämpfen (Islam (arab.) = Ergebung, Unterwerfung, Gehorsam). Legitim ist es, den hiesigen Sozialstaat, welcher für schwächlich, verachtenswert und gottlos erachtet wird, bedenkenlos auszunützen. Respekt genießt, wer hart zuschlägt. Bumm!
(Eine Gesinnung übrigens, die aufs Ganze nicht nur schaden kann! Denn das Kriegerische macht, so es sich kunstvoll geführt und ins rein Künstlerische gewendet weiß, frische Avantgarde!)

So sage ich meinem Sohne also solches: »Schnulzenputz, es gehört sich nicht, wenn du die Nase gewischt hast, daß du das Schnupftuch auseinander ziehst und hineinguckst gleich ob dir Perlen und Rubine vom Gehirn hätten abfallen mögen!«

Wir flohen dann wegen der Kinder, wie viele Familien, ohne Empörung, weil man sonst des Rassismus geziehen worden wäre, hinaus an den Rand, ins Grüne. Jetzt sind des Schnulzis neue, beste Freunde, bei guter Luft nebst Wald und Flur: mittelständische Ostdeutsche, noch etwas wurzellose Rußlanddeutsche, unternehmenstüchtige Chinesen und arrivierte Türkendeutsche, welche letzteren ihre Brut sogar von Kreuzberg wegreißen, um sie hier auf Normalmaß zu halten. Komisch alles geworden!

Da wir und unsere Muttis kein Hühnerfrikassee mehr hinkriegen, sehen wir uns genötigt, hin und wieder ein chinesisches Restaurant aufzusuchen. Das kommt der teutschen Kodderspeis, ich weiß nicht wie, aber doch irgendwie, auch ohne Kapern, am nächsten.
Überhaupt ist es immer erhebend in dieser letzten Ausformung ungehemmten Barocks vor Speisestövchen und Tellerüppigkeit zu hocken. Alles: Löffel, Teller, gibt es doppelt und überschüsselig dreifach. Und vom Nebentisch hört man so magische Bestellungen wie: »Hinterher zweimal die 155 mit Sahne!« Speisekarten werden auch immer gleich fünf wenigstens überreicht und man sagt dann immer automatisch: »Eine reicht!«
Nein! Eine reicht nicht! Möchte der Chinese dann sagen, aber er lächelt und sagt es nicht, denn er hält es mit der vornehmen Dezenz des Asiaten und ist ja auch gar kein Chinese, sondern ein Vietnamese, denn ich weiß es, weil Sohn mit Vietnamesensohn in die Schule geht und so kennt man sich vom Elternabend, wo man immer mit Krupuk

(indonesisch) gefüttert wird, und erfährt von den netten Menschen interessante Dinge: In China würde man deutsche Chinarestaurants nie für Restaurants halten, und in Vietnam schon gar nicht, eher für apokryphe Tempel nicht genau verortbarer Häretiker. Kochen tut man ganz anders, eher Richtung Hühnerfrikasse! Döner würde man als apokrypher Chinese unterwegs auch gern mal essen. Hätte aber, nach inzwischen zwanzig Jahren Chinarestaurantdienst, noch nie türkische Gäste bewirten dürfen! Diese mögen sich auf so extrem multikulturelle Experimente lieber nicht einlassen und speisen in strikt eingehaltener Differenz lieber das ihre.

Aha!

Museums-Karl berichtet ähnliches aus dem Schloß Charlottenburg, wo er seit sechsundzwanzig Jahren Wache schiebt: In dieser Zeit habe er dort »nicht einen Ausländer, Thomas!« beaufsichtigen dürfen.

»Was?« sage ich.

»Thomas! Amis, Engländer, Holländer, Japaner, Franzosen, alles – natürlich, auch Regierungsbesuch, aber Türken und so – nie! Außer zwangsweise in Form von Schulklassen.«

Neuerdings habe er aber türkische Kollegen im Wachpersonal; diese wiederum wüßten nicht so genau zu verorten, wo sie sich kulturhistorisch, »rokkokomäßig und so, Thomas« eigentlich befänden. Er versucht's ihnen unermüdlich zu erklären.

Na also! Es wird doch!

*E*ine kostengünstige Alarmanlageberatung: Obgleich das Wissen darum verschüttet ist, erfreuen sich Gipslöwen unter Hausbesitzern großer Beliebtheit, werden billig paarweise im Baumarkt gekauft und nach altem Brauch links und rechts neben das Tor gesetzt, wo sie apotropäische, Unheil abwehrende, Dienste leisten. Dies soll unterschwellig wirken, indem, daß die zwei Tiere vor der Tür bei Übelgesinnten eine Art unbestimmte Mulmigkeit auslösen. Diese Arggesinnten aber wüßten nicht wieso und warum ihnen mulmig geworden sei und bahnten sich den Weg an das Diebesgut dann doch lieber durch's löwenlose Tor und Türchen der Häuser nebenan.

II.

Baden-Baden

Juni und Juli 1999

> Ich beneide nicht die, die vor mir lebten,
> noch die, die nach mir leben werden,
> sondern die, die mit mir leben dürfen.
>
> *Hans Imhoff*

Ja, also irgendeine Frau hatte Anfang des Jahres angerufen, ob ich nach Klagenfurt zur Bachmann-Verleihe 1999 kommen würde, und ich dachte, als ich den Zettel mit der Nachricht sah, die brauchen dort für diesen hochwichtigen Literaturwettkampf, wegen meines Alters, meiner Reife und branchenübergreifenden Erfahrungen, gewiß genau so ein frisches, universelles Jurymitglied wie eben mich! –: Den renommierten Künstler nämlich, der auch fest im Berufs- und Familienleben stehend, die Welt mit elf anderen Augen (Vater: 2, Arbeitnehmer: 2, Dichter: 3 plus Frau/Mutter: 2 und Kind: 2 = 11) – zu betrachten befähigt ist! Gute Juroren sind rar.
Welche Ehre! Das mache ich!

Aber die Radisch rückte mir dann doch noch mal fernmündlich den Kopf zurecht, und ich sagte natürlich auch nicht nein, als es nun galt, sich unter die Aspiranten zu reihen. Ich mußte mich auf so was einlassen, schon damit ich überhaupt mal wieder was zu erzählen hatte. Ich erlebe doch, bei meinem Lebenswandel, schon gar nichts mehr. Reisen mag ich nicht, ausgehn mag ich nicht und fernsehn mag ich neuerdings auch nicht mehr, so wie früher mal! O, o!

Und ich kannte das ja alles gar nicht! Da schien auch was los zu sein. Klar, man hatte von der goetz'schen Stirnschlitze gehört und vom dumpfen Babyficker, bäh! Das dröhnt einem die Presse ja, auch wenn es einen überhaupt nicht interessiert, unterderhand ins Hirn, aber nie und nimmer wäre ich damals auf die Idee gekommen, mir so einen verirrten Leseonkel am Fernsehn auch nur kurz mal anzutun, obgleich

ich früher doch jeden Scheiß guckte. (Hauptsache, die Kiste lief!) Verirrte Lesetanten wurden sofort ab- oder umgeschaltet! Jetzt aber regte sich betriebsbedingtes Interesse bei mir.

Verleger Maas war mit seinem Schützling Schappy Wawerzinek mal dort gewesen und erzählte so ein bißchen, auf Nachfrage, was da so los sei: Na, wie unser aller oller Ost-Schappy dort auf den Klagenfurter Kalten Buffets seine akrobatischen Suffpossen getrieben und alle ganz kirre gemacht hatte.

Au ja! Das kannte ich schon, das half mir nicht weiter.

Dann rief ich mal Jörg Schröder wegen irgendwas an und erzählte von meiner Nominierung zum Bachmann-Sängerwettstreit.

»Ja, bist du bescheuert, Kapielski? Das hast du doch nicht nötig, dich unter die Parvenüs da zu mischen!«

Ich kriegte einen übergeschrödert! Und dann riet er noch, ich solle höchstens als Jury-Fuzzi dort auftreten, und da mußte ich doch zweimal schlucken, denn ich hatte es der Frau Radisch ja nun bereits versprochen, den Aspiranten dort zu mimen, und versprochen ist versprochen!

Also setzte ich mich hin und brachte sehr zügig einen soliden Halbstünder auf's Papier, der nun, so als Meta-Mucke, auch unbedingt mitreflektieren mußte, was ich da so als neues Betriebsrädchen im Schreibgeschäft eigentlich mitmachte. Man sollte immer wissen, was man eigentlich macht und vor allem mitmacht! Und hier besonders.

Sie wollten, eiserne Regel, vorher wissen und begutachten, was man beabsichtigte aufzuführen. Also machte ich es rechzeitig versandfertig, nannte es ›Baden-Baden‹ und schickte alles schön brav und so wie folgt ab:

Baden-Baden

Während einer unschlüssigen Phase nach dem Abiturium litt ich pünktlich an literarischen Entzündungen, die ich abends immer mit Bier kühlte. Am folgenden Tag stand ich spät auf und paukte mit Eifer, bis zur nächsten Abkühlung, einen, von hier aus betrachtet, doch ziemlich vermatschten und in Nebensachen zerzausten Gemütskleister in eine Schreibmaschine, die ›Gabriele‹ hieß: Alles streckenweise von kühner Bauart und humaner Bedachtsamkeit, im Effekt aber ein Imponierklumpen, ein umgehexter Brinkmann mit Rosei-Schmuck und erfundenen Personennamen und dazwischengeklebten Zeitungsausschnitten. Frauen, die besser Beate Spitzvogel geheißen hätten, die nannte ich Ingeborg Baumann und ließ sie unfaßbare Sachen zu mir sagen, z.B.: »Kapielski! Dein betontes Interesse an Hinterteilen und Fetischfrauen verbirgt nichts als ein homosexuelles Begehren und die Angst vor der Penislosigkeit der Frau!« Na Prost! Darunter verleimte ich dann, damit's allen einleuchtete, eine ausgeschnittene Arschbacke mit Gurken, die ich selbst geknipst hatte.

Das Buch sollte hervorstechen, dick sein und »Sex mit Möbelstücke« heißen: Eine in die Läufigkeit meines Lebens verfummelte Angelegenheit, mit viel angelesenem Unfug garniert, im Grunde aber gutartig und förderträchtig, um nicht zu sagen: begabt!

Es ist klar, daß man sich für was Besonderes hält, wenn man groß herauskommt, obwohl man schlecht ist. Aber man hält sich auch für was Besonderes, wenn man nicht groß herauskommt, obwohl man Klasse hat!

Ich kopierte ein paar meiner Ansicht nach besonders starke Stellen und schickte sie ohne Rückporto mit wichtiger Nachricht an alle bedeutenden Verlagshäuser: »Sehr geehrter Herr Unseld! Dies sind Ausschnitte aus ›Sex mit Möbelstücke‹. Das Manuskript wiegt 312 Seiten, enthält neben Originalfotos original Montagen und ist heute um 15:30 Uhr an die wichtigsten deutschen Verlage verschickt worden. Im Falle anständiger Vergütungsofferten werden Erstantworten mit besonderer Aufmerksamkeit beschenkt. Kürzungen kann ich keinesfalls hinnehmen. Bis denne! Euer Dichter«

Zu meinem Erstaunen reagierte keiner!

Damals dachte ich: Das gefällt keinem. Die Alten verstehen dich nicht! Heute vermute ich: Obwohl sie inzwischen jünger sind als ich, verstehn sie mich immer noch nicht, aber ich begreife, daß sie diese Einsendungen gar nicht lesen können. Sie stopfen sie in den Manuskriptmüllshredder, damit sie Ruhe für die Zeitung haben, woraus sie erfahren, was los ist in der Welt, auch des Buches. Und sie telefonieren den ganzen Tag, weil sie froh sind, wenn ihnen jemand fernmündlich steckt: Hier, druckt das mal, das ist gut! Da können sie gleich wieder rüber zum Italiener, Zeitungen lesen oder saufen.

Hätte das Fatum damals telefonisch auch an mir protegierend gewirkt, dann bräuchte ich mich heute, mit fast fünfzig, nicht als debütierende Hochstirn auf verderbende Weise unter die Klagenfurter

Jugend mischen und von Jury-Fuzzis durchleuchten lassen, die meine Nachkommen sein könnten!

Dennoch bin ich froh, daß es nichts wurde. Man wußte damals nicht, daß man, zum Vorteil aller, noch langwierige Reifeprozesse würde durchstehen müssen. Ich war dann auch nicht weiter beleidigt, sondern kaufte Pinsel und malte wieder mehr.

Dann aber kam – sehr verzögert – o ha! –: doch noch Handschriftliches auf Rautenformblatt von ›Merve‹. Ich las deren Ausgaben kultisch damals. Man deutete in hehren Zirkeln wie besessen an den kryptischen Rhomben dieses schlauen Verlages herum, und ich hatte es deshalb für comme il faut gehalten, auch ihnen den Brocken zu schicken, ohne in diesem Falle ans Ködern zu denken. Das war mehr Verehrung; da kamen mir meine Faszikel denn doch zu bunt für vor. Dennoch schrieben sie mir: »Lieber Kapielski! Drucken wollen wir das Möbelstück nicht. Aber wir machen mit Kippenberger eine Zeitschrift ›Schlau sein – dabei sein!‹ und könnten uns vorstellen, daß Du dabei bist …«

Aha! dachte ich, die Künste rufen! Die Neuanschaffung eines Pinsels war instinktsicher gewesen und die Kunst meine wahre Berufung! Mein Leben wechselte sein Flußbett! Ich wurde über Nacht ein hoch bemühter Künstler und fast plemplem. Denn der kippenberger'sche Drang und Arbeitssturm riß uns alle beinahe in den Drallkasten. Der

Mann schlief nie und trieb uns in taglange Umnachtung! Mit aufge-rissenen Augen klebte ich fürs kippenberger'sche Kunstblatt einen illustrierten Aufsatz, der dann aber komischerweise nicht im Kunst-betrieb, sondern in naturwissenschaftlichen Kreisen für Furore sorgte, weil er eine Variante der Navier-Stokes-Gleichung enthielt, die stimmte, obwohl ich davon nicht viel Ahnung hatte.

Nach diesem Überraschungserfolg sah ich mir all die Kippenbergers und Baselitze schon mal gefestigter an und dachte: Sowat könnten wa eigentlich och! Ich ließ mir einen Stempel machen: »Ditt könn wa och!« Diesen stärkend wirkenden Größenwahn haute man dann im-mer zum Verdruß der Rivalen in diese Vernissagenkladden rein. Und dann konnte man es auch! Man merkte, in dieser Branche läßt sich zwar auch viel Effekt in Affekt und Affekt in Effekt umzaubern, und es bedarf, um vorzurücken, immer auch einer gelungenen Ausdeutung und glücklichen Förderung durch gewisse Zelebritäten, aber in der Kunst sahen die sich den Blödsinn, und zwar den unfaßbarsten, im Wahne ihres ewigen Trendverpassens immer doch erst wohlwollend an, bevor sie die Daumen kippten.

Nun ist es müheloser, ein Bild denn ein Buch zu beurteilen. Bei der Bildbesprechung kann nicht viel schiefgehen: Eine verwegen herme-neutische Tüchtigkeit vergoldet jedwedes monochrome Rätsel. Bei Büchern klappt das nicht so: Bücher quatschen zuviel; der Blödsinn ist schriftlich. Kunst aber stellt sich doof und profitiert so von der Gutwilligkeit des Spekulanten. Und so setzt gute Kunst sich durch, weil man gut nennt, was sich durchsetzt.

Und das lief dann auch beim Künstler Kapielski recht gut; man ran-gierte alsbald wie Meppen oder Unterhaching im oberen Teil einer zwoten Liga, ömmelte auch ab und zu als Aufsteiger noch weiter oben rum, aber dann verstärkten sich mir zwei böse Wirklichkeiten: Einmal war mir der Betrieb immer transparenter, also idiotenhafter gewor-den, andererseits ging mir langsam die gute Einfallspuste aus: Der Pinselschwung hatte nicht mehr die Kraft des begeisterten Idioten von neulich. Dazu kam auch noch, daß mein Galerist Petersen, ein großer Kunstkenner, in händlerischen Belangen sehr uninteressiert blieb.

In diese Verdrossenheit jodelte mein Fernsprecher. Kiepenheuer & Witsch planten einen postmodernen Kunstreiseführer durchs alte West-Berlin, und es hatte denen jemand am Telefon von Kapielski er-zählt: Der schreibt ganz keck und kennt die Kunst, und nun riefen sie

an, baten um ein Stück zur Lage der Performancekünste im subven-
tionierten Irrenhaus der westlichen Welt. Also gut, man konnte wieder
nicht richtig jein sagen und so erzählte ich vom Freunde Norbert, dem
großen Performer. Dabei war Norbert gar kein Künstler, Norbert war
arbeitsloser Möbelpolsterer, aber er war auf naturwüchsig verschla-
gene Art jederzeit auch ein Wiener Alltagsaktionist und Situations-
akrobat.

Ich hatte mich mit ihm mal aus Gründen eines dringenden Durstes in
irgendein vornehm blödes Restaurant verirrt. Wir standen im gleißen-
den Licht schicker Lampen, welche haushohe Langusten und ein
hocherotisches Dienstpersonal bestrahlten, das uns ignorierte, weil sie
bemerkten: Vorsicht! die zwo neuen Herrschaften, die sind wohl ein
bißchen angebraten und so. Wir blickten uns ratlos einäugig um. Da
erfaßte Norbert die Lage und brüllte plötzlich: »Frollein! Können Se
mir mal einen Blasen?« Und als sich der ganze Saal verschreckt um-
schaute, nach genialer Pause: »… und Nierentee bringen?!« Sie hatten keinen, also durften wir gehen, und der Witz wurde geklaut.

Nun hatten wir Freund Norbert mal anläßlich einer Veranstaltungs-
reihe ›Neue Aktionskunst Berlin‹, wo sie gewöhnlich irgendwelche in
Plastikfolie verpackten Peinlichkeiten zelebrierten, solange bearbei-
tet, bis er einwilligte, eine offizielle Nudel-mit-Tomatensoße-Aktion
aufzuführen, wo er beim Essen dann eine Rede hielt, wieso es nämlich habe sein sollen, daß er in der Küche, vorhin beim Kochen, in die
Tomatensoße habe wixen müssen. Bumm! Alle saßen sie in Kunst-
starre da und glotzten ›al dente‹ den Norbert an; ein paar kotzten und
ein paar freuten sich! Ich erzählte davon unter dem Titel ›Kotzen-Nut-
zen-Rechnung‹ und sie druckten das.

Daraufhin bekam ich eine Anzeige. Aber nicht wegen Norberts Mag-
gispritzer, sondern wegen Wielands Sensibilität. In einer Nebenge-
schichte war ich über den Kunstbetrieb der Stadt hergezogen und
hatte von Wieland berichtet. Er war damals in Berlin ein institutionel-
ler Kunstoberst und man hörte Unglaubliches von ihm. In der Presse
nur Gutes, aber man kannte einige seiner künstlerischen Hilfskräfte
und hörte von dort unerhört Halblautes mit dem Zusatz: »Kapielski!
Erzähl bloß nich, von wem du das hast!«

Also dachte ich: Warum sachlich bleiben, wenn man auch persönlich
werden kann?! Und berichtete, wie er Weihnachten beim Büro-Jul-
klapp, wo er als Boß die Geschenke verteilen durfte, noch nicht mal
die Namen seiner langjährigen Dienerschaft wußte! Und daß er bei

Kalten Buffets, die er gelegentlich über seinen Kunstverein hat veranstalten müssen, daß er da immer bei seinem Kohlenhändler eine Schubkarre ausgeborgt haben soll, womit er im Vorfeld die Hälfte des Gratisfresserchens in sein Haus schaffte.

Die Sache schien so daneben zu liegen, daß er mir den Staranwalt Raue hinterherhetzte, bei dem ich dann Abbitte leisten mußte, was auch wieder etwas schief ging, weil ich aus Versehen seinen Namen ständig falsch schrieb. Da Feigheit bei mir den solidesten Teil meiner Tapferkeit ausmacht, dementierte ich den Quatsch sofort, gab aber eine Famosschrift zum Vorfall ›Deutschland gegen Kapielski‹ heraus, die ich ›GSP‹ nannte, was eine Abkürzung für ›Große Scheiße passiert!‹ war und die wie ein Ferkelheft die große Runde durch alle Berliner Kunstamtsschubladen machte.

Verbotenes und Privates lesen die Beamten und Angestellten nämlich in der offenen Schreibtischschublade; da liegen Montag die ›Spiegel‹ drin und wenn jemand reinkommt, stehen sie schnell auf und schieben mit dem Schambein die Schublade mit dem ›Playboy‹, der ›Brigitte‹ oder der kapielski'schen Schmähschrift zu und rufen kühn: »Hallöchen! Womit kann ich dienen?«

Das war literarische Wirksamkeit! Und ohne stilistischen Firlefanz. Die Angelegenheit mit Wielands geklauten Käseigeln wurde schnörkellos berichtet, die Leser hatten es mit Leben, Hüttenkrieg und gestörtem Palastfrieden zu tun und ich war, ohne es zu bemerken, wieder Schriftsteller geworden und schrieb irgendwie schöner als früher.

Und schrieb mit Feuer auch sofort noch drei im Untergrund dann sehr beliebte Bücher, die von Leuten herausgegeben wurden, die einen Knall haben mußten, da sie Geld in kleine Verlage steckten, an Gerechtigkeit glaubten und ihren Autor mit Anwälten umstellten, die sich an unseren regelmäßigen Niederlagen mästeten, während wir uns langsam auf die Krücken soffen!

Da beschloß ich friedlich zu werden und machte ein Gelübde! Ich las in Fortsetzung meines Lebenskunststudiums zwei Jahre Theologie und schrieb nebenher Gottesbeweise. Sie erschienen dann, als Treppenwitz der Literaturgeschichte, recht umwegig wieder beim Merve Verlag, und ich wurde berühmt und sie wurden reich. (Haha.)

»Das machen wir!« hatte der Merve Verlag einfach gesagt: »Aber nur in zwei Bänden!« Das fand ich gut: Zwei Bände! Kierkegaards Enten-Eller, Die heilige Schrift, Schleiermachers Glaubenslehre, der Untergang des Abendlandes, die Goethe'schen Doppel-Fäuste – alles

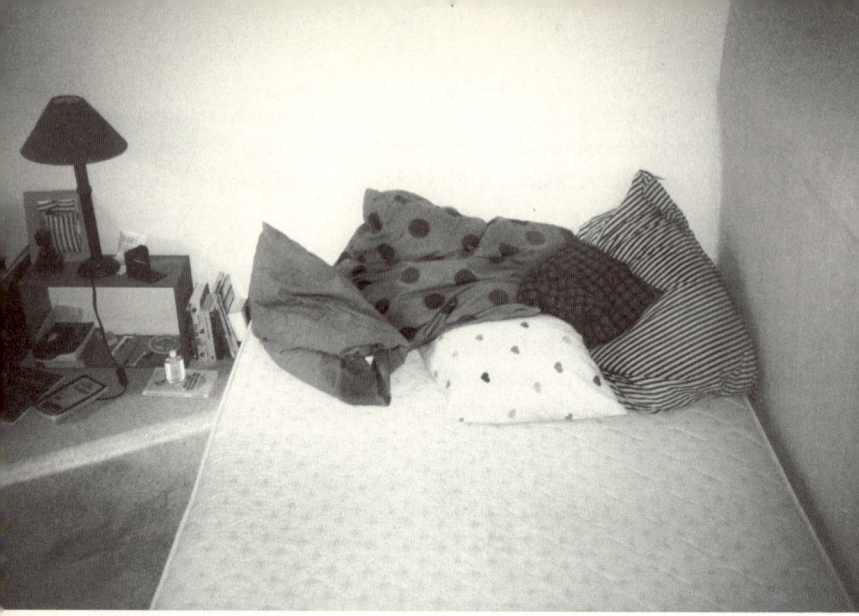

zwei Bände. Und nun auch Kapielski mit einer Links-Rechts-Kombination! Die Sache schien abgemacht.

Dann aber war ich aus Gründen der auflohenden Ruhmsucht doch noch umständlich geworden. Denn auch Kiepenheuer hatte wieder angerufen, weil wiederum sie einer angerufen hatte! Also waren die plötzlich auch wieder interessiert! Du Liebesbißchen! Ein großer Verlag! Da sieht man sich plötzlich schon auf ganzseitigen Anzeigen in der ›Zeit‹ neben Böll ein weises Backpfeifengesicht und sechsstellige Auflage machen. Ich sprach salbungsvoll aber offen zu Merves: »Ich warte jetzt noch auf die Antwort von diesem Kiepenheuer und dann werde ich mich entscheiden!«

Gut. Also ich habe die Gottesbeweise zum Kiepenheuer geschickt – diesmal mit Rückporto, so als Kontenancegeste eines Abgebrühten – und es kam aber wieder nichts. Wie früher!

Ich also einmal etwas angetütert dort angerufen: »Sagen Se mal, wat is denn nu?«

Eine durchaus freundliche Dame figurierte als telefonischer Abfangjäger: »Tut mir leid, Herr Kapielski, haben Sie Geduld mit ihrem Roman.«

Ich blaffte erschrocken damang: »Moment mal! Roman? Nicht, daß wir uns hier falsch verstehn: Das is kein Roman! Mit sowas will ich nicht in Zusammenhang gebracht werden. Mein Ruf geht flöten! Ich bin doch kein Dichter, der Urlaub auf lau in Sulzbach macht und in Worpswede rumhockt und die Bachmann anbaggert!«

»Ach?!« sagte eine nett verblüffte Stimme.

Pause. Wir wußten nicht mehr, was wir noch sagen sollten. Dann war die Dame aber doch neugierig: »Es ist kein Roman, aber was ist es dann?«

Und icke nun wieder grob: »Das weiß ich doch nicht!«

(Technische Universität. Prüfer: »Was ist Elektrizität?« Prüfling: »Herr Professor, ich wußte es, aber ich hab es vergessen.« Prüfer: »Sehr bedauerlich. Nur zwei Personen haben je gewußt, was Elektrizität ist, der Urheber der Natur und Sie! Jetzt hat es einer von Ihnen vergessen.«)

Hinter mir hatte während dieses eigenartigen Ferngeredes mein Weib gestanden: »Bist Du blöd? Rufst da besoffen an und machst so einen ekligen Wichtigtuer! Wer bist Du denn? Und Höflichkeit ist doch das Mindeste!«

Sie hatte recht, aber ich erklärte ihr, daß sich gezielte Unhöflichkeit mitunter als präzises Hilfsinstrument bei Entscheidungsschwächen bewährt. Und: »Ick geh jetzt zu Merve, soviel steht fest!«

Der gutgemeinte Ehrgeiz unserer lieben Künstlerfrauen ließ sie, kurz bevor sie abtrat, dann noch hintanfügen: »Ja, du Eierkopp, und ick kann dann wieder drei Jahre dein verkanntes, aber immerdurstiges Genie durchfüttern!«

Das saß! Aber ich dachte in anderen Dimensionen: Erstens hätte sie nicht »durchfüttern« sondern »durchsäugen« oder »durchtränken« sagen müssen. Zweitens: Die beiden Merves waren famose Leute, die kannte ich gut, sie trieben ein zärtliches Lektorat und redeten nur im guten Sinne rein. Der Verlag hatte Klasse! Es gab die klare Raute und keinen dieser heut unvermeidlichen Designdeckel, für die man sich bis in alle verramschte Ewigkeit würde schämen müssen. Und dann wollte ich vor allem nicht so umstandslos in diese Belletrickkiste sortiert werden. Das sollte eine Fortsetzung meiner komischen Kunst mit erzählerischen Mitteln bleiben und so auch den Sortierbetrieb foppen. Und das galt auch für Merve, denn es würde mit Kapielski nun endlich auch einmal Merve für Doofe geben!

Aber ach, man war den Kunstbetrieb geflohen und geriet nun in den Schlick des nächsten Idiotenbetriebs. Bei einem Abend der ›Corona bavarorum berolini‹ im Prenzlauer Bergprater, mit Biermusik, Brezeln und Schunkeln, brüllte mir ausgerechnet Blixa Bargeld über drei Tische ein rätselhaft freudenreiches »Kapielski! Du bist auf der Südwestfunk-Bestenliste!« entgegen.

»Was?« wunderte ich mich, woher wußte er sowas? Und jetzt schon, nach paar Wochen, im Südwesten auf der Bestsellerliste!?

Mann, war ick doof! Ich kannte diese Dinge gar nicht, als Mann der Sachbücher. Von diesen belletristischen Usancen wußte ich nicht viel. Das waren Zeitungsseiten, die man entlastet nach links schaufelte. Anstatt vor aktuellen Tausendseitlern aus Süd- oder Nordamerika zu achtundsiebzig Mark, saß ich lieber vor Frischbieren aus Franken, das Stück zu Dreiachtzig und las B.Z. Ich bin einer, der noch bis neulich Cees Nooteboom: »Cheese Note-bumm« ausgesprochen hätte!

Und nun sollte ich als Romancier nach Baden-Baden kommen, wo sie ihre Besten monatlich im Fernsehn vorführen. Es war unglaublich! Als Neuling unter großen Toten, kniff man sich entgeistert in den Oberarm, denn ich rangierte auf dieser Liste irgendwo zwischen Fontane und Max Frisch! Da konnte etwas nicht stimmen! Ich war unsicher, ob ich da hinpaßte.

Da ich nun aber bis dato in Büchern alles erzählt hatte, was in meinem Leben passiert war, dachte ich: Gut, biste jetzt Romancier, fährste hin. Kommste mal wieder raus aus der Kneipe, erlebst du mal wieder was! Dieser Schönschreibbetrieb wird erzählerisch nicht unergiebiger sein als das wundersame Kunstwesen. Haste was zu erzählen, überholste langsam erzählerisch die zu erzählenden Ereignisse mit dem Flugzeug. Man wurde nämlich auf Fernsehkosten ins Flugzeug verladen. Dann wurde man in Baden-Baden vor einer brutalen Geranienanmache namens ›Badhotel Zum Hirsch‹ ausgeladen, wo auch schon wieder neue Anweisungen vorlagen, wie und wann man abends zum Begrüßungs- und Bekanntschaftsfresserchen mit den Fernsehfritzen in eine dieser Badenser Spätzlewirtschaften verfrachtet werden würde.

Es blieb Zeit, um sich nach den Reisestrapazen zu erfrischen. Ich sah mich um in der Suite. Sie hatten sich nicht lumpen lassen! Eine nobel parfümierte Absteige. Ich inspizierte die Minibar und beschloß, daraus einen Teil meiner ehrlichen Fernseh- und Rundfunkabgaben wieder in meinen Besitz zu überführen! Aufs erste in Gestalt eines Bocksbeutelchens. Dann knipste man wie üblich die Kiste an und entweihte mit einer Arschbombe die Kissen.

Im Bad – welches in etwa so groß war, wie die Wohnung, in der ich mal sechs Jahre zu zweit gewohnt und die drei Bücher für Klein-

verlage geschrieben hatte – dröhnte einem die Sanitärpracht eines
unter Waschzwang jauchzenden Jagdschlosses entgegen, wo reihum
schlohweiße, mit röhrenden Hirschen bestickte Frotteevierpfünder an
geweihähnlichen Aufhängungen bammelten, und überall lagen kleine, dicke, flauschige Fußmatten herum, damit man sich beim Pullern
die Füßchen nicht verkühlte. Am meisten verblüffte mich die Badewanne, ihre Geräumigkeit ließ vermuten, daß sie nur an Gäste mit
Freischwimmer vergeben werden durfte. Darüber ein stattlicher Kran
und: DREI Paar Wasserhähne! Auf Messingschildern stand: Trink-
wasser, Brauchwasser und – Thermalwasser! Jeweils rot und blau.
Ich lutschte mal dran: Tatsächlich, leicht salzige Kurtunke, die sie auf
vornehme Weise vom Erdinneren bis rauf ins Hirschklo sprudeln
ließen.
Ich bade sonst nie, aber hier hatte ich sofort den Fimmel: Thomas, du
warst nie auf Kur, jetzt gehst du sofort mal auf Kur! Die zahlt der
Südwestfunk!
Zügig betankte ein armdicker Thermalstrahl den Badebottich, und ich
planschte vergnügt mit Badethermometer und Bocksbeutel in dieser
dampfenden Sole umher. Prachtvoll! Ich geriet erst in einen Zustand
euphorischen, dann matten Wahnsinns. Ich bekam so eine Art Dach-
schaden der sowohl sedierenden als auch anfachenden Sorte.
Als ich dem Zuber entstieg, stand ich krebsrot vor einem Spiegel und

entdeckte mit Entsetzen darin mich und ein neuerliches Messing-
schild, in das sie eine spiegelverkehrte Warnung graviert hatten:
»Verehrter Gast! Thermalbäder nicht ohne ärztliche Erlaubnis! Nie
wärmer als 35 Grad! Nicht länger als fünf Minuten!«
Dampfend und altrosa ausschauend kroch ich rüber aufs Bidet, hockte
wie ein schwitzender Lappen auf dem Klodeckel, während sich meine
Zunge wie Auslegeware anfühlte. Ich hatte dreißig Minuten in dieser
Lauge mariniert und jetzt war klar, warum es ein Badethermometer
gab; ich hatte es beim Schiffchenspielen durch nachlaufende Dampf-
sole zum Schluß auf stolze 46 Grad getrieben! Im Liegen nahm ich
ein Beruhigungsbier und fraß eine halbe Platine Aspirintabletten.

Dann erwartete man unten die Taxe zum Kennlernfresserchen. An der
Rezeption hielt sich ein altgedienter Hotelportier mit Zwitscherblick
und überkämmter Glatze bereit. Schwitzend wie ein Gaul hielt ich
mich am Tresen fest und fragte harmlos: »Sagen Sie mal, was bewirkt
dieses Thermalwasser eigentlich?«
Er sah mich entsetzt an: »Ist Ihnen schlecht?«
Also, wenn er mich nun so fragte, war mir natürlich gleich noch
schlechter! Um aber ihm und mir Umständlichkeiten zu ersparen,
sagte ich: »Nein! Ich will nur mal so allgemein wissen, was das für
'ne Flüssigkeit ist.«

Da beugte er sich rüber und machte ein paar allgemeine Erklärungen: Es seien schon ältere Herrschaften und andere Idioten hier in den Bottichen am Herzkasper verendet, vor allem, weil die beim Baden söffen!

»Nee!!«, sah ich ihn entrüstet an.

»Doch!«, beschwor er, und hohe Blutdrücke (hatte ich natürlich!) würden noch höher, während tiefe gewöhnlich weiter absackten. Abschließend behauptete er noch, das Thermalwasser sei leicht radioaktiv!

In solch strahlender Verfassung kutschierte ich mit einem Sprecher namens Bögel und einer Pressedame Auffermann, beide auch Hirsch- und Badhotelgäste, im Taxi hinaus zum Spätzlewirt. Hier begrüßte uns der Moderator Hubert Winkels, 'ne janz 'ne jute kölsche Jong, welcher ja morgen früh vor der Kamera mit allen würde möglichst leger plaudern müssen und nun beim Essen und Trinken schon mal ausloten wollte, welch Temperamente uns Kandidaten zugeteilt waren.

Und da saß ich nun, fraß leicht verstrahlt einen wortkargen Zwiebelrostbraten und begrübelte mühsam, ob's besser wäre, für Herz, Gemüt und Fassade, wenn ich mir hier jetzt einen ansöffe, und wenn ja, womit? Das sah hübsch nachdenklich aus. Äußerlich ließ ich mir nichts anmerken, schwitzte nur stetig. Die müssen sich dennoch gewundert haben: Das ist nun also dieser ulkige Erzählonkel Kapielski?! In Wahrheit is er wohl ein dumpfer Stoffel. Eine taube Nuß! Sowas soll es geben. Ich spürte diesen Argwohn und versuchte wenigstens ab und an ein blöd verbindliches, an allen Gesprächen interessiertes Grinsen aufzusetzen.

Dann hatte ich alles schön aufgegessen und erklärte, daß ich sofort mal wieder heim ins Hotel müsse!

Alle waren verblüfft. Ich auch. Unter normalen Umständen gehe ich als letzter! Nun aber schloß ich mich – obwohl's mir ungeheuer peinlich war – dem Sprecher Bögel an, welcher – nicht so der Säufertyp – zum Glück auch früh zu Bett wollte, damit er anderntags gewisse Krüger-Gedichte umso bedachter zu rezitieren in der Facon sein würde. Matt lief ich diesem mir völlig fremden Typus des Frühheimkehrers ins Taxi hinterher. Da guckten wieder alle verwundert: Das also soll diese saufende Berliner Stimmungskanone sein?! In Wahrheit: ein seniler Bettflüchter! (Aber: falsche Richtung!)

Wir trafen gegen halb zehn im Hotel ein.

»Ich leg mich hin«, sagte Herr Bögel.

»Ich auch.«

Ich legte mich vor den Fernseher. Dann stand ich immer mal auf und kotzte. Kotzen-Kotzen in Baden-Baden! Das hatte ich mir anders vorgestellt. Ich erwog, ob ich, als Gegengift, nochmal so ein taktisch gesetztes Extrembad nehmen sollte, aber sie hatten die unberechenbare Lauge, wahrscheinlich aus Sicherheitsgründen, bereits seit neun abgedreht. Erschlagen und fiebrig zugleich spukte ich entgeistert die Nacht in meiner Suite herum. Um etwas Besinnung zu erlangen, trat ich gegen fünf Uhr früh einen elenden Latsch durchs geranienverhangene Baden-Baden an. Aber es half nichts.

Mit solcher Gemütsfärbung, also doof bis halbtot, hockte man dann ab elf Uhr morgens in den Fernsehstudios und wurde in der Maske zunächst mal etwas aufgepudert. Dann saß man mattrosa da und wartete auf die Aufnahmen. Auch war ein Wilhelm Genazino eingetroffen, welcher ebenfalls auf dieser Südwestliste stand, und welcher, ebenso gepudert wie ich, ein wenig ratlos auf mich zutrat und, während wir uns schüttelten, zugab: »Ich kenne Sie gar nicht, Herr Kapielski!«

»Das macht gar nichts«, sagte ich, »ich kenne Sie doch auch nicht!«

Erleichtert ließen wir uns fortan in Ruhe.

Derweil stritten sich im Bereich des Zentralgeschehens der Moderator Winkels und ein wichtig wirkender Hugenotte um allerhand Detailquatsch. Durch das Gezänk stellte oder sollte sich herausstellen, daß er der Regiseur dieser Sendung war. Als ich etwas lauter: Wozu man für sowas hier denn einen Regisseur brauche? ins Studio sprach, sahen mich alle ganz erschrocken an. Ich erschrak ebenfalls und schlich zurück an den Rand, wo ich arg bedauerte.

Es war scheißegal: Ich würde hier im Fernsehn eben den kranken Kurgast geben, der Moderator würde zum Erstaunen des Fachpublikums einen sprachlosen Schwitzer über seine Sendezeit bugsieren und die breite Öffentlichkeit würde eine neuerliche Niete im Fernsehn kennenlernen. Alles nichts Ungewöhnliches! Und dann Feierabend! Ich hatte es so gewollt. Ich wollte ja partout kein Romancier sein. Lieber wieder scheitern.

Plötzlich leuchtete in meiner inneren Ödnis ein geradezu gnostisches Fünklein auf! Moderator Winkels hatte mir an diesem desolaten Vorabend irgendwann erzählt, daß es im Funkhaus in der Kantine das berühmte ›Rothäuser Tannenzäpfle Bier‹ gäbe. Auf dieses Thema war ich prompt mit aufgesprungen! Vorübergehend geöffnet, hatte ich mit ihm eine kurze Strecke blitzgescheite Gespräche geführt, war dann allerdings schnell wieder weggeknickt; er wunderte sich kurz, fragte, ob es mir gut ginge und unterhielt sich, als ich gnadenlos bejahte, lieber mit wem anders weiter.

Ich schlich also, da sich alles Fernsehtechnische und Mitmenschliche so endlos hinzog, fort in die Kantine der Fernsehanstalt, kaufte drei ›Rothäuser Tannenzäpfle‹ und drei ›Kümmerling‹ und soff die drei ›Rothäuser‹ und die drei ›Kümmerling‹ unverzüglich, Stück um Stück, auf dem verriegelten Herrenklo, damit keine unnötige Besorgnis im Funkhaus aufkommen konnte.

Die Wirkung dieser Erfrischung war kolossal. An meinem Auftritt konnte sowieso nichts weiter vermatscht werden. Aber siehe da, mein Blutdruck regulierte sich, mein Geist frischte auf und da bekam ich dann doch noch eine recht gesunde Darbietung hin. Der Moderator setzte die Vermutung in die Öffentlichkeit, das Bier spiele eine gewisse Rolle in meinen Büchern. Ich erwiderte charmant, das könne man so nicht sagen.

Und Klappe zu! Das war jetzt: fünf Stunden warten, zwei Minuten quatschen. Und alle raus!

Hurtig stopften sie mich wieder in ein Taxi und ich eilte zurück nach

Berlin, denn ich hatte an diesem Abend schon wieder Verabredung auf ein Arbeitsessen.

Es wurde langsam ungemütlich. Ständig mußte irgendwas beim Essen besprochen werden, nur weil man ein Buch geschrieben hatte. Wir hockten in einem gehobenen Berlin-Mitte-Imbiß und plötzlich gingen drüben in Kreuzberg Raketen hoch! Die Türkei hatte in Bursa die deutsche Nationalmannschaft mit eins zu null besiegt.

Na gut! Meine Tischdame unter den Arbeitsesserinnen hatte es mir besonders angetan. Ich bot mich an, sie mit der Droschke daheim abzusetzten; wir entschlossen uns dann aber beide angesoffen noch eine Rentnerkneipe zwischen SPD-Haus und Jüdischem Museumszickzack im westlichen Kreuzberg aufzusuchen.

Trotz Fußballniederlage eine köstliche Stimmung dort! Mit Auffordern und Abklatschen betanzten ein paar Zahnlose aktuelle Schlager. Ein gutes Dutzend beladener Menschen war entschlossen zu feiern und seine Sozialhilfeschreie auf Morgen zu verschieben. Während ich beim Ententanz meiner Tischdame großspurig vom Auftritt in Baden-Baden erzählte, betraten ganz unerwartet drei junge Männer die Gaststätte und befahlen allen, sich auf den Boden zu legen. Man tat dies sofort wegen ihrer Masken und Revolver. Nun schlug einer von den dreien mit dem Brecheisen auf einen leider sehr störrischen Geldspielautomaten ein. Das steigerte den Zorn der drei. Der zweite Mann begann am anderen Ende der Kneipe Einzelbetreuungen vorzunehmen, indem er den Liegenden nach und nach und besonders intensiv auch der Wirtin seinen Adidas-Turnschuh in den Leib trat und einen jeden aufforderte: »Geld! Oder isch leg eusch um!« Der dritte Mann stand in der Mitte, hielt mit einem verchromten Riesenpüster alle übrigen in Schach und brüllte sehr hysterisch, weil er am wenigsten zu tun hatte und voller Ungeduld mitansah, wie der erste Mann weiter erfolglos auf diesen Spielautomaten einschlug. Dann kam ich an die Reihe. Der Einzelbetreuer trat einsatzfreudig auf mir herum und ich übergab ihm meine Fernsehgage, wofür er sich mit »Scheiß deutsche Faschistenschwein!« bedankte. Ich kroch zurück unter eine Bank, hatte gerade meine dritte Sterbeszene seit gestern überlebt und dachte: Mich kriegt irgendwie keiner tot!

Dann gab der Spielautomat nach, die Front flog auf, wobei Plastikschalen mit Geldstücken auf den Boden fielen. Meine Begleiterin wurde aufgefordert krauchend Münzen einzusammeln. Dabei trieb sie der Mann mit dem verchromten Revolver zur Eile an, indem er »Schnell, deutsche Nutte!« und ihr in den Arsch tretend vielmals »Fotze!« sprach.

Da lag man nun – gottlob angesoffen! – unterm Tisch und schaute herzlos zu, wie drei miese Metöken die mir zugeteilte Tischdame entehrten. Unter den Stühlen klebten jede Menge Kaugummis, die man sonst nicht so bemerkte.

Und dann standen alle langsam wieder auf, setzten sich aber gleich wieder hin und saßen nun da, wie alle blöden Opfer hinterher immer dasitzen. Fassungslos und lächerlich.

Und dann kam man langsam in Rage, forderte Bewaffnung für Unbescholtene (ich nur Bewaffnung für Unbescholtene mit Hochschulreife) und Todesstrafe!

»Ich knall die ab!« kreischte ein Gasttrinker arabischer Herkunft: »Die scheiß Kanacken!«

Sie hatten ihm einen Ring abgezogen, an dem angeblich irgendwie die Ehre seiner Familie klebte. Ich mußte kichern. Meine Tischdame heulte vor Wut.

Dann traf ein hilflos umhertappendes Polizistenpärchen in Plusterkleidung aus ›Goretex‹ ein und füllte mit uns Fragebogen mit drei Durchschlägen aus. Das beruhigte alle ein wenig. Als ich eine Anzeige wegen Inländerfeindlichkeit machen mochte, bedauerten beide: So etwas gäbe es so nicht.

Na gut, da gehen wir eben alle mal nach Hause! Man soll auch nicht alles so ernst nehmen im Leben! Höhö!

Ende April komme ich nach Hause, da steht auf einem Zettel: »Eine Frau hat angerufen, ob du nach Klagenfurt zur Bachmann-Preisverleihung kommen würdest.«
Ich dachte: »Jetzt wird's happig! Es ist immer schön, wenn früh und freigiebig Chancen vergeben werden, und nun gleich so als Jurymitglied nach Klagenfurt Preise verteilen? Ehrt mich!«

> Datum zu Berlin und Klagenfurt rechts der Glan,
> ehedem Herzogtum Kärnten und Bistum Gurk,
> am 24. Juni 1999.

An diesem Donnerstag im Juni also hing ganz Europa teutscher Zunge vorm Fernsehn an meinen Lippen und folgte, von Blütenduft und Sommerjubel benommen, auf Fernsehmöbeln herumlungernd, eben diesen, meinen Worten!
Am Nachmittag tags zuvor war man extra dafür in Berlin, Zürich, Frankfurt und sonstwo eingesammelt und vor die Kameras nach Klagenfurt geflogen worden. Mit den heikel reisebusgroßen Flugzeugen im letzten Streckenabschnitt, Frankfurt-Klagenfurt, wäre nicht nur die literarische Hoffnung 2000 in meiner und anderer Gestalt, sondern auch die vermeintliche Spargelspitze dichterischen Jurorentums abgestürzt und vernichtet worden. Allein, mir wäre dies, abgesehen von meiner zwangsläufigen Mitvernichtung, gar nicht aufgefallen, denn ich kannte oder erkannte bis dahin keine und keinen davon.
Dieses aber änderte sich stündlich und auch sofort, denn neben mir im Flugzeug, so klärte sich alsbald, hatte man die Jurorin Silvia Bovenschen plaziert, irgendwie auch eine ›Frankfurter achtundsechziger Aktivistin‹ und jede Menge »Veröffentlichungen zur Feministischen Literaturwissenschaft« und so. Aber nett! Also schenkte ich ihr umstandslos (nett um nett!) meinen Champagnertrüffel vom Bordverpflegungsbrettchen, und fortan war sie mir gewogen! (Eins zu null!)
Wir tauschten uns auch sehr anteilnehmend über die ihrige und meinige, allerdings schon etwas abgeschliffenere, Flugangst aus; ich empfahl, abgesehen von einigen doppelten Leichtmachern vor Flugbeginn, ihrer literarischen Verstricktheit wegen Tom Wolfes Flieger-

buch als Gegengift: »Wenn man diese Lektüre überlebt hat, ist einem,
ob zu Luft oder zu Lande, alles aber auch sowas von egal!«
Sie versprach's zu lesen. Dann Landung mit Luftanhalten.

Erst noch drinnen und dann draußen am Abfertigungsgebäude des
Flughafens Klagenfurt, einem vermutlich baugenealogisch jüngeren
Verwandten des Marburger Hauptbahnhofs, begrüßten sich alle zwi-
schen sportlichen Knautschkoffern wie alte Bekannte. Und plötzlich
fuhrwerkte auch jemand auf mich zu: »SIE sind doch: DER Kabolski!
– Oder?«
»Aber hallo!«
Daraufhin schrie dieser vor Begeisterung sofort schier irrsinnig gewordene, mir aber völlig fremde Mensch: »NEIN!«
»Doch!« gab ich Widerwort.
Ein anderer ihm zur Seite gestellter Kernölkomiker, mir genauso
fremd, bekräftigte aber meine Behauptung ebenfalls wie berauscht,
und da wurde ich von beiden brachial embrassiert und dann wurde
mir das Gepäck entwunden und ich wurde in deren Mitte genommen
und eilig nach hinten weg einer »Frau Radisch! DER Frau Radisch!«
vorgeführt.
Aha! Sie war es gewesen, die mich hier nach Klagenfurt mit hinein-
gehievt und welche ich aber vorher auch noch nie hatte leibhaftig be-

gutachten dürfen – nun also: hübsches Weib, sehr gegenwärtig und einnehmend und mich nun also auch als mich, ihren literarischen Schützling, erkennend. (Dabei aber behutsamer als die zwo Sendburschen eben.)

So begrüßten wir uns also manierlich wie alle anderen über Sportsknautschkoffer hinweg, und dann schied sie mich entschlossen von den zwo komischen Kärntner Kulturbevollmächtigten und steckte mich eilig mit einem finster reservierten Mann, wohl auch Dichter, in den Fond einer Droschke: »Bis gleich!«

»Bis denne!«

Alle drei winkten uns hinterher. Und wieder wie außer sich vor Begeisterung die vorigen zwei!

Finstermann neben mir verweigerte sich einigen netten Jovialitäten und Kondeszendenzen (synkatábasis) meinerseits, und so rollten wir, zwei der wichtigsten Männer Europas, wie sich noch herausstellen sollte, stumm nach Klagenfurt hinein, jeder für sich, links und rechts (ich) aus seinem Fensterchen die Hauptstadt einer neuen Bewegung betrachtend. Nun gut. (Und ich dachte so bei mir: Männeken am Finsterplatz! Du gloobst wohl, hier ganz sicher die Blümskens zu gewinnen. Irr' dich bloß nich, Dummerchen! Ich kenne die Verfahren und meine derzeitige literarische Form!)

Später dann, Kumpanei der Verkannten, sollte unser Verhältnis doch noch in von Respekt getränkte Hochherzlichkeit umschlagen: Christian Uetz war des Dunklen Name, Altphilologe (paideia – Respekt!), auch großer Auswendiglerner und Beherrscher wohl aller lullischen und sonstigen mnemotechnischen Finten, denn er trägt seine Texte bzw. Hymnen stets auswendig vor! Und er schien mir damals auch, hager, dunkel, schlicht aber stilvoll gewandet, etwas Asket nach wittgenstein'schem Zuschnitte (Volksschullehrer in den Bergen und so) und eine Art Schweizer Wüstenvater (also Stylit) zu sein.

(Später allerdings sah ich ihn mal in freizeitgreller Buntwäsche, hätte ihn fast nicht wiedererkannt und war ziemlich erschrocken darob.)

Holla! Holla! ›Morales Valentino‹, hochfeines Hotel. Wieder mit Bademäntelchen, aber ohne abgehärtetes Uranwasser! Dafür wieder meine traditionelle Hotelarschbombe ins frisch Gemachte. Der gute Federkern! Test bestanden.

Und was haben wir denn da? Ein Überraschungstütchen! Ein unver-

meidlicher Rucksack, ein Ingeborg-Bachmann-Rucksack sogar, mit
Pressematerial und Kugelschreiber darin, war extra für uns Schriftsteller angerichtet worden. (Ich werde diese solitäre, rückwärts befe-
stigte Hängetitte prolongierter Jugend, auf der auch noch irgendwas
vom Ingeborgfest draufgeprotzt war, daheim meinem legasthenischen
Erstgeborenen umhängen! Auf daß der Geist von Klagenfurt ein wenig Schönschrift an ihm erwecken möge.)

Im Fernsehn wurde man persönlich mit Weisungen dieser Art be-
grüßt: »Hallöchen! Liebe Gäste! Bitte, bitte, klaut das Bademäntelchen nicht wieder! Das auf Eure Tellerchen gegebene Zierobst aber
darf artig aufgegessen werden. Verpullerte Handtücher einfach auf
den Boden fallen lassen. Danke! Dein Dich liebendes Hotelchen!«

So. Dann umschalten und die Kanäle mit den frohen Botschaften für
alle überprüfen. Das übliche geisteskranke Durchschnittsergebnis.
Nämlich und dämlich:
Kanal 1. In den Nachrichten schwindet mal wieder die Hoffnung, Le-
bende aus den Trümmern irgendeines Erdbebens zu bergen; dafür
aber würden wir, die lieben, verehrten Zuschauer, einige barmherzige
Kontonummern auf gewissen lieben Tafeln finden können.
Kanal 2. Ein paar doofe deutsche Schauspieler (west; die aus dem

Osten sind immer noch besser) machen auf hochwichtig (Spargel...,
ä, Spiegelstadium).

Kanal 21. Im üblichen Exotensender mit Selbstgemachtem für und
von Spinnern ersehnt ein Turban Gottesstaat auf Geheimsprache mit
extra viel Drohung (System Platon).

Kanal 7. Der Höhepunkt: Amerikanisches Auto, extra lang, macht
Salto mit doppeltem Überschlag und vierfachem Knautschberger und
wird, nachdem es zur Ruhe gekommen, noch gebrandopfert, mit drei
bösen Insassen extra. Dann Bauspar- und Toyotawerbung. In sowas
sind die Amis immer noch unschlagbar!

Kanal 4. Ein Tierfilm: »Manchmal ist es nicht so leicht die schuppi-
gen Kameraden an die Angel ... bomm, bomm, ... und auf dem Spei-
seplan des Kackvogels steht gern auch das Fischstäbchen ..., bla, bla,
blubb, ...« – Unsere doofi-doofi Weltsicht gib uns auch heute und
morgen wieder.

O, was sah ich früher gerne fern! Fünf Programme: erstes, zweites
und drittes West, dazu zwei Ost (als Kontrastmittel extra); so waren
wir universell und zureichend unterhalten, gebildet, wohlbestrahlt
und alles! Damals. Und nachts war auch irgendwann mal Schluß,
Sendepause!

Dann eilig, hurtig: hochwichtiger Termin, man sollte unbedingt kommen! Ich lasse also den Fernseher, hechel hin und dann stellt sich heraus: Das nominierte Dichtervölkchen macht grämlich verbiesterte
Schülervollversammlung, weil es zwar Preis will, aber, im Falle des
Preisgewinns, vom Landeshauptmann Haider die Flosse keinesfalls
geschüttelt haben möchte, um sich den Ruf des korrekten Linksintel-
lektuellen oder so was Sausäuberliches nicht zu bekleckern.

Wixer! Ekelerregend! Ich blökte was Autoritäres in die erstaunte Ver-
schwörung: Wir sind zu Gast, Haider gewählt, kein Diktator noch
Tyrann, noch Mörder, soweit ich weiß, und nicht mal ehemaliger
Straßenkämpfer, soweit ich weiß, und wem's nicht paßt, soll sofort
heroische Drehung nach Hause machen, man kann nicht alles haben!
Kinderkram!

Daraufhin allgemeine Empörung! Man schaute mich giftig aber kraft-
los an, so mit der typischen um einvernehmliche Entrüstung bettel-
den Verzagtheit: Aua, aua! Wir können nichts dafür, wir sind sensibel!
Ich haute ab. Hatte Softies Weltbetroffenheit gekränkt! Arschlöcher!
Obstesser!

Dann Abendbankett mit Fressen, Saufen, Rumstehn und Presse und wichtigem Fernsehn und nun hing man da so rum, alle mit Bierchen oder Weinchen in der Flosse, bla, bla, bla, Kaltes Buffet, und plötzlich – aber hallo! – zuckte alles im Fotoblitzgelichter jäh zusammen! Und die Fluter gossen Licht in einen hinteren Winkel. Denn da war er! Wie aus dem Nichts auf uns gekommen, bestrahlt und strahlend erstanden: Haider!

Hauptmann aller Kärntner! Umgeben vom Cordon der Wichtigen! Hier zur Rechten Ingeborg Goethes!

Und ich in höchste Neugier versetzt. Dieser Mann, welcher bei Arschlöchern, die, obgleich heute erst dreißig, natürlich schon 1920 gewußt haben wollen, daß Hitler böse (und nun verwegen schlußfolgern: Haider ebenso!), – ja also Mensch! – dieser derart Fluchbeladene, welcher soviel Grämlichkeiten bei allen bewirkte, interessierte mich nun natürlich ganz viel extra! Und die Gelegenheit war da. Wer hätte nicht gern auch Manson, Crowley, Stalin, Amin, Caligula oder, genau: Hitler mal persönlich kennengelernt und sie alle, einen wie den anderen, ganz eindringlich zum Guten hinbiegen wollen? (»Adolf! So nicht!«)

Als der Abend ruhiger geworden war, begrüßte ich bei der ersten sich bietenden Gelegenheit, en passant, nun erst recht und wie sich's gehört, den Schreckensmann, stellte mich vor ihm auf und vor als Berlins Hoffnung und Gesandter. Europas böser Onkel machte nun durchaus guten Eindruck, sehr gesund, energisch, gebräunt natürlich (aber echt!). (Durfte zufällig auch mal deutschen Linkspopulisten schütteln, machte gar keinen guten Eindruck: Halitose, Schluckaugen und »Händedruck wie welkes Salatblatt« (Lottmann).)

Wir tauschten kurz einige Höflichkeiten, dann ergriff ich die Gelegenheit und schlug Bresche für den Kollegen Nitsch und die anderen schwierigen Künstler: Die würde ich als Politiker doch einfach sein und in Ruhe machen lassen, das sei doch klüger!

»Hm.« – Er wollt's bedenken, fand es jedoch schon jetzt bedenklich. Mochte er nicht, die ganze Linie. Dann beiderseitig: wieder etwas Bla. Aber er kam doch noch mal offensiv: Wir striffen also kurz die Gefräßigkeit gewisser Kunst- und aller Theatergattungen, das ewige Dröhnen nach Geld, damit auf gut geheizter Bühne ausführlich Ärsche und Fotzen extemporiert, Gott geschmäht und sonst billig Ganz-ganz-böse-sein geprobt werden kann. – Meine Meinung!

(Ich zitierte mich hier eben selbst, nur etwas schlechter; besser las man es in ›Davor kommt noch‹ so: »Theater. Sogar da sind sie so elend, und weil ja Theater als Kunstgattung recht eigentlich noch so wichtig ist, wie die durchaus ehrenwerte Kunst des Scherenschnitts, wissen sie sich nicht anders zu helfen und müssen dem Publikum in irgendwelchen angeblichen ›Volksbühnen‹ vor Verzweiflung und Notwehr sogar wieder mal fiskalisch gedeckte Fotzen und Ärsche extemporieren.«)

Er formulierte anders, weniger drastisch. Na gut, ich fand die besonders ausgeprägte Geldgier (nicht nur) hinfällig gewordener Kunstgattungen immer schon so abstoßend (Oper ausgenommen!), daß ich es seit je für angemessen hielt, den Umstand stark zu befluchen.

Also, abgesehen vom Stil, Einmütigkeit? – Da kam ich mir plötzlich doch sehr völkisch verkehrt vor und ließ lieber noch eine andere These aufleuchten, um die Sache so aufzuheizen, daß sie irgendwie auch ein wenig rotglühend werden mußte.

Nämlich: daß es, das Theater, gerade dieser seiner Hinfälligkeit wegen, nicht nur viel Geld verzehrt, sondern ebenso gierig am frischen Blute jüngerer, wesentlich interessanterer und unbedingt – »Herr Haider!« – schützenswerter Kunst-, und Lebegattungen saugt, insbesondere im delikaten und wohlfeilen Gebiete der Grob- und Unartigkeiten – als da z.B. wohlfeil abzulutschen wären: gewisse grobe Performancegattungen, Kunst überhaupt, Marilyn Manson, Einstürzende Neubauten, Ferkelhefte, Splatter, Film überhaupt und Alltag am schlimmsten! Diesen, unseren sowieso schon stark exproprierten Alltag versuchen sie sich am Theater ja völlig einzuverleiben und dazu noch die peinlich outrierte Art der Wiederbelebung des Sozialen und Politischen! – so daß etwas entsteht, was ich hier mal heuristisch als »Schlingelsief-Marterthaler-Syndrom« benennen mochte.

Nie gehört, kannte er nicht. Ein paar weiter hinten aber nickten beifällig; es hatte sich ja die ganze Zeit über ein lauschendes Grüppchen um uns still verhalten. Er bestaunte nun diese meine Insiderinformation und medizinalterminologische Beschlagenheit, wird sich das wohl auch gemerkt und später aufgeschrieben haben. (Und Schling wird sich freuen! Er würde es nicht ertragen, wenn Haider ihn NICHT kennte und abstößig fände. Nehm ich doch an!)

So, und das genügte dann wohl. Er sah sich kurz um nach neuen Zielen und gab mir sein: »Petri Heil!« und ich ihm mein »Petri Dank!«

und er mir ein finales: »Servus!« (Meinte er nun »Ihr Diener!« oder »Servus servorum Dei«?)
Und dann grinsten wir uns voneinander fort, und wenige Schritte entfernt bildete sich ein neues Grüppchen um den Schrecken Europas, um an seiner Gestalt wollüstern zu erschaudern.

Ich trollte zum Bierstand hinüber. Erste einsame Auswertung der Begegnung am ›Gösser‹: Finden wir den nun toll?
Na ja, oder wie? Er hat was. Andererseits: Nö. Aber die Mühen einer ›Widerstandsbewegung‹ ist er keinesfalls wert, alles zuviel Aufhebens! (›Opposition‹ reicht völlig aus. Und ›Affirmatives Überembrassieren‹ wäre im Fall der Fälle sowieso effektiver.)
Am besten cool bleiben! Über kurz oder lang werden sich doch all diese so fad gewordenen Politiker durch kalkulierte Provokationen mit medialer Aufmerksamkeit und Wichtigkeitsnimbus zu dekorieren wissen. Und man wird ohne ein geschultes Desinteresse immer wieder darauf reinfallen. Wen interessierte denn heute etwa noch ein ›Europagipfel‹, wenn nicht hundertfünfzig Straßenkämpfer, egal welcher Gesinnung, im Fernsehen durch Blut, Stein und Tränengas das völlig ennuyante Ereignis beim Volke mit Bedeutung, Unterhaltungswert und sogar Beschützergefühlen anreichern würden?
Und der neuerdings etablierte, im Tone der Abschätzigkeit gehaltene Tadel ›Populist‹ ist von derart dämlicher Unbedachtheit, daß man unpopulär werden möchte: Wer von den Ärschen schielt denn nicht auf die Umfragen, macht sich nicht zum Affen beim Karneval, setzt keine Bauarbeiterhelme auf und schmiert sich Kohlenstaub in die Fresse, klettert auf Berge und in Panzertürme, prostet mit Humpen auf irgendwelchen Oktoberfesten, verzichtet öffentlich lieber auf das Rettchen oder läßt sich eine modische Pfeife ins Maul stecken und läßt sich von Imageberatern Brille und Rasur verordnen?
Man lese nur mal das Interview mit Berlins Bürgermeister Diepgen auf den Berliner Seiten in der FAZ – derart alertes las ich nie zuvor! Der Mann bemüht sich wahrhaftig um den ganzen Populus (was, wie gr. demos, nichts anderes als Volk heißt, und diesem Volk soll ja die Macht, gr. krátos, zukommen!) Also versucht er z.B. beim Thema Essen höchst demokratisch das ganze Volk zu repräsentieren: Natürlich ißt er gern gesund, vollwertig, auch mal fleischlos, aber auch mal gerne Currywurst und zu Hause und bei Oma natürlich die guten Braten, aber auch mal gerne vier Sterne und im Urlaub italienisch und ab

und zu den Döner wollen wir nicht vergessen ... – Ein Pop-Star! Unglaublich!
(Im Schatten der Currybude aber oder bei den vier Sternchen, da mauscheln sie dann das Unpopuläre auf ihre Konten!)

Ein Wort des Vaters (moi) an die weibliche Jugend: Ich hatte eine sehr hübsche, fünfundzwanzig Jahre junge Dame im Hannoveraner Untergrund (Silke) kennengelernt, auf die ich etwas zu achten versprach, und die nun aber ganz gewiß auch schon seit, na, mindestens 1921 den Faschismus deutscher Prägung auf's entschiedenste bekämpfte, auch von Anfang an genau wußte, wie alles enden würde, obgleich ich sie, hätte sie damals tatsächlich schon gelebt, eher so Richtung Gräfin Reventlow, also nahe Ludwig Klages und auch sonst sehr in den präfaschistischen Bohèmemuff jener Jahre verheddert sehe.

Nun ist sie nach Wien gezogen und bekämpft dort bei Demonstrationen, als Interbrigadistin gewissermaßen, den Haider, der ihr hier noch eher gleichgültig war. (Immerhin löblich, daß sie sich den dortigen Sitten und Gebräuchen zuwendet!)

Nun ja. Ich will nichts aufblasen. Ich kenne es ja: Es geht natürlich bei Aufmärschen auch um Späßken haben und um diese voll geile Wir-sind-wir-Sache. Vielleicht sogar nur darum! (vgl. Doofparade) Unsere BDM-Muttis hatten sich anläßlich damaliger Möglichkeiten auch schon gern feucht machen lassen, damals vom bösen Onkel Adolf, der ohne Zweifel eine Vorform des Pop-Stars in vollkommener Inszenierung war, und sie haben einst genauso gekreischt, wie wir bei Blue Cheer und die heutige Jugend eben bei den ihnen zugeteilten Vorführern und Puff-Daddies oder grünen Friedensmissionaren.

Und als Masse wogegensein und nun diesen Kärntner Onkel Bdolf schlecht und böse finden, bringt sicher auch reichlich Späßken. Ist zwar nicht mehr ganz so aufregend, aber zu diesen Anlässen kann man ja, ich kenne doch die Jugend, vorher noch so eine Raveplombe einnehmen, für das Zusammengehörigkeitsgefühl und um die antinationale Kampfstimmung noch voller, fetter und geiler zu gestalten.

Mädel! Da macht sich der gute Onkel Thomas aber Sorgen! Die Sache ist so dumpf. Ein billig gefahrloser open air Empörkitsch auf der Basis softer Formationsideologien mit ein wenig Burschigeplänkel vorne dran. Und euren korrekten Anstiftern dient es meist nur dazu, endlich mal wieder den Fuß ins Feuilleton zu setzen und diesem Auflage und Aufregung zu verschaffen.

Ich frage mich, was Ihr und diese beruflich bedingt Empörten tun werdet, wenn ein wahrer Schweinehund von verkehrten Postamenten herab gleisnerisch glitzernd die Arena betritt! Dann werden wohl wir, die alte Garde, uns schützend vor Euch und die Verzagten stellen müssen, falls Ihr nicht längst schon hinter den kommenden Tyrannen herrennt, die ihr als solche in Wahrheit zu erkennen, nicht in der Lage sein werdet, weil sie immer anders auftreten, als man vermutete! Also, Mädel, bleib cool, laß die Drogen, bleibe daheim und lerne!

Dann auch die Klagenfurter Tombola, »Auslosung der Lesereihenfolge«: wann morgen, übermorgen und überübermorgen wer vorlesen darf. Ich kriegte, politisch vergrübelt wie ich immer noch war, das alles nicht so richtig mit und kurz vor dem Freibierabsturz sprach mich der Schindel, Juror und selbst auch dichtend, an, daß er erstaunt sei, ob meiner Sorglosigkeit bzw. Robustheit, da ich doch morgen so früh mit Lesen dran sei!

»Nee, nee, Herr Schindel, übermorgen früh!«

»Ach was?« Wir schauten lieber noch mal nach, und da ward ich blaß, stellte mein Bier ab, und lief im Galopp ins Bettchen! – Arschbombe! Gute Nacht! (Und dem Schindel sei Dank! Ich hätte es glatt verpennt.)

Auftritt. Den meisten war's peinlich, aber ich hatte mich natürlich in der Maske fernsehprofessionell pudern lassen. Sah daher blendend und besser aus als die anderen! Schwitzen auf dem Bildschirm ist noch abstoßender als in echt. (Und ich schwitze wie ein Pferd bei solchen Turnieren!)

Somit: heiter geschminkte, hübsch anzuschauende Vorleserei und dann anschließend die dampfenden Sprüche der Jury-Fuzzis, welche, nach Sekunden der Besinnung, in welchen Graden auch immer pikiert, jedenfalls zunächst ordentliche Begeisterung antäuschten. (Mit vermessenen Aussagen: »Komischer als Thomas Mann …« – Heiland! Wie billig. Allein wegen des gleichen Vornamens solchen Unfug unfrei zu assoziieren, ist niemals statthaft! Und wie kann man denn komischer als er sein, der gar nicht so komisch war?) Ich ließ mich dennoch geduldig zum Narren halten und bauchpinsel.

Das ganze Procedere: erst liest einer vor und dann sagen alle was Niederträchtiges dazu, muß seine Wurzel in einigen, auf Reich-Ranicki und die siebenundvierziger Gruppierung zurückgehenden, im Grunde jecken Gepflogenheiten haben; damals nämlich erfand man dieses kritische Gemetzel coram publico an einem gleichsam auf dem elektrischen Stuhle sitzenden Dichter als Showknüller fürs Fernsehn, mit großen Spezialeffekten natürlich auch im Bereich Marketing.

In meinem Falle aber schütteten mich die Juroren ja mit diesen bedenkenlosen (oder kalkulierten?) Artigkeiten zu! Und ich hatte mich auf Gegenwehr eingestellt!
Immerhin: An einer besonders dünkelhaften Stelle nahm ich die Brille ab! – Nein! Ich äugte vielmehr streng von unten über sie hinweg in den Kreis der verstummten Jurorenschaft und in die sie umfangende, immer tiefer werdende Publikumsstille und sprach nach beachtlicher Kunstpause: »Erlauchtes Gremium! Meint Es das eben Gesagte ernst?«
Da aber die Reaktion deutlich Zustimmung war, schob ich die Brille wieder hoch und schüttelte den mit ihr, der Lesehilfe, weise verzierten Kopf. Sie aber fuhren nun noch fahrlässiger fort als zuvor! Und ich, so berichteten später viele Zuschauer, grinste nur noch wie blödsinnig ins Rund und wog gelegentlich das Haupt, denn, hier will ich's zu-

geben: Ich malte mir für törichte Momente innerlich aus, wie diese Idioten mir die Übergabe eines Blumentopfs vorbereiteten. – O, du Dummerchen!

Das sicher paritätisch allen großen Verlagen und einflußreichen Feuilletons anhängige, mithin ausgewogene Kollegium war wohl freilich auf's erste wirklich überrascht worden und wird sich gedacht haben: Warum sollte man hier nicht auch mal so einen peripheren Witzbold zum Ernst-August küren? – besann sich jedoch alsbald gewieft, so daß sie tüchtig überlegt und es für vorteilhafter gehalten haben werden, mir entweder die Luftbestattung vermittelst irgend eines dritten Preises (das Schlimmste, was einem passieren kann!) oder lieber gar nichts zu geben. (Was, unter uns, immer besser ist als jeglicher Trostpreis! Dazu später.)

So. Ich kenne es von Sitzungen an meinem Arbeitsplatz, der Kunsthochschule Braunschweig: Diese Versammlungen sind auf soundso viele Minuten angesetzt, und es gibt immer genau diese Minuten lang etwas sehr, sehr wichtiges zu besprechen, nie aber mehr und nie weniger, das haut immer hin und zur Not ist der Rest vertagbar oder unwichtig! (Und danach geht's hurtig, hurtig und pünktlich zu Tisch.)
So auch hier: die anberaumte Sendezeit zum Zwecke meiner Beurteilung war um, also erfolgte ein finaler Zoom weg von den Gesichtern und ein Kameraschwenk führte die Fernsehzuschauer hinaus zu irgend einem Ansager oder Pausenclown, und ein neuer Aspirant harrte derweil drinnen bleich in den Kulissen und verzweifelte wohl gerade stumm über'm eigenen Texte.
Ich aber schwenkte ebenfalls mit Leichtigkeit hinaus auf Maske und Bierstand zu. Die Puder-und-Pinselfrau vom Österreichfernsehn hatte draußen alles in Sendefassung miterlebt und lobte beim Abschminken die Professionalität meines Auftretens! Dies Lob allein, aus so berufenem Munde – wer könnte erfahrener sein beim Fernsehn, als diese Menschen im Hintergrund! – gereichte mir zu einer Schwellung der Brust, und ich nahm freimütig von den mir gereichten Erfrischungen aus allen Richtungen und Händen! Und die Dame diktierte mir dann auch uneingeschränkt die Klagenfurter Kneipen-Top-ten, da sie sicher sein konnte, daß ich dort niemanden und sie schon gar nicht blamieren würde.

Die weiteren Lesungen verfolgte ich an den nächsten Tagen oben, bei Tellersülze und Bier, in der behaglichen Kantine des Senders ›ORF‹ vor einem dort unablässig laufenden Fernsehn, oder aber auf dem Neuen Platz, am Steinernen Brunnen mit dem Lindwurm von 1590, welchem sich in geringer Entfernung eine Würstelbude ohnegleichen anschmiegt. Die immer gut besuchte Wurstbude hielt stets ein kleines Schwarzweißgerät im Innern am Laufen, so daß man gut zuschauen aber auch gut wegschauen konnte, und wir Biertrinker und Wurstesser standen dort den halben Tag in wechselnden Schichten, im Halbkreis, je nach Interesse mehr vorn oder hinten um die Verkaufsluke der Bude gruppiert und guckten essend und trinkend das Ingeborg-Bachmann-Vorlesen! Oder auch nicht.

Dem dort gewöhnlich versammelten Volke hatte meine Lesung ebenfalls ausnehmend gefallen! O, war ich geehrt! Und man zeigte sich seinerseits beehrt durch mein häufiges Erscheinen, weshalb man mir zum Abschied sogar ein Jörg-Haider-Wahlkampf-Feuerzeug, kobaltblau, »Unserer Heimat zuliebe!« beschriftet, schenkte!

O je! Man wurde diesen Mann einfach nicht los hier, eine allgegenwärtige Angelegenheit! Und schiere Besessenheit! Aber hier, im Volke, genoß er tatsächlich großes Ansehn! Und arger Fluch ging von hier auf seine, des Jörgs, Feinde nieder! Seltsam: Haß und Liebe, die ihm zuströmten, schienen von gleicher Tiefe zu sein, hoben sich aber keinesfalls ins Begütigende auf, sondern verstärkten sich eher gegenseitig zu schärfster Differenz. Dies Phänomen allerdings trug schon dämonische Züge! (Denn an solchen im Grunde oft banalen Unversöhnlichkeiten in reinen Glaubensfragen zünden gewöhnlich Bürgerkriege!)

Ich schenkte zum Ende dann der Bude ein Buch von mir und hatte lang erwogen, ob's wohl dem Feuerzeug zum Äquivalent gereichte? – Doch! Doch! Meine Signatur allein bewirkte sogar Momente des Freibiers für mich und alle! Und der spätere Abschied dann ward geschmückt mit herzlichem »Ach!« und Umarmung und vielmaligen »Adieus nach Berlin!«

Darüber hinaus galt es nun aber einstweilen täglich auch noch die Kärntner Küche zu kontrollieren! Ich aß auf ausgedehnten Einzelgängen bis zu zweimal Mittag und einmal auch täglich abends warm, um dann geschwind wieder in die Kantine oder an die Bude zu eilen. Auch ließ ich es mir angelegen sein, einmal wenigstens mit den anderen Autoren und Juroren am Wörthersee beisammenzusitzen.

Eine Tradition will es, daß der Bachmann-Pulk nebst Anhang sich abends in einem Restaurant mit Seeblick namens ›Loretto‹ einfindet, wo man auch gewisse Gutscheine abfressen kann, welche dem Ingeborg-Bachmann-Rucksack als Abreißblöckchen ebenfalls immer beigegeben sind.

Es hocken dann dort die Prüflinge am vornehmen Ufer locker unter die Prüfer gemischt, welche die Huldigungen ihrer Aspiranten heimlich entgegenzunehmen, nicht ganz abgeneigt sein mögen, und sie, die Prüfer, erhalten auch vermutlich wesentlich mehr Aufwandsentschädigung als die Autoren mit ihren immerhin schon zwotausend Mark! Es essen aber gleich wie jene alle ganz harmlos und vergnüglich Wörtherseefisch und plaudern miteinander.

Die glatte Stimmung scheint gleichwohl verknautscht: denn alle Bewerber auf den Ingeborg-Preis versuchen eine Balance zwischen tüchtigem Anvettern einerseits und die wichtigen Onkels und Tanten vom Preisgericht aber doch keinesfalls irgendwie beeinflussen wollen andererseits, und so geht es denn im Endeffekt eher menschlich und wie im Leben zu zwischen den Lagern der vom Schicksal verbundenen Vollstrecker und Kandidaten.

Und beide Seiten tragen mit Fassung die ihnen zugeteilten Mühen, und so gehen sie, die Juroren, irgendwie berechenbar und menschlich müde über diese schrecklich vielen Leserunden, werden wohl aber, wegen dieses Aufwandes, sicher noch von ihren Hausverlagen und Blättchen ein wenig zusätzlich am Rücken spesenmassiert, und die Autoren hegen ihre bescheidenen Hoffnungen und halten Ausschau nach sich bietenden Möglichkeiten und den hiesigen Kellnern, welche Mühsal und Aufregung mit guten Tropfen zu lindern, allzeit parat stehen.

Der Trostspende aber bedürfen beide Lager! Also hauen sich erst mal alle gemeinsam dort feierabends den guten heurigen Wein hinter die Binde und schauen glasig in den Sonnenuntergang, denn in Erwartung der Suppe will man hier, im Loretto, immer allen einstweilige Erquickung der Augen geben.

Und dann pflegt man auch andere, eher neckische Rituale und spielt jedes Jahr Fußball gegen die Autoren, ›FC Literatur‹ gegen ›FC Soundso‹. (Dabei wäre Wattepusten hier draußen irgendwie angemessener gewesen!)

Ich goß mir etliche Weizenbiere in die Kaldaunen und fing schon betütert an, drastisch zu werden: Also bloß schnell wieder weg da! Und eilig zur gruppendynamisch simpleren Wurstbude hin!

Tag der Preisverleihung. Eine große Gemeinheit bestand darin, daß die Hälfte der Aspiranten schon vorher Bescheid kriegte: Ihr da, ja, IHR könnt schon mal abreisen! Ihr kommt nun überhaupt nicht in Frage!

So hatten wir eine unnötige Siebung um den Preis viel zu großer Hoffnung bei den Übriggebliebenen, von denen ja nun einige aus noch größerer Höhe fallen mußten und hatten eben leider auch etliche arme Schweine, die sich schon mal beschädigt hatten davonschleichen müssen. Vielleicht war's gute Absicht, vielleicht wollte man einzig zum Zwecke noch gehobenerer Stimmung beim Preisverleih die Menge der offensichtlichen Verlierer etwas zusammenkürzen, damit's nicht optisch, mit Heulerei und so, zum internationalen Verkanntentreffen ausartete. (Und so werden sich diese wohlwollende Gemeinheit wahrscheinlich die Fernsehfritzen, die ja immer Sorge tragen, daß »alles positiv rüberkommt«, ausgedacht haben.)

Daher nun also eine flurbereinigte Fernsehstudioaufregung und eine Stimmung wie beim ungeheuersten Matur-Ereignis mit Blitzlicht, Blumensträußchen, mit stolzen Muttis und »Ah!« und »O!« und reduziertem »Uhuhuuu!« Und nur vereinzelt ein Tränchen an Taschen-

tuch. Im Zentrum des beleuchteten Geschehens aber die Übergabe der Schecks und Urkunden. (Und alle, alle aber auch sowas von heilfroh, daß Haider nicht gekommen war!)

Weinst du etwa, Knabolski?« – Ich? Nee! Auf Grund meines Alters, gesicherter Einkünfte, komplexer Werkgruppen und gewisser Erfahrungen wegen (Ehe), stand ich doch ziemlich gefühllos dabei und war dennoch gerührt! Die Mora (erster Preis, ich hätte es nicht für möglich gehalten!) drückte ein schweres Blumengebinde und glühte vor Glück! Und Kunkel (zweiter Preis, wegen einer dämlichen Stimme!) ging es von allen am schlechtesten! (Jeder Sportler bezeugt, wie beschissen es ist, Zweiter zu werden! Sogar ein dritter Platz ist besser!) Einige Gespräche in den vergangenen Tagen mit Aufschluß über die hiesigen Gepflogenheiten hatten mich inzwischen auch längst von dem Gedanken an eine Blumenschale kuriert. Wenn sie gemein sind, dachte ich noch, geben sie dir den Trostpreis mit Haiderschütteln und Baden-Badengehen. Denn diese anderen Preise, von der schieren Kohle mal abgesehen, sind Mumpitz. So ein zweiter, dritter Preis ist Luftbestattung vierter Klasse. Da wird in Luft aufgelöst! Selbst der erste Preis kann zum Verhängnis werden. Das Gedächtnis des Publikums ist kurz, der Hunger nach Allerneuestem groß. Die schwer am ersten Preise tragenden Debütanten verschießen ihr Pulver womög-

lich auf einer einjährigen Lesetournee, von der sie als Versehrte und Vergessene zurückkehren und versuchen dann verkrampft den Anschluß qua Schnellschuß wiederzugewinnen.

Also traf es mich nicht schlecht mit gar keinem Preis. Und daß die FAZ meinen Aufsatz abdrucken wollte, wußte ich schon. Da war, so als Coup und mit Schirrmachers Segen, ein unvermutetes Extrawürstchen auf mich gekommen! Was will man mehr? Eine Seite FAZ! Und als Extrapreis ein tiefblaues Haiderwahl-Kampffeuerzeug! Beides würde noch am Ende meines Lebens Zeugnis ablegen, welch grandioser Hirsch ich einst gewesen. Auch ohne Pokal!

Und dem einsam ohne Preis Davonreitenden kommt nicht zuletzt Mitleiden zugute und Anteilnahme am verkannten Genie, und so kam auch der gut vernehmliche »Schmuh!«-Schrei aus den voll besetzten hinteren Reihen, wo man sich veranlaßt sah, Unrecht von meinen Schultern zu reißen, und womit man meinem, des Verprellten, Werk neue Fans in Scharen zutrieb. Mehr will man ja gar nicht wollen können. Also: Dank Euch, Fanclubs, Sympathisanten, Parteigänger!

Das Hotel ›Morales Valentino‹ – ich hab's umbenannt! – wollte mich nicht weiter fernsehgucken lassen, an diesem Sonntag und letzten Tag in Klagenfurt, und es wurde noch sehr langweilig: Die ganze Stadt wird ja am Sonntag in so eine Art Heilkoma abgesenkt. Unfaßbar! Sogar die Bude hatte zugesperrt! Ein Tag zum Putschen ohne Merken.

Ich saß dann getroste Stunden bei Orgel und Julien Green, den ich immer für würdig befunden und nun hier unvermutet in St. Egid, zu Klagenfurt, unter einer wuchtigen Platte bestattet vorgefunden hatte. Alle Ruhe der Welt beschützte hier nun den Dichter auf immer und ewig, seine Übersetzerin aber und unsere liebe Freundin, Brigitta Restorff, wußte ich schwerkrank daheim liegen und so erbat ich einiges und dankte auch meinem Schöpfer und wartete ungeduldig auf das Flugzeug. Alles sehr seltsam, aber himmlisch!

Beim Rückflug hatte mir gleich jemand gesteckt, daß der Baden-Badener Moderator Hubert Winkels, von dem ich erzählt und vorgelesen hatte, gar kein Kölscher, sondern ein Düsseldorfer Bursche sei.
»Na und?« fand ich: »Liegt doch alles da hinten am Rhein dicht beieinander! Gehupft wie gesprungen.«
Au weia! Mir, dem Unbedarften, wurde eine Belehrung erteilt: Es seien die lokalnationalistischen Fraktionen beider Städte dort sich einig, daß ihre Bewohner einander nicht und nimmer ausstehen können!
Ins Allgemeine gewendet: ›Man‹ (im heideggerschen Sinne) mag wohl immer höchstens noch die aus dem übernächsten Dorf ertragen, nie aber die aus dem nächsten. Die Kosmologen nennen diese Kraft ›Quintessenz‹ (als die fünfte, zu den vier Grundkräften hinzukommende); es ist dies eine Art ominös negativ wirkende Gravitation, also Abstoßung. Einerseits werden Mensch und Masse durch Gravitation verklumpt (zu Erdball, Düsseldorf, Köln, Petrihausen, Schalke 04), andererseits aber durch Quintessenz, hier in Gestalt von Haß auf die unmittelbare Nachbarschaft, auf Abstand gehalten.
Und so streuen diese abstoßenden Kräfte die Menschen über die Welt und wegen der Begrenztheit der Erdoberfläche jetzt wohl auch in den Weltraum hinaus. (Kleine, beengte Länder, wie Holland, England, daher (einst) vielleicht besonders welterobernd?)

Berlin, Landung, irdische Ankunft. U-Bahn überfüllt. (Und tatsächlich: man findet insbesondere die Menschen im eigenen Waggon und ganz besonders die dicht und fett neben einem: äußerst abkömmlich! Ja, geradezu: Bäh! Und entbehrlich.)
Yorckstraße. Umsteigen in die S-Bahn. »Moreni, ick liebe dir for sempre!«

Nanu? Dieses rotwelsche Geständnis hatte jemand (ein Mann, eine Frau?) als Parole weithin sichtbar und sehr akrobatisch oben an eine der Yorckbrücken gemalt. So, wie es aussieht, sogar kopfüber! Und sehr komplex: deutsche, englische, italienische Partikel plus »Moreni« (ein hebräisch-italienischer Nachname? Von hebr. Morenu = unser Lehrer, Rabbiner?). Rätselhaft.

Aber: Das einzigartige Bekenntnis läßt mich meinerseits bekennen, wenig die vielen Menschen, viel aber einige wenige und sehr die vielen Sprachen zu lieben.

Also dann kam sie, die ganze, tolle FAZ-Seite Kapielski, mit gepudertem Portrait, strahlend aus ihrer Mitten Glanz! Sah aus, wie eine Kanzlerverkündigung!

Aber, keinem fiel es auf, da fehlte ja was! Der hinten so jäh von mir eingebaute Überfall war abgeschnitten worden. Es war wie die dezente Abdankung der Überflüssigen aus Klagenfurt: Schlechte Nachricht = schlechte Laune! Also Überfall: fällt heute lieber aus!

War vielleicht wirklich allen zuviel und mir selbst ja auch neu: das Opfererleben.

(Die Jugend stellt sich neuerdings sprachlich darauf ein, indem sie einander, nach »Keule!«, »Alter!« usw., mit »Opfer!« zuruft: »Ej! Opfa! Willße paa uff de Fresse oder wat?«)

Es war regelmäßig so, daß Leute, denen man davon erzählte, daß die das gar nicht hören wollten und nach jedem abzweigenden Erzählstrang schnappten, um sich aus dieser Sache mit meinen doofen Minuten möglichst schnell auf ein anderes Thema fortzuschwingen. Man selbst hatte aber von diesem Unglückstag an den unmäßigen Drang, das alles wiederholt und eingehend zu behandeln und weltweit zu künden.

Im Grunde habe ich die Geschichte nur einem Menschen in aller Ruhe erzählen dürfen und war mir sicher, daß zugehört und verstanden wurde: Einer hiesigen Lichtenrader Wirtin, der Hildegard nämlich, war gleiches und schlimmeres passiert. Ihr hatten etwa zur selben Zeit, als das Unglück auf mich gekommen war, zwei böse Russenbuben (nun, sie sprachen russisch …) nach Feierabend nachts in der Wohnung aufgewartet, also die saßen da schon seelenruhig, wer weiß wie lange, herum und hatten noch überhaupt nichts durchwühlt! Das war denen zu umständlich.

»Was machen Sie hier in meiner Wohnung?«

Das stellte sich jetzt heraus. Die arme Frau wurde mit großer Gemüts-

ruhe eine gute Stunde lang gequält, ihr Kopf in die volle Badewanne
gedrückt (ich konnte mir nicht verkneifen, zu fragen: warm oder kalt?
– »Heiß!«), auch etwas gewürgt hat man sie, bis die Schweinehunde,
dann endlich satt an erpreßten Geldern, Schmuck, Scheckkarten und
Geheimzahlen, sich wieder sehr gelassen und ohne jede Übereilung
(das schien ihr nachträglich das Wahnsinnigste von allem gewesen
zu sein, diese Nonchalance der russischen Seele!) davonmachten, in
der Nähe noch mehrfach am Automaten Geld abhoben und endlich spurlos in der Wegelosigkeit, in Taiga oder Tundra, verschwan-
den.

Der Fall wurde in der ›BZ‹, unserer Berliner lokalen Volkspostille,
ebenso kurz vermeldet, wie der meinige. Man gab ihn unter das kleine
Vermischte. So ein Boulevardblatt verstört ja die Menschheit gern mit
Schreckensmeldungen, mit Erdbeben, Seuchen, mit tiefem Fall, um
dann den harten Aufschlag mit versöhnlicher Weltsicht als gemütlichen Sprung in die Sozialkissen zu dämpfen: Das Übel passiert immer woanders und chez nous ist's, bei Lichte besehen, ja eigentlich
allzeit behaglich. Da gibt es also diese unter die schöne Weltsicht gemischten Ecken mit den kurzen Schreckensmeldungen, die man normal nur goutiert, wenn man selbst verschont geblieben ist und fest
glaubt, dies für immer auch zu bleiben. Derart auf Abstand gehalten
und die gesicherte eigene Unversehrtheit vermutend, läßt sich jede

Greueltat in XY-Aktenfassung oder unter ›Vermischtes‹ und in Krimis mit wohligem Schauer sogar genießen.

Bei mir war damit nun vorbei. Aus mit lustig! Und dann ging's aber irgendwie erst richtig los! Der Vorhang war aufgezogen und von überall krochen Beschädigte aus ihren Löchern.

(Wie bei einer Fazialislähmung: dir hängt die Backe schief und plötzlich krauchen aus allen Ecken Leute herbei, die auch mit einer gelähmten Backpfeifenhälfte durch die Welt jammern, und die waren einem nie zuvor aufgefallen, die hatte es vorher nicht gegeben, und nun gibt es sie aber reichlich! Und alle sind nun gierig darauf, mit dir den larmoyanten Erfahrungsaustausch zu pflegen und Zaubermittel auszutauschen.)

So hocken sie alle einstweilen im Dunkeln: Kolonnen von Beraubten, Hängebacken, schlimmeres! Ein Limbus der Versehrten. Wehe dem, der hineinschaut!

Der von mir erlittene Überfall hatte am 11.10.98 stattgefunden. Man war ziemlich beschädigt, die Rippen schmerzten, der Schmerz befeuerte ein stabiles Gedächtnis, man schlief und träumte schlecht, ging erst mal in keine Kneipe mehr; später dann schreckte man sofort auf, wenn einer, den man nicht kannte, dort einen zu schwunghaften Auftritt hatte. Und man salbte in den ersten Tagen die seelischen Verwundungen sehr gründlich mit Rachegedanken. Damit pflegte man sehr, sehr hilfreich auf's erste die Wunden!

Ich hatte auch irgendwie neugierig und halbdoof damit gerechnet, daß in den folgenden Tagen so eine sozialpsychologische Abschnittsbevollmächtigte oder ein therapeutisches Polizeibataillon oder sonst was, jedenfalls eine dieser im Fernsehn und beim Winseln um Kassenbeiträge sonst ja immer ominpräsenten, psychosanitären Hilfskräfte vorsprechen würde, wie es einem so ginge, ob man Hilfe brauche, was die Rippenprellungen, das blaue Äuglein, das Seelchen machten. Nichts. Die entsprechenden Therapeuten waren wahrscheinlich vollauf mit der Betreuung von abgespannten Häftlingen und der Abschaffung der Todesstrafe in Amerika beschäftigt.

Mich hingegen hatten drei ausländische Mitbürger (»multikulturelle Gruppierung« war die offizielle Sprachregelung) mit in Deutschland geschliffener türkischer Zunge (»Isch stesch disch ap, Alta!«) davon überzeugt, sie wieder einzuführen! (Sind das die prophezeiten Bereicherungen durch Fremdes an unserem genuinen Gemeinwesen?)

Und da sie bewaffnet waren, und der Auftritt des Staates mit seinem unbedingten Anspruch auf das Gewaltmonopol in Gestalt zweier vor Angst ganz blasser Goretex-Plüstermännchen keinerlei Gewicht noch abschreckende Wirkung gezeigte hatte und auch sonst kaum noch Respekt auszulösen vermag, forderte ich dies hinfort auch und legal für mich: einen Püster! Für Defensivfälle versteht sich. (Verteidigungsministerium) Eine allgemeine Bewaffnung der Edelmütigen, zum Zwecke ihres Erhalts! Es würde früher oder später sowieso dazu kommen, da das Böse sich hemmungslos rüstet bis hinab ins gemeinste Glied und keine Hemmung besitzt, auch noch ein Kartoffelschälmesser aus nichtigstem Anlaß in ein unbescholtenes Fleisch zu stechen, wogegen man nun selbst zu rüsten, jawohl, liebe Freunde, keine Wahl mehr habe!

Gleichgeschaltetes Entsetzen: »Spinnst du, Kapielski?«

Nein, ich sei erst dann dafür, die Tötung von Mördern einzustellen, verkündete ich entzündeten Auges, wenn diese sofort und bedingungslos bereit wären, ihrerseits das Töten sein zu lassen! Und sowieso: wer rumrennt, mit der Absicht jemanden umzulegen, der sollte dies wenigstens mit der Sorge tun, das ihm selbes widerfahren könnte.

»Scharia!« brüllte ich. »Scharia!« – Einziges Geschenk des Islam an mich. (Obgleich wir sowas selbst schon entwickelt hatten: Ius talionis!)

»Natürlich«, dämpfte ich die Verwirrung der bislang unversehrt Gebliebenen, welche sich, in der Ansicht, die Hölle sei immer nur für die anderen bestellt, im Kitsche humaner Gutseinsvermutungen wuschen, »natürlich muß alles streng nach römischem Corpus Iuris Civilis und an heutigem Zivilrecht sich ausrichten, natürlich gilt In dubio pro reo und wird, in meinem Sinne, mit aller Vorsicht, mit aller Sorgfalt geurteilt und gerichtet werden! Ich bin kein Albaner!«

Nach- und Zusatz: Halbes Jahr später, vor paar Tagen, am 2.7.99, kommt mir niedliches DIN-A-5 Saugpostformular ins Haus, ein maschinenhandschriftlicher Durchschlag, im Stile anrührend frühbürokratisch gehalten, und wie ein DDR-Passierscheinantrag gestaltet, worauf die Sache für erledigt erklärt wurde: »Anzeige wegen schweren Raubes, Verfahren eingestellt«.

Nach- und Zusatz 2: Es ist den Mitmenschen hiermit untersagt, den

Maßstab ihrer beschränkten Einsichten an die meinigen anzulegen!
(Gilt für die gesamte vorliegende Schrift.) Umgekehrt natürlich auch.

3: Der Schnulzenputzi, der friedlichsten Menschen einer und seiner
festen Absicht nach künftig sogar Kriegsdienstverweigerer, bespielt
derzeit täglich zwei Hand voll Stunden einen ›Gameboy‹, von welchem er – auf meine Frage, was er an diesem, bitte knapp dargelegt,
denn eigentlich so zu bewerkstelligen habe? – zu rapportieren wußte:
»Penner abknallen!«
»WAS?« Ich kontrollierte zuallererst sein aber wie gewöhnlich recht-
schaffen Antlitz, alsdann durch die eilig herbeigeschaffte Lesebrille
den viereinhalb mal viereinhalb Zentimeter Bildschirm: Tatsächlich!
Es flohen allerlei feindliche Winzelwesen vor seinen nie versiegenden
Garben, und er jagte behende, vermittelst gedrückter Knöppchen,
durch ein Spalier von Gefallenen frischer Beute hinterdrein.
»Wieviele pro Tag?«
»Was?«
»Legst du um?«
»Tausend? – – Zweitausend – – ?«
»Potz Donner!« Ich drohte schon in väterlicher Wohlgefälligkeit zu
verbräsen, blieb aber gescheit. Auf meine Frage, ob er, als bekennender Pazifist, solches Massenmorden, und sei es auch nur im Spiel,
tugendhaft fände, sah er mich wie einen Trottel an und machte mich
irre mit der Antwort, dies alles sei doch »nur in unecht«. – »Wie Film
und so.«
(Ergo: Kann man die mutmaßlich stete Mordgier des Menschen in
dieser und ähnlicher Fassung für geläutert erachten? Ist solch Schat-
tenmorden also womöglich sogar offizinell und allgemein geboten?
Oder macht sich das Rohe nur noch sublimer?)

Nun, mit der Zeit wurde man wieder gesund und einfältig und wußte
ja: Ach, alles ist eitel und Haschen nach Wind! So ging ich wieder hin
in die Kneipe, aß mein Brot mit Freuden, trank mein Bier mit frohem
Mut, salbte mein Haupt und mein blaues Äuglein (sechs Wochen
braucht's schon!) und genoß das Leben mit meinem Weibe, denn ein
lebender Hund ist besser als ein toter Löwe. Keinem aber weit und
breit krümmte ich je ein Härchen! Und werd's auch nicht tun. (Auch
am ›Gameboy‹ nicht.) Amen.

Käsevariationen. Unter dem Titel: ›Vorspiel einer Lebensform der Zukunft (oder Gegenwart)!‹ Nämlich: Verschwinden des Staates. Hochkommen eines verpöbelten Nihilismus. (Wirklich everything goes! Und zwar: Diesseits von Gut und Böse!) Und wer wollte diesem Staat noch Respekt erweisen? Er ist ein geldgefräßiges, fades Fernsehereignis, eine Zeitungsposse, eine künstliche Aufregung und vollauf mit Problemen beschäftigt, die er selbst verursacht. Was außer ihm selbst eines Budgets bedarf oder Verantwortung heischt, ist ihm lästig, stößt er ab: Bahn, Erziehung, Gesundheitsversorgung, Post usw. Was am Volksvermögen von Wert ist, verscherbelt er, um sein aufwendiges Dasein zu alimentieren. Die Lebensläufe seiner höheren Angestellten (süße Schweinehündchen auf ganz niedrigen Postamenten) fließen glatt und abseits aller breiten, wilden Alltagsströme wohlgeschützt dahin (finanzielle Sorglosigkeit, gute Wohnviertel, die besseren Schulen, der Überflug und ein fabrikfrisches Auto für alle; indes: die U-Bahnfahrt, das ›einfache Viertel‹ bleiben Folklore, das Engagement für ›multiethnische Lebensformen‹, meist auf Grund guter Erfahrungen mit ein paar Regierungsräten aus Frankreich, türkischstämmigen Abgeordneten oder Wirtschaftleuten aus Japan, gänzlich risikolos). Im Volk aber, im jungen zumal, kommt inhumanste Gleichgültigkeit auf und es gedeiht die Erfahrung der Gewalt als stärkste aller sozialen Handlungen. Das Vorhandensein und Funktionieren öffentlicher Bequemlichkeiten wird im Nachwuchs für naturwüchsig gehalten; die zerstörerische Würdigung öffentlicher Einrichtungen (Verkehrsmittel etwa) und vorbehaltloses Anspruchsdenken belegen dies. Die gesellschaftliche Ächtung jeglicher Form von Anstrengung (Bildung, Haltung, Arbeit, Elternschaft, Verantwortung) wird Konsenz. Die alten Formen bürgerlicher Moral (Höflichkeit, Distanziertheit, Zuverlässigkeit, Universalität, Benehmen) sind aufgebraucht, die geistige Kraft zu ihrer Wiederbelebung ist nicht mehr vorhanden. Das Verschwinden des großen Krieges zwischen den Nationen, nicht aber seines Gewaltpotentials, führt zu seiner Umgestaltung, zu seiner Klein- und Regionalwerdung, zu seiner Zerstreuung, Mikroskopierung und Unsichtbarwerdung in Allgegenwart. Furcht und Gewalt werden zum sozialen Grundrauschen, das alle sich mühen fortzufiltern, mittels Gewohnheit oder Anstrengung, aus ohnehin beladenem Alltagsbefinden, um den Preis einer allseitigen Mißstimmung. Körperliche Arbeit als aggressiver Druckausgleich: obsolet. Sport macht sich dem Krieg längst gleich. Geistige Arbeit als Instrument sozialer Verfeinerung zieht sich hinter die Bildschirme zurück und spielt dort in künstlichen Welten (Mickymaus, Gen, KI oder Ringbeschleuniger): elektrokomische Gnosis! Jeder gegen jeden, aber kein Gott mehr weit und breit für oder wenigstens gegen alle. (Nun ja … – Allah sei mir gnädig!) Der einzeln, unberechenbar Durchknallende (Galgenvögel, Psychopathen, Kriminelle, Serial Killers, Berufene) und die kriegerischen Rotten (als wiederaufkommende Feudalform: Clan, Gang, Mafia, Räuberbande, Privatarmee und sonstige Hakkapeliter) setzen sich in den Ruinen staatlichen Gewaltmonopols fest, lösen es weiter auf, zerstreuen und chaotisieren oder organisieren die verwandelten Gewalten vermittelst stammesgeschichtlicher Rituale (Blut, Rache, Ehre, Gewalt). Globale Wirtschaftsunternehmen (Ecclesia triumphans) bemächtigen sich schleichend aller übrig gebliebenen Autoritätsreste der Nationalstaaten, bringen die Massen gegen sich auf und treiben sie in neoarchaische Fundamentalismen (Cuius religio, eius regio), wobei neue Geschwüre und Varianten von Nation, Rasse und Volk auskeimen. Dazu steter Zuzug aller Primitivenlegionen von Süden und Osten unter der Parole: Proleten, Heloten, Metöken und Hirten aller Länder –: haßt euch! Kurs: späte Spätantike. Trend: Alles Kacke!

Opus arschi. Gegeben und ausgerufen am ›Tag des Zorns‹, den 17.7.1999, im Zorne zu Berlin-Lichtenrade.

Wenn der Kulturpessimismus die Denkweise war, die sich vom Zusammenbruch mästet, so ist es nun die Handlungsweise des dumpfen Nihilismus.

List der gnostischen Unvernunft: Wenn angepaßte Feiglinge sich wieder einmal ganz mutig und milizig und nonkonform zeigen möchten, dann legen sie eine Sicht auf die Welt, als würde ein nie versiegendes Heer der Verderbten und Verderber ihre linken Fähnlein der rechten Gesinnung berennen, und feierabends belauern sie noch unbezahlt irgendwen, der Worte gebraucht, die sie selbst zuvor moralisch indizierten.

Vorsicht! Liste und Kanon rationalsozialistischer Losungen, auf die wir alle verpflichtet sind:
Der Quizmeister fragt: »Fremdheit?«

Der Examinand antwortet: »Ist Projektion unserer Ängste bla bla auf andere.«

»Richtig!«

»Internet?«

»Hilft bla bla Grenzen überwinden.«

»Richtig! – Krieg, Feindschaft?«

»Verschwindet, wenn die Menschen einander bla bla kennen lernen.«

»Dialog?«

»Bla bla.«

»Deutschland?«

»Nie wieder! Nation: böse.«

(Nie wieder Deutschland! ist mir als Parole immer etwas rätselhaft geblieben, obgleich mir »Nie wieder Tirol!« oder »Nie wieder Mallorca!« nachvollziehbar wäre; man fährt dann eben nicht mehr hin, macht doch aber kein Lebensprogramm daraus! Und bleibt auch noch da hocken!)

»Kurdische Volkstänzchen?«

»Folklore, fremdes Brauchtum, muß geschützt werden, bla.«

»Bayrische Volkstänzchen?«

»Sind chauvinistisch, reaktionär.«

»Familie gründen, Kinder kriegen?«

»Verhindert die Findung der eigenen Identität und das Vorankommen der Frauen, setzt Menschen ungefragt in eine schlechte Welt. Müssen also krank sein, die so was machen, und über vier Gören: asozial. (Ethnische Minderheiten ausgenommen.)«

»Frauen, Nahverkehr, Gender, Tiere töten und essen, Rauchen, gleichgeschlechtliche Ehe, Atom, Autoverkehr, weißer Zucker usw.?«

»Bla, bla, blumm.« (Normton)

Sub specie aeternitatis aber: alles gleich und eitel, so oder so, und Haschen nach Wind. Ein Et illud transit jedoch gibt es nicht! Das alles kommt ja erst noch so richtig dicke! Und alles, was mir lieb gewesen, rutscht weg. Knall, autsch, bumm! Also: Haschen mit Wind, Trinken mit frohem Mut, Haupt salben und dann toter Hund unter lebendigen Löwen.

III.
Tote Fliegen

Juli 1999 – November 1999

> Grau, teurer Freund, sind viele Thiere
> Und grau des Lebens grüner Baum.

Angewidert davon, immer nur den bequemen Abhang der gewagten Meinungen hinunterzurodeln, dringt der Verstand schließlich in die unwegsamen Regionen der Gemeinplätze vor. Also ertasteten wir neulich im Gespräch allerlei Blödsinniges und kamen auch direkt mal wieder auf Schmetterlinge zu sprechen, da man in Berlin jahrelang keine gesehen hatte, und jetzt gab es plötzlich Pfauenaugen und Zitronenfalter in einer Menge, daß es einem schon wieder krank vorkam.

Ich hatte mal einen Schmetterlingssammler gekannt, der abends im Reihenhausgarten so ein weißes Bettlaken aufspannte und mit einer dieser abscheulichen Schwarzlichtröhren beleuchtete, und es muß nicht nur die Reihenhausnachbarn, sondern auch die Falter verrückt gemacht haben, denn die ruderten wie narrisch auf das Bettuch los und die Nachbarn brüllten dann auch hinterher wie geisteskrank aus ihren Fensterlöchern dagegen an: »MENSCH! Mach das Licht aus!«

Machte dieser miese Mensch aber nicht, sondern schabte die ermatteten Insekten vor den wunden Augen aller kirre gewordenen Anstößer seelenruhig mit einem Köcher vom Lichtlaken und verschleppte die sich matt sträubenden Tiere in seinen perversen Hobbykeller, wo er die Kreaturen mit Stecknadeln bei lebendigem Leibe auf so Art Zieroder Präsentierkissen piekste, um sie in kranken Vitrinen präsentieren zu können. Sachen gibt's!

Man vergleiche Ernst Jünger, der auf Käfer ging und Bericht darüber erstattete in ›Subtile Jagden‹ (einziges Buch von ihm, außer Tagebuch, das ich einst mit Freuden las, alles sonst zu pickelhaubig, ein Nichts gegen Benn!); ich kolportiere:

»Wir lagen vor Mont-Cochon-en-Pipi im Artilleriefeuer der Franzosen. Vor uns schlug ein 96er Hohlmantelschrapnell mit Chanellzünder ein, und ich warf mich aus hoher Not gegen einen rechter Hand gelegenen Granattrichter in Deckung. Als ich benommen die Augen aufschlug erschaute ich direkt vor mir das fabelhafteste Exemplar eines Scarabaeus jüngeri, im Volke gemeinhin Pillendreher, vulgär Mistkäfer geheißen …«

Auch dieser Käfer wurde dann natürlich mit der Pickelhaube aufgespießt wie ein Käsewürfel und erst aber noch wochenlang ohne Nahrung – woher auch? – in eine feldtaugliche Botanisiertrommel gesperrt. Sowas gibt's soweit –: bei Jünger.

Die Kriege mögen neben den Sammlern, Chemikalien, Vögeln, anderen Insekten und den Windschutzscheiben der Kraftfahrzeuge derweil die größten Vertilger und Vernichter der Insekten sein, aber es gibt sie noch. Trotzdem: ein Jammer ohne Schrei! So atmet die Natur, wozu nun auch Krieg, Mensch und Windschutzscheibe gehören, die Insekten mal ein und mal aus und mal gibt es mehr und mal weniger. So einfach!

Weil einmal einer von uns beim Biertrinken (Erntetrinkfest '73) im Freien sich sehr schmerzhaft an einer Wespe und vorher auch sonst schon ziemlich verschluckt hatte, folgten wir von da ab dem Rat eines in Berlin hängengebliebenen und also des Freilufttrinkens kundigen Bayern und bestellten für die Wespe jedesmal mitten auf den Tisch eine extra Limonade mit Likör im Berliner-Weisse-Glas, welches der zuckrigen Lockbrause die größtmögliche Oberfläche verschaffte und worin sie, die Wespen, massenhaft verzückt ersoffen und uns darüber ganz zu drangsalieren vergaßen. Zum Schluß sah's immer grauenvoll aus: Ein im Brodem der Trunksucht giftgelb wimmelndes, schmerz- und lustvolles Geleiber.

In der Tat, jedes Übel, das aus dem Betrunkensein kommt, hat seinen Widerpart in irgendeinem Guten, das aus der Nüchternheit folgt. (Vgl. Philo von Alexandria)

Um sie zur Raison zu bringen, hat man früher die brünstigen Esel mit Knütteln in die Hoden geschlagen; den Zustand, in welchem sie sich danach befanden, nannte man bekloppt. So erklärt mir Hans Imhoff den Zustand, der mir nicht unvertraut ist, aber eine Raison wollte sich bei mir durch die Schläge, welche mir allerdings immer nur auf's Haupt gegeben wurden, dennoch nicht einstellen.

Im weiteren Gesprächsverlaufe stellten wir fest, daß seit wohl schon zwei Jahren die gemeine Stubenfliege, die, die schwarze Pünktchen auf Glühbirnen kackt und die man mit diesen von der Decke hängenden, gelben Klebestreifen fängt (welche auch zum Tapezieren selbstverfertigter Bernsteinzimmer hervorragend sich eigenen: Knusti, Hannover, hat das seine erstmals damit ausgeschlagen!), daß diese Fliegen nun auch wohl ganz aus unseren Küchen, Ställen und Leben verschwunden waren.

Nee, das konnte so nicht stimmen, denn einige bezeugten, daß sie selbst jede Menge davon in der Wohnung herumsitzen hätten. Man fragte, wo sie denn wohnten? Diese Zeugen aber, mit Fliegen, wohnten, so ergab die nähere Untersuchung, ausschließlich im Westteil Berlins, die Zeugen aber, welche bezeugten, seit Jahren ohne Fliegen zu sein, alle im Osten! Wie das?

Jemand vermutete, die im Osten beheimateten Stubenfliegen seien vermutlich nach Fall der Mauer in den Westen gegangen. Und vorher auch schon zahlreich nach Westen geflohen: »Abstimmung mit den Füßen!«

Aber »gegangen« seien sie ja wohl nicht, oder ob man das so behaupten könne: Abstimmung mit den Füßen?

Nein! Abstimmung mit den Flügeln wäre richtig!

Hierauf berichtete ich, daß wir, damals noch im Osten zuhause, allerdings nach 1990, die Mückenplage gehabt hätten, diese Mücken aber sehr doof gewesen seien, berechenbar, man haute sie schnell weg. Von Osten und Westen wußten sie rein gar nichts; waren ausschließlich zwecks Fortpflanzung triebhaft auf Blut und stille Gewässer fixiert. Daher sei jene Migration damals glatt an ihnen vorbeigegangen.

Dennoch gäbe es Unterschiede, bezeugte jemand: Die Ostmücke ließe sich im Gegensatz zur Westmücke mit indischen Räucherstäbchen fernhalten, denn ihr, der Ostschnacke, fehle die inzwischen genetisch bei Westmücken fest montierte und lamarckistisch gesehen tradierte Erfahrung der Hippiezeit des Westens von anno '68 völlig.

»Noch!« rief einer: »Noch!«

Richtig, auch die Ostmücke wird sich nicht ewig damit ausräuchern lassen; sie lasse sich aber übrigens auch – »Noch! – Noch!« – hervorragend mit Patschuli exorzieren!

(Seit 1997 etwa ließen sie sich dann tatsächlich nicht mehr mit Hippiekram ausschwefeln.)

Neulich einer, wo schon?: in der Kneipe, auf die Frage, wo er so plötzlich wieder hin wolle, da er doch gerade eben erst eingetroffen sei: »Ganz ganz schnell in's Harnsteinzimmer!«

Tote fliegen, tote Fliegen. Wohin fliegen die Toten, da die toten Fliegen gar nimmer fliegen? Und über den Toten fliegen nicht einmal mehr tote Fliegen.

Historisches Datum, 1989, und einer Freundin, Brigitta Restorff, allerbeste Französischübersetzerin (Julien Green, Jankélévitch) und im Jahre 1998 selbst vom Schlag schwer und heillos getroffen, war die Katze gestorben.

Sie bettete diese in einen Karton, der ihr durch den Tags zuvor erledigten Kauf eines Faxgerätes namens ›magic primo‹ (Mein Gott! Wie kommen die immer auf sowas?) übergeblieben war und begab sich zu Fuß auf den Weg die Kantstraße hinunter, wo sie die tote Katze am Ende eines gedehnten Leidensweges hinten im Tiergarten illegal und würdevoll, mit Stöckchenkreuz und so, beerdigen wollte.

Das machen seit jeher so gut wie alle mittwestberliner Tierhalter so. Man erkennt's im Park am devotionalen Kleinkram und am häufigen Vorkommen der Alraune in der Nähe des ›Schleusenkrugs‹. Denn dort nehmen die Hinterbliebenen bevorzugt den Leichenschmaus, meist nur in Gestalt einer Schnapsstärkung, ein und gehen getröstet zurück ins normale Leben, wo man in den Zoohandlungen um den Bahnhof Zoo herum ein beliebiges Neutier anschaffen und den Irrsinn von vorn beginnen kann.

Nun befand sich die Freundin auf ihrem Monstermarsch mit Leiche in Faxkiste in der Kantstraße auf der Höhe des Discounters Aldi, wo man damals, 1989, vor lauter Nachfrage den Kaffeeverkauf kontingentiert hatte. Pro Pole, dieser begehrte damals den Kaffee ›Aldi gold‹ als auch ›silber‹ wie wild und ausgerechnet sehr konzentriert in der Kantstraße, wurden lediglich fünf Pfund Bohnenkaffee ausgegeben; irgendwie gab es Importengpässe, es war seltsam, wie vieles damals, denn ansonsten will doch, meiner Erfahrung nach, jeder soviel verkaufen, wie nur geht, um so geschwind wie möglich, ohne viel Arbeit reich zu werden! Da ist man sich inzwischen doch global eins!

Egal, in der Kantstraße gab es unbegrenzte Mengen Elektrokram zu kaufen, Adiletten, was man wollte, Kaffee aber war knapp, und man wollte, wohl um die so ganz eigentümliche Gerechtigkeit westlicher Konsumgesellschaften zu demonstrieren, jedem wenigstens/höchstens fünf Pfund gönnen.

Diese Kaffeegerechtigkeit zu unterlaufen, unterbrach jäh ein Mann unklarer Herkunft den Trauermarsch der Freundin, fragte, ob sie ihm freundlicherweise noch mal fünf Pfund aus dem Aldi ziehen könne. Er gab ihr fünfzig Mark und versprach derweil auf ihre Sachen zu achten. Als sie wieder herauskam, hatte sich der Mann spontan gegen Kaffee und für ein neues Faxgerät entschieden und war verschwunden.

Indes brüllten die Bananenverkäufer vorm Kaufhaus Bilka: »Wer klaut, kriegt keine Plastiktüte!« Komische Zeit.

Nach einem halben Leben schalen Friedens saß man 1989 am Tage des unangemeldeten Mauerfalls ahnungslos in einer Gaststätte im Berliner Westen und unterhielt sich gut, als flugs ein gänzlich aufgewühlter Mensch hereinstürzte und Meldung machte.

So, so! Man hörte sich das an, war aber doch allgemein recht gleichgültig, wollte seine Ruhe haben, auch den Abend ungestört zu Ende bringen.

Der Besessene fegte ob solcher Gefühllosigkeit geknickt davon.

(Welch ein Windbeutel! Historische Großereignisse haben etwas banal Dämliches. Die Aufregung lohnt nicht. Things change and shit happens. Gewöhnlich wird nur anschließend irgend etwas teurer oder anstrengender.)

Mich bewegten während meines westdeutschen Chaiselonguelebens, vielleicht aus Mangel an Katastrophen (gottlob!) und arretiert im Gelee der Sozialhilfen, immer eher kleinmusische, niedere Dinge. Draußen aber tobten fortan unbeirrt die Frohnaturen um Hundertmarkscheinhaufen und schütteten sich Aldi-Spumante in den Rachen und taten sich auch sonst zur Genugtuung der nach Osten greifenden Geldgeier auf ihre Art hervor.

Die unsrigen Kammbläser zeigten sich ungeahnt jovial; man kannte die so gar nicht: Unsere dauermürrischen »Bleib doch hier, wenn's dir drüben nicht paßt!«-Frontstadtfredis arteten für historische Momente zu gönnerhaften Jubelpeters aus! (Derweil haben sie sich besonnen.)

Nun waren wir anderen, sozialglibbrigen, West-Berliner damals alle etwas träge in den Tag hineindösende Sinnfrager, vulgo krank. Und kurzsichtig sowieso; gleichwohl ahnte man, daß der Spuk kippen würde. Das andauernde Westberliner Mittagsschläfchen war gestört, aber man zählte noch zum zur Skepsis fähigen Grundbestand des Volkes und verschreckt diskutierte dieser, im Osten an runden, hier an Biertischen, großpolitische Angelegenheiten mit extra viel Reden, die andernorts längst bemenetekelt waren.

Zack!: War's 3. Oktober 1990! Und den bekam man jetzt aber gar nicht mehr so richtig vollhistorisch mit; das war jetzt mehr Fernsehn. An der neuen Sektkorkengrenze, an irgendeinem Brandenburger Tor, da wollten wir uns nicht aufhalten, da war man bange, würde wohl auch stundenlang nach Bier und vor Pißhäuschen anstehen müssen. Diese Erfahrung hatte man sich in den letzten Monaten ausdauernd erstanden, und man wollte jetzt auch endlich wieder Ruhe haben. (So bescheiden dieser Wunsch auch war, das Schicksal gewährte ihn nicht.)

Und nun haben wir den Salat, und es ist ein gemischter. Und das ist nicht von Nachteil, sondern abwechslungsreich! Denn in der Welt ist alles wie es ist und geschieht wie es geschieht und ist gemischter Salat!

Ein Freund aus Friedrichshain bemerkt, als wir, komisch genug, auf die Bürgerrechtsbewegte und Künstlerin Bärbel Bohley zu sprechen kommen, er möchte von ihr weder regiert noch auch nur gemalt werden!

Las gestern Hammerhartes, Megameißelmäßiges von einem: »Nationalbolschewistischen Spreegeschwader und Kommando ›Befreiung der DDR vom BRD-Imperialismus!‹« Die Rechte (oder Linke?) hat den einst ja durchaus beachtlichen Nationalbolschewismus (Niekisch, Neumann, Paetel, Renn, Römer, Strasser) wiedererweckt. Und die NPD und der Kamerad Mahler amalgieren nunmehr denselben.
Bei allem Respekt vor Entschlossenheit, und da nun die Linke ja auch dem Volke seine Herzensangelegenheiten auf die Agora zu bringen verwehrt, bedacht sollte all dies sein, und es war abzusehen, daß ich, als Westschnulzi, nun zum wohlfeilen Opfer tauglich werden könnte.
In der zeitlichen Ferne wird jeglicher Scheiß Poesie! Nur Zehnjährigen kann man einflüstern, wert wäre es, der vor zehn Jahren schmählich abgeschrammten DDR Erhebliches nachzutrauern.
Und während der gedehnten Wartezeit des Herbeisehnens neuer, real existierender Paradiese wird aller Jetztverdruß kompensiert durch Mordgier an uns Heutigen und Hierzufriedenen: »Schurken diesseitigen Frohsinns! Jetzt kommt ihr erst mal dran!«
Ich muß eilends zurück in den Westen! Am besten nach Bayern. Amen.

Der Strom der Zeit läuft doch, wie er soll, und wenn ich ab und an mein Pfötchen hineinstecke, so tue ich das, weil ich es für meine schriftstellerische Obliegenheit halte, aber nicht, weil ich seine Richtung damit zu ändern meine.

Also, Leser, trage ich vor Ende des Jahrtausends dies eine Bedenken noch vor Ihr verglastes Auge und das dahinter liegende Gewissen: Derweil wir Hoffnung tragen, den Euro irgend möglich noch schadlos ab- und wegzuducken, möchten wir uns doch – bitte! – diese gemischte Einheitschose, die ›Deutsche Einheit‹, womöglich nach Maßgabe amerikanischen Nord-Südstaatengeplänkels oder gar nordirischen Irrsinns, weder gründlich noch dauerhaft versalzen lassen! Was soll der Quatsch? Es bleibt nun dabei!

Einer anderen Bekannten aber war auch ein Hund namens Charlie verstorben. Sie ließ ihn offiziell von der Amtsabdeckerei in ein Krematorium schaffen und einäschern. Kurze Zeit später erhielt sie eine kleine, schlichte Urne mit der Asche des Hundes, klebte ein hübsches Papier mit dem Namen des Tieres, »Charlie – R.I.P.«, darauf und stellte das Gefäß oben in's Bücherregal, wo es immer wieder benetzte Blicke auf sich zog und traurig süße Erinnerung auflohen ließ. Nun gut, das Leben ging weiter, die Trauer flaute ab.

Dann aber brach neues Unglück in Komödienfassung über meine Bekannte herein: Zwei, wohl des Englischen, nicht aber des Lateinischen mächtige, Ganoven drangen in ihre Wohnung ein und sahen, nachdem sie alles durchwühlt und nichts von größerem Wert gefunden hatten, dann letztendlich doch ziemlich dämlich aus, da sie, in der Annahme, es handele sich um in einschlägigen Kreisen auch ›Charlie‹ genanntes Kokain, die in Linien gezogenen Aschereste Charlies geschnupft hatten und wegen vermutlich übler Nachwirkung abzubrechen und entsetzt davonzueilen, sich gezwungen sahen.

(Glauben Sie eigentlich alles?)

Two livers and three eggs. Am heißesten Tage des Jahres, im hohen Monat Julius, ging ich erstmals, im hohen Alter von 48 Jahren, den Bund der Ehe ein! Unsere Gemeinsamkeit mußte endlich einmal legitimiert werden.

Sofern man nicht x-mal geschieden worden war und nicht von vielzähligen Elternkonstellationen herstammt (was nur bei mir der Fall war), geht alles ganz zügig. Der flinken Legalisierung unseres Verhältnisses folgten ausführliche Familienfestlichkeiten mit den noch existierenden Resten derselben, auswärts, bei einem noblen Italiener. Also fuhr man den ganzen Tag mit klimatisierten Taxen durch die Gegend, fraß und soff reichlich, und ich turnte die ganze Zeit abnorm an stetigen Weinbottichen bis zur plötzlichen, inneren Fassungslosigkeit: Ob ich soeben – womöglich töricht! – nicht allzuweitreichende Gelübde abgelegt hatte? Schwitzte daher propädeutisch, und zahlte erstmal – und von jetzt ab wohl für immer: ALLES! (Ablaß)

Währenddessen wuselte man in der Hochzeitssuite dieses Edel-Alfredos unablässig mit Eimern voll Blümskens konfus um mich herum und türmte Geschenke, Töpfe, Dampfkochtöpfe und nochmals Töpfe auf. Und ich saß angetütert inmitten der Töpfe und Gebinde und schrieb in Gedanken Schecks aus.

Besonders dem Sohne aber gefiel der Ehebeschluß ausnehmend; Kinder wünschen klare und ordnungsgemäße Verhältnisse, und ich beschwichtigte daher meine verwirrte innere Stimme, die immer wieder mal zaghaft nachfragte, was man oder vielmehr ICH denn, bitteschön? und in Gottes Namen! da bzw. hier denn eigentlich machte?
»Was machst du denn hier eigentlich? Thomas!«
»Später! Ich hab‹ jetzt keine Zeit! Wir reden später drüber!« vertröstete der Thomas den Thomas (hebr. = Zwilling).

Die Gesamttendenz scheint sowieso in andere Richtungen zu pendeln; ich las heute, in meiner Leibpostille ›BZ‹: Interessantes von einem in Kreuzberg frisch eingerichteten Bordell, »spezialisiert auf Sado-Maso«. (Post matrimonium et conubium bereut man ja nun sehr, so etwas damals, noch unverheiratet, also legitim, nie versucht zu haben!) Diesem neuerrichteten Zwick-und-Zwack-Puff, las man, bliebe aber, zum Verdruß eines unverheirateten Betreiber-, respektive ausgewiesenen »Single-Pärchen«, die Betriebsgenehmigung dafür vom Bezirksamt einstweilen störrisch verwehrt, obgleich sie »zweihundertfünfzigtausend Mark« investiert hätten, und solchermaßen in der Lage gewesen seien, den nagelneuen SM-Keller mit einer »behindertengerechten Toilette« und sogar einer »Rampe für Rollstuhlfahrer« auszustatten! Der Behindertenverband bescheinigt dies! Aber die blöden, intoleranten Nachbarn protestieren. Dabei handele es sich bei dieser Lokalität, so der Singlewirt, eigentlich nur um eine Kneipe für Leute, die sich gerne komisch anzögen. »Na klar«, fügte der Mann noch hinzu, es werde auch ein wenig gequält, »aber ganz leise!«

Und dann schreibt die Zeitung, Hochamt für Sozialmanierismen aller Art: »Mal sehen, wie lange ihn«, den geschäftstüchtigen Fotzenhobel und SM-Singlewirt, »das Bauamt noch auf die Folter spannt.«

Eine Seite weiter dann eine Anzeige, die eine »Vital-Woche mit Heublumenpackung und Bürstenfrottierung« verspricht.

Herr im Himmel! Was ist hienieden bloß los?

Es bewahrheitet sich ständig: Ich bin der einzige bekennende Raucher Deutschlands, der nicht raucht, und habe mir viel Mühe gegeben, ein ordentlicher Raucher zu werden, der stark raucht, aber es bekommt mir nicht.

Ich liebe, als Kenner verrauchter Orte, den Duft der Zigarre, wie Ludwig Erhardt, dem die Ehre zuteil wurde, seinen Namen einer Edition feinster Brasil ansiegeln zu dürfen, und der seinerseits für rauchende Schlote und Wohlstand stand und Stimme mit Gewicht, aber auch für Mäßigung der Art, daß er die Grundlage für ein christliches Leben weder in Armut noch Reichtum, sondern in mäßigem Besitze sah!

Ich aber kriege, wenn ich ein solches Zigarrenmodell, besonders gern nachts, beim Anblick des unendlichen Heeres der himmlischen Lichter, einnehme, leider einen derart abnormen Puls und Dünnschiß, daß ich mich auf öffentlichen Toiletten für Minuten auf den Fußboden legen muß, um meinen Kreislauf vom Normalweitermachen zu überzeugen.

(Bei der ›Ludwig Erhardt‹ handelt es sich um eine große, füllige Brasil Corona, das Stück zu 3,70 und die zwanziger Kiste zu 74 Mark. Riechen lecker puschig aus der Kiste! Aber am nächsten Morgen hat einer wie ich sich den Geschmack gänzlich verdorben. Man stinkt wie leprös aus der Luke, Zunge wie Auslegeware.)

Schneckenschleimleim (langes, klebriges Schleimspurwortungetüm mit wissenschaftlichem Hintergrund, denn der Schneckenschleim soll tatsächlich leimtauglich sein. Man forscht ernsthaft dran. (Richtung: Biokleister.)

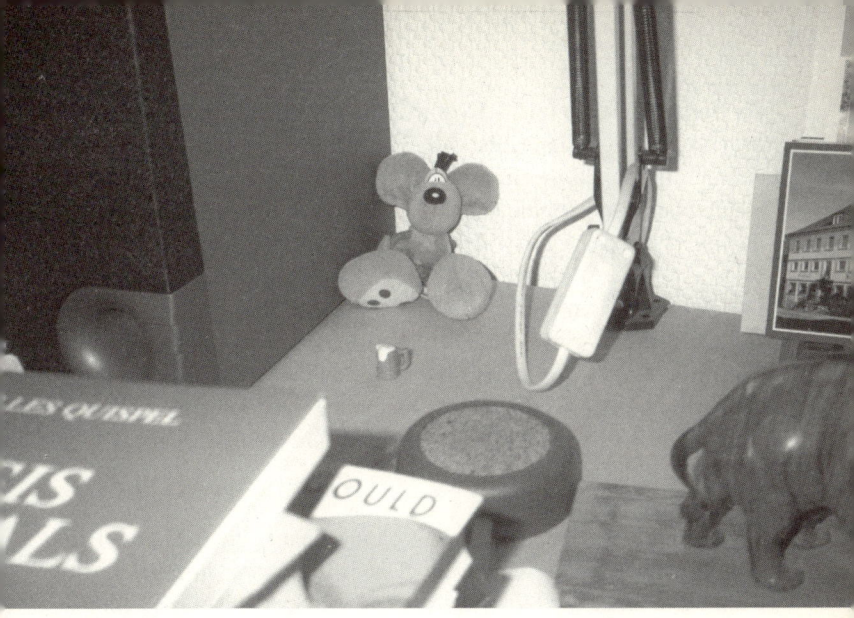

Kurt Flasch versteht vom Neuen Testament einen Scheißdreck! (Theologe Gärtner)

Unbemerkt am Schopf und Haarwirbel des Schnulzenputzis zu schnuppern, trägt einem einen kompletten zusätzlichen Lebensmonat ein! Das duftet als eine Mischung aus Milch und Ozon, und die Vitalität seiner Jugend strahlt und wärmt mit größter, gebefreudig, zartrosaner Kraft! Und er leidet keinerlei Schaden, wenn man etwas seiner, erwiesen im Überfluß vorrätigen, Lebenskraft aufatmet.

26.7.99 Hurra, Triumph! Das Menschentum! Hurra, Triumph! Das Wachstum: Wir sind jetzt sechs Milliarden! Und das am Tage der heiligen Anna, Mutter der Mutter Jesu, Maria, Patronin aller Mütter und Mutterkulte, aller Flitterwöchner, Schwangeren und Hausfrauen, Beistand für glückliche Ehen und Kindersegen! (Aber auch bei Gewittern und Beihülfe zum Wiederfinden verlorener Gegenstände!)
Und hier jammern sie, daß wir, die deutsche Bevölkerung, so mählich, tranig wegschrumpeln. Weswegen die Einkehr neuer Primitivenlegionen notwendig sei. Mir würde noch die Hälfte unserer Autochthonis völlig ausreichend erscheinen.

Das Sulzbach-Rosenberger Anna-Bergfest um den Annatag am Ende des Sommermonats Juli! – Köstlich! Man sitzt auf Bänken an Tischen am Hang der höchsten Höhe weit und breit und schaut – ohne Musikgedröhn! – tief in die liebliche Landschaft bis an den böhmischen Saum, oben dampfen die Bratwurststände und vor einem steht prächtig im Seidel das glanzvollste Biergold der Oberpfalz, das ›Fuchsbeck‹!

Und als beim Heimfliehen vom Fest, welches man frühzeitig wegen aufziehenden Gewitters verließ, dieses Grollwetter uns auf dem nach Nordwesten hin gelegenen Galgenberge (!) einholte, da kauerten wir, mein furchtsames Weib und ich, uns gottes- und annafürchtig in ein Erdloch und St. Anna und ER gewährten uns generös Schutz! – Na also!

Das Gregoriusfest zu Thurnau, der Steingadener Ulrichsritt, das Birnbaumfest in Grub am Forst, die Kiliani-Kirchweih in Petzfeld, der Plantanz in Steinbach, das Fischerstechen in Seeshaupt, das Wörnitzer Wasserfest mit Bootskorso, das Amberger Maria-Hilf-Bergfest, das Osterhasenrennen in Kobern-Gondorf, das Loschter Handkeesfescht in Lustadt, das Cityfest in Bad Kreuznach! – Alle Welt feiert!

Und in Berlin: Saure Gurke. Nichts. (Die trampelige Doofparade überspringe ich.)

Die Berliner können nicht feiern! Das wird die Berliner Republik, nach der feiertümlichen Bonner'schen gar, nachhaltiger prägen als die ostlastige Flachlage, die haushohe Arbeitslosigkeit oder der Hermannplatz insgesamt und kann uns alle ganz schön in die Kacke reiten, da die Berliner nun mal nicht feiern und nicht feten können. Anders gesagt: Durch den Mangel an Saturnalien kommt einem der Blick auf das Verkehrte abhanden.

Als ein Mensch, der sein Leben so eingerichtet hat, daß er keinen Urlaub braucht, ja, ihn sogar verabscheut! –, der aber dem Nutzen ausgiebigen Feierns einige Bedeutung zumißt, hier in Berlin jedoch keine Möglichkeiten dazu sieht, erteile ich mir ab sofort Erlaubnis und Auftrag zu umfassendem Festtourismus in Kurzform (Dienstreise, Kategorie F)).

Liebe Gemeinde! Bin ich fromm? Wegen der von mir erbrachten ›Gottesbeweise‹ beim Merve Verlag und einer kirchlichen Hochzeit mit anschließender Massensauferei in Charlottenburg muß ich mir die Frage jetzt offen gefallen lassen.

Also sagen wir mal so: Hochsommer, icke schon weit über vierzig –
an sich kein Alter, wa!? – ABER: Lesung in Ulm! Darrende Hitze.
Die Gärten stehen und schnappen nach Luft. Die Feldflur schwillt vor
eingesogenen Toten. Öde zieht die Erde um die Sonne. Und ich durch
Ulm. (Und die Jüngeren denken wunders, was wir Älteren sind? –:
Auslaufmodelle!) Mit größerem Grabgefolge rechne ich schon lang
nicht mehr und greine unbemannt zum Himmel auf: »Ulm! Ver-
dammtes Ulm!«

Mal ganz abgesehen von den Reisestrapazen: Man glaubt, man wan-
delt frei durch Ulm und schleppt sich doch immer nur um diese
Wucht herum und traut sich gar nicht rein in das Dingens!

Nächsten Morgen setze ich mich vor Erschöpfung, insbesondere wegen der vorabendlichen, nach Auftritten ja üblichen Verschluckung,
dann doch rein in das kühlende Ulmer Münster, mitten rein in dieses
riesige, auf's teuflischste purifizierte Schlachtschiff unseres Herrn
und spüre mit einmal, aber schlagartig! –: wie mir ganz mulmig und
ulmig zumute wird, und wie der Herr mich lehrt, daß es ein Ende mit
mir haben muß und mein Leben ein Ziel hat und ich davon muß. (Genauso, wie es im Brahmschen Requiem noch und noch anempfohlen
wird.)

Also nüscht wie raus! Geht aber nicht. Wieso? Mein eines, schon
etwas arg angerauchtes Nichtraucherbein ist wieder eingeschlafen,

schmeißt sich dem nahenden Tode wie einem Zigarettenautomaten billig an den Hals. O weh! Außer mir schleichen und stöhnen vereinzelt und verzweifelt noch andere Überständige und Willensmüde umher, oder hoffen, juxta crucem, nur so vor sich hin.

Währenddessen aber knetet sich oben ein tapferer Orgelschüler mit Fantasie und Anstand und sehr beachtlich durch die Fuge BWV 542. Und da traten alle Bäche über und ich setzte Ulm unter Wasser! Denn ich hatte damals ›Das Heilige‹ Rudolf Ottos in der Tasche und mußte sehr, sehr weinen, weil es stimmte, was drin stand: Ich erlebte den ›numinosen Tremor‹! Er zog mich unter Mithilfe der Windsbraut, welche durch die Orgel stürmte, für Minuten aus praktisch eßbarer Dunkelheit in schlankweg unaustrinkliches Licht!

Kunststück: So, wie man während der Lektüre der ›Traumdeutung‹ immer prompt und exemplarisch träumt, was man am Vorabend gelernt hat, ließ mich dieses Büchlein nunmehr gänzlich in die feucht sentimentale Richtung wegmatschen, der ich soundso schon immer anhing. Mein Nichtraucherbein aber stiftete Nüchternheit und trieb den Todesängstling mit Tritten aus all den schlickigen Albernheiten zurück an's Festland.

Allerdings erlebe ich diesen Tremor seit jeher sehr numinos auch im Kino und täglich am Fernsehn. Ich beweine dann immer sehr zügellos und neuerdings sogar nachdrücklich – weil alles sowieso egal und dennoch beklagenswert ist! – die allerdämlichsten Gefühlsfilmklumpen.

Der Besuch der Reinhard Keiser'schen Oper ›Kroesus‹ unter René Jacobs in der Deutschen Staatsoper unter den Linden wird gewiß der musikalische Höhepunkt meines kleinen, mickrigen Lebens gewesen sein!

Auf unserer, der Zuschauer, Seite befanden sich gleichviel Menschen, wie vorn an den Instrumenten, auf der Bühne und hinter den Kulissen. Gehäufte, getürmte Arbeit im edelsten, leibbhaftigen Sinne! Soviel Zivilisiertheit und Können an einem Ort und fokussiert auf ein Gelingen ließ mich trunken werden! Was sich hier an humaner Tüchtigkeit und an Fleiß häufte, war ohnegleichen! Die Musik des robust-distinguierten Barockmenschen Keiser strahlte in Vollendung! (Welche uns heute kaum mehr vergönnt ist, da wir, als moderne Postler und Bastler, das Handwerk verachten und verkümmern lassen.)

Man saß da und heulte vor Ergriffenheit! Die ausnehmend schönen Menschen, die sangen und an den Instrumenten brillierten, übten diese ihre Profession in höchster Perfektion aus, Jacobs wedelte dezent besessen, die Selbstwerdung des Absoluten schien greifbar als schallende Emanation absoluten als auch objektiven (Sitte, Recht, Staat!), ja!: Geistes, konzentriert und in höchster Harmonie! O ha! Paradigmen meiner Traumgesellschaft! Alles drollierte feierlich, gemessen.

Dann aber begab man sich, da man über Beziehungen verfügte, als Privilegierter während der Pause mit in die Kantine, die sonst nur den Eingeweihten und Mitarbeitern vorbehalten bleibt. Was sah man da?–: Die Bläser und Bassisten saufen wie die Pferde! Trivialster Urgrund des sublimen Menschentums: köstlich! – Tierisch! Und die Sänger hocken derweil als bessere Menschen apart in ihren Gemächern, gurgeln stille Wasser und lassen allenfalls kniefällige Applaudeure, Blumengebinde und Claqueurs vor. (Sind halt Frauen meist!) – Allzutierisch!

Fazit: Die Sängerei kam geschwächt aus der Pause. Die Bläser aber! und Bassisten! jubilierten und frohlockten tapferer noch als schon zuvor!

11.8.99 Sonnenfinsternis. Alle total enttäuscht! Wenn die Sonne irgendwann einmal zum Roten Riesen aufbläht, was unter Wissenschaftlern unbestritten ist, werden die künftig im Schwange befindlichen Medien wieder vorher soviel Monsterhype getrieben haben, daß selbst dieses Ereignis enttäuschend wird wirken müssen.

Alle Mieter standen draußen und guckten durch schwarze Filmstreifen in die Luft. Da mir alle ziemlich geknickt vorkamen, besonders der vom Fernsehn sensationsgewohnte Nachwuchs, sah ich mich zu einem kleinen, das Ganze etwas dramatisierenden, *astronomischen Vortrag* veranlaßt:

Liebe Nachbarn! Ein paar begleitende Worte zum astronomischen Ereignis: Die finale Frage ist sicher die, ob die Sonne in ihrer Endphase die Erde einhüllen und schließlich auflösen oder nur verkokeln wird. Neuere Berechnungen hoffen, die Erde wird nur verschmoren. Zwar wird sich die Sonne um das siebzigfache ausdehnen, verliert dabei aber vermittels Sternenwind soviel Masse, daß nicht mal die dichter danebenliegende ›Wehnuß‹ (Arno Schmidt) verdampfen wird. Durch diesen Masseschwund läßt die Anziehungskraft der Sonne nach und die Planeten rücken allesamt etwas ab. Das Jahr wird län-

ger – Geburtstage, Weihnachten, Sylvester werden selten. (Da guckte die Jugend betrübt!) Es wird aber noch etwas dauern. Wir erleben das nicht mehr. (Erleichterung!) Obwohl sich der Wasserstoffvorrat der Sonne, also ihr Nuklearbrennstoff, durch Umwandlung in Helium heute schon halbiert hat, reicht der Rest noch für circa weitere 6,5 Milliarden Jahre. Dennoch wird sie wesentlich früher erschöpft sein. (»Wann denn?«) – Moment! In den nächsten 600 Millionen Jahren wird ihre Energieabstrahlung erstmal noch um etwa zehn Prozent zunehmen. Dann spätestens wird es hier so heiß sein, daß die Ozeane verdunsten. Drei Milliarden Jahre lang wird es dann hier völlig trocken sein. Der Wasservorrat verdampft in den Weltraum. In 4,8 Milliarden Jahren hört das Wasserstoffbrennen im Kern der Sonne zwar auf, doch frißt sich dann die Kernreaktionszone schalenförmig nach außen. Das verdoppelt den heutigen Energieausstoß, bis dann in 6,5 Milliarden Jahren der Kollaps eintritt. Helium verschmilzt zu Kohlenstoff. Das setzt soviel Energie frei, daß ›wir‹ – also wir genau nicht! Hähä – dann in kurzer Zeit eine zehnmal so große Sonne haben werden. Es gibt aber noch eine Steigerung. Als sogenannter Roter Riese reicht die Sonne dann an die heutige Venusbahn heran, die ja näher bei der Sonne verläuft als unsere Erdbahn, und der Energieausstoß wird etwa zweitausend mal größer sein als heute. Die Erde wird sich, wie gesagt, vom Sonnenzentrum erst mal enorm entfernen, was aber alles nicht wesentlich kühler macht. Am Horizont wird die Sonne einen Durchmesser von fast 70 Grad erreichen; heute sind es gerade mal 0,5 Grad! Also seid froh, liebe Nachbarn, liebe Kinder, daß dies Schauspiel hier, die heutige Sonnenfinsternis, ein für unser Leben übrigens wohl einmaliges Ereignis, in so bescheidener Ausführung sich darstellt! Die monsterhafte Sonnenglut wird einmal ausreichen, um Stein zu schmelzen, Berge werden sich in Schlackeseen verwandeln und am Ende aber wird sie sich erschöpft haben und als ein weißer Zwergstern über der toten Erdkugel leuchten. Wie sich aber der Mond verhalten wird, weiß man nicht. Ich danke sehr!«
(Anhaltender Beifall! Alle schauten wieder begeistert hinauf und freuten sich schon mal wollüstig schadenfroh für die kommenden Generationen auf deren astronomische Erlebnisse.)
Und Schnulzenputzi traute meinem Vortrag nicht: »Woher willst du denn das alles so genau wissen?«
»Sag' ich nicht!«
»Dann war's Spinne!«

»Mein lieber Schnulzi! Ich dozierte eben solches zu Schulzeiten mühevoll Erlernte mit echter Freude, weil der ganze irdische Mist ein Ende wird haben müssen und fürchte aber, daß es dann doch irgendwie ewig weiter gehen wird! Es war Euch und Dir also zum Trost und zur Erbauung gesprochen!«

Während nun die größten Deppen aus der Nachbarschaft mit ihren extra gekauften Sonnenfinsternisbrillen sich abermals bei der Schöpfung über Genickstarre beschwerten und: daß dit trotzdem allet viel kleener sei, als se jedacht (sic!) hatten, gab mir der Schnulzenputz zu bedenken, daß nichts sicher sei: »Keiner weiß genau, wie alles geht!«

Hat er auch wieder recht!

Dann ging ich wieder rein und zu den Banalitäten über; Brief aufsetzen, dieses mal, um einen toten Arm meiner diversen Bankverbindungen zu kappen. Und somit zitiere ich hier nun gewissermaßen aus meinen, den raren aber beachtlichen *Kapielski'schen Ökonomische Schriften*:

»An die

Bank für ganz gemeine Wirtschaft

Sehr geehrte Damen und Herren!

Am heutigen Tage erhielt ich von Ihnen einen Kontoauszug meines Kontos mit der Nr. 2.605.460.500 per Post, welches Schreiben Sie also 1,10 DM Porto kostete. Der Auszug teilt mir nun lediglich mit, daß Sie sich gezwungen sehen, für ›Porti/Spesen‹ 1,10 DM von meinem Guthaben von 2,24 DM abzuziehen. Begreifen Sie die fatale Komik dieser Angelegenheit?

Wenn nicht, dann möchte ich Sie doch zumindest darauf hinweisen, daß Sie mit solchen quasi selbstreferentiellen Vorgängen 1) zunächst mich, sagen wir mal: informativ ruinieren. Mein Konto wies ein Guthaben von 2,24 DM aus; jetzt sind es nur noch 1,14 DM, und nur einmal noch halte ich einer solchen informativen Prozedur stand, ohne mich zu verschulden.

Dann aber wird 2) auch Ihr Institut sich auf diese Weise ruinieren! Denn zwar nehmen Sie das Porto für die Mitteilung von mir zurück, aber für das Couvert, den Auszug selbst, die Kosten für den Druck, Apparate, den Strom usw. – für alle diese Kosten kommen nur Sie selbst auf. Das ist eine noble Geste, aber sie wird Ihnen alsbald den Rest geben: Da mein Konto, will man seiner Nummer Glauben schenken, eines von mindesten zweieinhalb Milliarden sein muß, summie-

ren sich diese kleinen Geschenke an die Kundschaft im Nu ganz
schön, überlegen Sie mal, und die Post, die jault ja auch schon ständig
über die Kosten eines unrentablen Zustellbetriebs. Wollen Sie 3) die
auch noch fertig machen?
Damit wir, und dies meine ich ganz sozialpartnerschaftlich, die Volks-
wirtschaft nicht unnötig weiter schädigen, bitte ich Sie, mir einen letzten Brief mit der Nachricht ›Porti/Spesen‹ zu senden, die übriggebliebenen vier Pfennige einzubehalten, mich davon aber keines Falls in
Kenntnis zu setzen und den Spuk einfach und anstandslos zu beenden.
Mit Dank und freundlichen Grüßen T.K.
Berlin-Lichtenrade im September 1999«

Oktober 1999, Dienstreise (Kategorie A) zum Steierischen Herbst
nach Graz. Geldverdienen. (Grazil hin. Und graziös, mit zwee Mille,
zurück!) Wieder mal der Wahnsinn: Wenn man um vier Uhr früh in
Berlin-Lichtenrade aufsteht, kann man nach dem Zähneputzen gemeinsam mit den letzten Vorortsbesoffenen und ersten Taglöhnern in
der S-Bahn zur Stadt hineinjagen, dann im Bus wieder zum Flughafen
hinausjagen, dort rasch an Bord drängen und bereits um halb zehn, jawohl! –: um halb zehn in Graz sein! Wahnsinn! Wo man doch nicht
weiß, was man so früh dort machen soll. (In Graz.) Beschädigt wie
man ist durch's Frühaufstehn und die jähe Umtopfung.

Da standen wir nun wie bestellt und nicht abgeholt mit Laufzetteln fühllos um Koffer am Grazer Hafen für den Flug und machten einen auf andächtig. Es gab überdies einige herrenlose Koffer, die sich verflogen hatten und die von uns hiesigen Menschen nicht angenommen wurden. (Koffer im Schließfach, Schließfachschlüssel im Koffer.) Und so beschloß ich Künstler zu werden! Warum eigentlich? Weil man in der Welt herumkommt!

Aber siehe da: man wurde doch abgeholt, von einem Auto, das, nach Auskunft der heiter gearteten Chauffeuse, für die gleiche Strecke Berlin-Graz nun durchaus sechzehn Stunden und manchmal mehr braucht. Na, da war man froh! Die Frau schien solche Gewalttourneen zu verkraften, sie nahm das, laut Auskunft, ein paar mal sogar hin im Jahr. Wegen Berlin einerseits, das sie ganz toll fände, andererseits wegen gewisser heimatlicher Verbundenheit, also ein Pendelleben. Ich kenne sowas: Es steckte meist die Absicht dahinter, sich die immer am anderen Ende wohnende Geliebte auf Distanz aber doch in Besitz zu halten.

Das Kuriosum eines superbilligen Ultrafrühfluges, um schneller als nötig da zu sein, wo man über Land zielgenauer verspätet eintreffen kann. Ich hatte darauf bestanden. Weil man es eilig hatte! Langeweile und Ungeduld – die kurioseste unter den Distinktionen meiner Existenz. Und fliegen darf man jetzt auch, weil man diesen Klagenfurt-Effet erst mal hat. In der Musikbranche hatte ich mich schon früher flugtauglich erwiesen. Jetzt folgt Hochschätzung meiner Literaturabteilung. (Abteilung Kunst verkraften sie noch nicht; nehmen sie noch nicht für voll. Bahncard, 2. Klasse. Allerdings kommt man in der Kunstbranche für Spesen gewöhnlich auch selbst auf; dafür sind die Erträge üppiger.)

Im Flugzeug war es mit den Flugkümmernissen und den Tageszeitungen wieder sehr eng gewesen und sollte noch dicker kommen. Also wurde man immer dünner, man verdünnte, rarefizierte inneres Erleben in der Hoffnung auf Verdünnung auch von außerhalb. Leichtwerdung. Sich-leicht-Machen.

Daher einen Underberg!?

Bloß nicht! Obgleich es der phylogenetischen Fitness dienlich gewesen wäre, da der Mensch bekanntlich der einzigen Art angehört, welche im Fliegen ein alkoholisches Getränk zu sich nehmen kann. Aber man wollte im Himmel über Berlin, noch im Dunkeln, nicht schon wieder unter den ersten sein, die einen verfrühten Reisehieb einnehmen und zerkaute also in entsetzlicher Höhe ein friedliches, noch halbgefrorenes Käsebrötchen zu Tomatensaft – im Grunde nur, weil es solches nun mal gab und vor einem aufgestellt worden war, und die Bedingungen auch sonst abnorm waren, weswegen man Normalität zu gestalten, sich bemühte. Und Fressen, insbesondere stieres Kauen, ist Normalität schlechthin. (Und Underberg fängt mit Und an, hört mit Bier auf und kostet früh schon Nerven und oben sieben mal mehr Schilling als unten. Und Tomatensaft trinke ich auf der Erdoberfläche nie! Nur im Flugzeug –: seltsam! Auf dem Rückflug dann eher Bier, da man ja glaubt, man habe das Gröbste hinter sich und einen Schmackofatz sich wohlverdient.)

Komische Einlage: In Frankfurt liefen wir Fluchgäste zwischendurch mal eben zwei aufgeregte Kilometer unterirdisch zu Fuß auf eine Position ›A16‹ zu, wo es mit der Luftfahrt weitergehen sollte. Und die immer zahlreicher werdenden Rollkoffer auf zwei Rädern wie Galopper, nee, wie Traber voraneg. (Ich werde dennoch ein solches Gerät nicht und nie anschaffen! Es bewirkt irgendwie entartete Untierhaltung und sieht fürchterlich aus. Dann gibt es noch diese Koffer auf vier Rädchen: sie werden wie Köter (Rollmöpse) an kurzer Leine hinterhergezerrt.)

Travel, Reisen, kommt von travail, Arbeit! Dies wiederum von tripalium, ein römisch dreipfahliges Folterwerkzeugs. Kapielski wiederum kommt von Berlin und muß nach Graz. Und für strapazzo gilt ähnliche römische Reichsetymologie. Für Zugfahrten ab sechs Stunden aber gilt, daß man sich ohne Bedenken und gut eingeteilt wenigstens einige Liter Rotwein einflößen darf; die Abholer haben Verständnis dafür. Wenn jedoch jemand nach einem frühen Kurzflug schon angebraten um das Grazer Kofferfließband irrt, dann macht sich der Veranstalter Sorgen, zu Recht.

Meine Abholerin indes übernahm einen nüchternen Mann. (Underberg flog zurück nach Berlin, Frankfurt umsteigen.) Dennoch kamen wir während der Fahrt in die Stadt umstandslos auf das Wesentliche: Die Opel-Chauffeurin wies mir die wichtigen Orte: Franziskaner-Keller, ein Grünes Haus oder so ähnlich in einer Mariahilfgasse, dann noch eine nahrhafte Adresse ganz nah um die Ecke des steirischen

Herbst-Hauptquartiers, weiß nicht mehr, wie das hieß; würde es aber in zehn Jahren auch noch finden.

Der Bahnhof ist sehr schön, das Hotel ist sehr schön, das Hotel liegt sehr schön am Bahnhof; man hätte mit der Bahn fahren können. Man wäre abends angekommen und essen gegangen und trinken. Man hätte es verdient gehabt. So kommt man zu früh an und schaut bis abends fern, bis man zediert zu Tische schreiten darf.

Man tauschte Schilling ein und praktizierte den ganzen Tag über zwanghaft eine siebener Quotelung: An jeder Ecke stand man vor den überaus zahlreichen Grazer Schuhläden (komisch: soviele Schuhläden hier!) und teilte Tiroler Knickstiefel zu 920 Schilling das Paar durch sieben.

In der sublunaren Welt läßt sich bewiesenermaßen alles auf die Sieben zurückführen, da diese aus einer Dreiheit von schöpferischen Prinzipien (geistige Drei: 1. aktives Bewußtsein, 2. passives Unterbewußtsein, 3. ordnende Kraft des Zusammenwirkens) sowie aus einer Vierheit der aus den Elementen geschaffenen Materie und sinnlichen Kräfte besteht (erdhafte Vier: 1. Luft/Intelligenz, 2. Feuer/Wille, 3. Wasser/Empfinden, 4. Erde/Gesittung).

Auch die sieben Freien Künste teilen sich bekanntlich in das Trivium und Quadrivium.

Die christliche Sittenlehre zeichnet ein siebenfältiges Bild dreier göttlicher und vierer Kardinaltugenden, als das ultimum potentiae, das Äußerste dessen, was ein Mensch in irdischem Gefilde sein kann. Ich zeige mich bemüht!

(Wenn ich im Gemütlichen Treff meine beherzte Rede ›Über die Tugend‹ halte, nehmen sie es als Lachnummer; ich aber werde die Ansprache solange fortsetzen, bis sie die Tugend, auch in Gestalt meiner eisernen Entschlossenheit, wenigstens für eine Ausschweifung ansehen und sich ihr, derart rundumerneuert, wie einem allerneuesten Laster anheimgeben.)

Die göttlichen drei: Glaube, Hoffnung, Liebe. Dies sei kommentarlos dahingestellt; wer's nicht versteht, versteht's nicht! (Wie ich leider auch, Punkt eins betreffend!)

Die kardinalen: 1. Klugheit, die man sich anerziehen muß, als Fähigkeit, die Wirklichkeiten, die unser Tun umstehen, sachlich zu sehen und sie maßgebend werden lassen zu guter Tat, da das Gute immer das Wirklichkeitsgemäße ist. (Genehmigt! Allein, so ›objektiv‹ wirklich (?) ist sie gar nicht: die was? – Die Welt.)

2. Gerechtigkeit, die höchste, eigentlichste Form des Gutseins selbst. (Man bemüht sich! Ich gebe von meinen zwei Anzügen demjenigen einen ab, der selbst nur einen hat, damit auch er zwei habe.)

3. Tapferkeit, die der Sorge, Bangigkeit, Angst im Schatten der Furcht des Herrn sich ohne Wanken anheimgibt und dadurch Hochgemutheit erlangt zur Bereitschaft, um der Verwirklichung des Guten willen, Verwundungen in Kauf zu nehmen. (Ich will's mit dem Zusatz, daß Feigheit die höchste Form der Tapferkeit sein kann, gern so befürworten und für erstrebenswert halten.)

4. Zucht und Maß. (O weh! Bis man tot ist, wird man all dem sich nur annähernd genähert oder sogar entfernt haben.)

Nimm sieben rauhe Rindenstückchen von der Palme, sieben Splitter von sieben Holzbalken, sieben Nägel von sieben Brücken, sieben Aschen von sieben Öfen, sieben Löffel voll Erde von sieben Schwellen, sieben Stück Pech von sieben Schiffen, sieben Hand voll Kümmel und sieben Haare vom Barte eines alten Hundes und binde dies mit Zwirn um den linken Stiefelschaft.« (Talmudisches Rezept gegen Armut. – Ohne Quatsch!) Und des Menschen Leben währet auch noch siebzig Jahre! (Ps 90) Danke! Setzen!

Die ahnungslose Behauptung, von irgendwem in Graz unbedacht dahergeplaudert, alles habe ein Ende, nur die Wurst zwei, muß als Irrlehre angesehen werden, und lang und hoch lebe die steirische Wurstbude, an welcher sich dies noch und noch beweisen läßt! (Die Güte der Würste übrigens noch höher als die in Klagenfurt!) Ich verzehrte täglich bis zu dreimal zwo Frankfurter oder Käsekrainer, welche jeweils zwei mögliche Anfänge und ein einziges, ›absolutes‹ Ende an Matsch aus Meerrettich + Mostrich = Moorrischtich haben.
Also: Wurst hat ein Ende! Und zwei mögliche Starts.

Auch waren im übrigen alle anderen Literaten endlich eingetroffen; größtenteils war man sich bekannt, war alte Bekannte sogar! Kannte sich von Klagenfurt, von Frankfurt, von Zürich und wo überall gelesen wurde. Ich kannte ja auch schon den Uetz von Klagenfurt und die Gundi von früher! Ich begrüßte eine Frau Grohmann, erhielt dafür

wieder Getränkebons und Taggelder in Couverts, welche die Woche über etliche Sorgenpausen garantierten. (Getränkebons gelten sogar unter Milliardären und sonst etlichen, die's gar nicht nötig hätten, als unltimative Heitermacher!) Die Stimmung konnte nicht besser werden! Alle wollten sie sich gegenseitig was vorlesen, unter Umständen auch was neues, und freuten sich schon!

Ich nicht so! Meine sogar tägliche offizielle Aufgabe bestand absonderlicherweise nicht in einer Lesung, wozu ich ja bekanntermaßen in Vollendung befähigt zu sein, ich jederzeit Beweis erbringe, sondern in einer Teilnahme an der frühen Gesprächsrunde namens »Coffein«, die angeblich im Radio gesendet wurde. Mikrophone waren jedenfalls vorhanden. Ob sie nur so da standen oder den Zweck hatten, die gehabten Ereignisse mit noch mehr Wichtigkeit zu schmücken und ins Land hinauszujagen, konnte man nicht in Erfahrung bringen. Die Kabel liefen untertischs nach hinten in ein dunkles Etwas, das nach Röhre aussah. Ob es sich dabei um eine kommunizierende handelte, konnte man nicht ergründen. Ein Echo erfolgte auf Hineinruf nicht.

(Man weiß ja immer erst, daß es ein Fehler war, als Gast in eine Veranstaltung zu gehen, wenn man bereits in der Falle sitzt. Und den möchte ich mal sehen, der die Kraft hat, nach fünf deutlichen Minuten sich aus einer kranken Lesung zu schleichen, wo sie die Ausgänge auch gern so legen, daß es ein Schamlauf durch das Spalier der Erbosten und Neider wird.)

Ich hockte nun also, selbst Akteur, den man hätte fliehen müssen, sehr früh am Tage an einem runden Marmortischchen auf Gußeisenfuß (Marke Kaffee Kaputt) mit zwei Menschen in einer sogenannten Gesprächsrunde beisammen, in welcher aber partout kein Gespräch aufkommen mochte. Was sollte man auch sagen? Mir mangelte es an thementauglichen internen Erlebnissen vom Vortag, denn tagsüber spazierte ich durch Graz, aß Käsekrainer, aß mittags und abends warm, mied aber unbeirrt die abendlichen Literaturveranstaltungen – ich lese lieber selbst und stumm! – und ging früh ins Hotel, lesen, ferngucken und kraftschöpfen für den nächsten Frühstücks-talk, vor dem ich mich zunehmend fürchtete. Dort besprach man vor eingeweihtem Publikum in einer Art Arena ausführlich den Vorabend, da ja alle überall bis spät dabeigewesen waren; ich aber hatte überall gefehlt und konnte nur jeckes vom Franziskaner-Keller, vom Grünen Haus und meinen sonstigen Tageskaschemmen berichten, was mich wieder schwer ins falsche Licht setzte.

Ich beärgerte mich voller Ingrimm –: Jetzt, hinterher, du Arsch! – ob meiner bedenkenlosen Zusagerei zu Gesprächsrunden als Verächter von Gesprächsrunden, und dann auch noch öffentlich und selbdritt!

Vater-Mutter-Kindskacke kommt dabei heraus: Eine dunkel bedachte Elke-Erb-Mutter, ein Vernunft einmahnender Lucas-Cejpek-Vater und ein äußerlich gutlauniger Kabumski-Burschi hockten verständnislos und gequält dreisam umeinander und quakelten für's Radio und die Menschheit einen Mist ins Mikro.

Dabei hatte ich doch Teile meiner Eltern längst glücklich überlebt als Dreiviertelwaise, und ich kommuniziere ungern, frühstücke nie und meide Coffein wegen hohen Blutdrucks, und nun neidete ich den Dichtern, den Nur-Vorlesern, ihr risikoarmes, einmaliges Auftrittchen. Die konnten lange aufbleiben, machen was sie wollten, durften überall fehlen, das merkte keiner. Die brauchten keine Argumente, keine Schlagfertigkeiten, mußten keiner drückenden Sprachlosigkeit standhalten und kein Frühstück nicht essen und unmittelbar danach Blödsinn reden!

Um zwölf war man froh: Feierabend! Der Small-talk lief täglich von elf bis Gong zwölf. Um zwölf fing draußen immer ein nahegelegenes Mittagsläuten an, und ich sprang mitten im Satz auf und rannte hin-

136

aus. Es wurde der Running-gag dieser Doof-show. Zum Schluß kamen eigentlich alle nur noch, um eine Stunde lang Kirchenglocke und Kabolskis Rausrunning-gag abzuwarten!

Ich fuhr mit der Straßenbahn hinaus nach Maria-Trost. Dort nahm ich passiv an einer unerwarteten Trauung teil und das Bürgerliche rührte mich wieder sehr. Ein schöner Tag.
Ich schlich in der Stadt um eine Trachtenjacke zu 5800 Schilling, geteilt durch sieben. Ich schilcherte mir vorher noch einen Mut an, dann lief ich rein und probierte sie an. Und sah aus wie Heidegger! War mir plötzlich zu dämlich alles und sogar durch sieben zu teuer; ich wußte auch nicht, ob es eine echte ist. (Ein echter deutscher Mann mag keinen Ranzen leiden, doch seinen Inhalt trinkt er gern!) Wenn schon, dann eine echte! Mike Hentz hatte vortags eine echte angehabt, mit Rucksack sogar! Stand ihm nicht schlecht, sogar der Ranzen. Ich war beeindruckt, hatte aber versäumt, ihn um Rat zu fragen. Nun war er weg. Fortgehaferlt. Und wir begegnen uns nur ungefähr alle sieben Jahre. (Immer aber rein zufällig!)

Eines abends saßen die Teilnehmer gemeinsam um einen Freitisch in der Mariahilfgasse. Ich war neben Stolterfoht (»der salz aß der geweihe leckte«) plaziert worden; wir verstanden uns prächtig, zogen, wie sich herausstellte, gleichaltrige Söhne auf, lasen und tranken fast synchron; doch ach, ›Fachsprache‹, sein Buch, welches »euter ritzte um die milch-idee«, blieb mir auch hotelnächtens ein Mysterium. Wie eben das Verstehen selbst und immer mehr und überhaupt.
Gundi Feyrer, aus Madrid, Damenflor rechts neben mir, kreischte begeistert auf, wenn schweinische Witze erzählt wurden und würde also die Dinger nunmehr – ›plus ultra!‹ – ins Spanische hinübertragen. Nette Vorstellung, da man doch so weniges, fast nichts, vom Ursprung und Gang der Witze weiß.

Am Morgen darauf saß ich wieder bekümmert vor Mikrophon und Eierbecher. Es wurde wieder schwierig. Und immer anstrengender.
Und ich wurde hier wieder in diese permanente scheiß Haiderkacke verwickelt! Sie sind besessen von diesem Männlein! (Ich schätze: sie lieben ihn, brauchen ihn, müssen sich ihn erfinden, mit Schimärengewalt.) Man wurde schon extra stur, aus Trotz! (Es kann doch nicht die ganze Welt am Wesen linker Moralisten genesen!)

Man wurde gezwungen sich vollautomatisch immerzu von Jörg Haider zu distanzieren. Nicht für ihn zu sein genügte nicht, man mußte gegen ihn sein. (Rousseau'sche Erfindung!) Die Herbstgäste belauerten sich, und mich: Ein falsches Wort, eine zu forsche Haltung und man hatte im Publikum einen von vielen guten Aufpassern mindestens am Hals. Die wiesen einem ruckzuck eine Zickzackverbindung über Jörg Haider zu Adolf Himmler nach! (Schweinfurter Synode!) Ein perfides Gesellschaftsspiel: Der Ertappte und das Biest. Sich gegenseitiges Anschmoren im Schmalze der Schuldvermutung. Widerlich!

Als ich später einmal – inoffiziell, beim Schilchern, en passant, sub rosa – mein Gott! man wollte sich schon benehmen, als Ausländer! – zugab, daß ich dem Manne in Klagenfurt sogar handschüttelnd begegnet war und ihn damals, für den Moment jedenfalls, bei Sinnen und recht gesund vorfand – er war ja auch, beim New York-Marathon, sogar zwanzig Minuten vor (!) dem deutschem Außenminister Joschka Fischer ins Ziel geeilt – und man mir sagen könne, was man wolle, aber so einer sei noch bei weitem kein Tyrann nicht! Und man müsse mal einen wahren, wenn schon nicht ertragen, so doch studiert haben, um von Tyrannen zu wissen und zu reden, und dann seien ja die Haider-Disser am Ende wahrscheinlich wieder die feigen Arsch-

löcher, wenn es darum gehen würde, einen wirklichen Schweinehund zu bekämpfen und so, na, da wurde ich schon für einen kompletten Nationalsozialisten angesehen! In vertrauter Runde!
Man legte mir nahe, sehr nahe, ihn doch als einen Tyrannen anzusehen, denn:
»Wo es noch Tyrannen gibt,
Die laßt uns keck erfassen,
Wir haben lang genug geliebt
Und wollen endlich hassen!«
(Gedanke: Möchte es hier, in Ermangelung des Krieges, wenigstens mal wieder einen unter Bürgern geben?)
Begütigend schlug ich vor, man solle doch einstweilen die Wahlen in Österreich weglassen, eine Treuhand für Vernunft und Menschenrechte unter Führung eines neutralen Ausländers, von mir aus irgendein ›Hoffnungsträger‹ Massadow oder so, einrichten und Haiderwähler irgendwie, mit Pappnasen meinetwegen, als solche solange markieren, bis sich das Problem einsichtig von selbst und freiwillig sozusagen in Frieden und Ferienlagern gelöst haben würde.
O! Da betrachteten die mich auch wieder sehr dollfüßig. Und so duckte ich lieber wieder hinter unverfänglichen Themen ab: Legalisierung kirchlicher Trauung eheähnlicher Verbindungen zwischen Mensch, Tier, Fahrzeug und so. Der Spuk war auch sowieso endlich vorbei: vorletzter Tag, letzte Talk-Runde!

Hier kamen einem vielleicht Aufarbeitungsgedanken! –: Die schmalen Verdienste Hitlers nämlich bestehen nicht aus der Autobahn selbst, wie die Altvordern es besangen, sondern aus dem schmalen Grünstreifen, wie es Günter Bruno Fuchs (ein großer Mann!) mit einem Auge scharf beobachtet hat:
»Die Autobahn ist eine Fahrstraße mit meistens vier Fahrbahnen. Je zwei für eine Fahrtrichtung. In der Mitte der Autobahn liegt der Grünstreifen. Auf dem Grünstreifen liegt der Erfinder der deutschen Autobahn. Er sonnt sich. Er hört auf den Namen Adolf Hitler. Er hat einen Spaten in den Grünstreifen gerammt. Am Stiel des Spatens hängt ein Tuch. Das Tuch flattert. (…) Keiner hat ein so großes Denkmal wie er, auf dem so viele unterwegs sind, stets und ständig.«
Der Begriff »Wirtschaftswunder« geht ebenso wenig auf Hitler, wie auf Ludwig Erhardt zurück, sondern verdankt sich europäischem Bestaunen einiger Wirtschaftserfolge Deutschlands ab Mitte der dreißi-

ger Jahre! Zu dieser Zeit kam er auf: The German Wirtschaftswunder. Das hielt nicht lange an. (Wurde aber in den Fünfzigern noch mal hochgefahren.)

Auf Umwegen aber ist es Hitler, post mortem und ganz gegen seine Absichten, gelungen, den heutigen, moralisch geläuterten, wachsamen deutschen Wachtmeistermenschen zu erschaffen, wie er mir hier stets begegnet oder gar auflauert.

Auch war er, Hitler, – und das ist allerdings der Hammer! – als ehescheuer Mann mit seinen losen Beziehungen, mit seinen notorischen Bindungsängsten, mit der Abneigung, Kinder in die Welt zu setzen, und als Mann der Berufsscheu, mit abgebrochener Ausbildung und mit seinen endlos prolongierten Bummeljahren und seinen steten Ängsten sich (nicht nur zum Dauerverdruß der Generalität) irgendwie festzulegen, ja, da war dieser Mann also doch damals schon so etwas wie das Paradigma eines modernen westdeutschen Singles und New-Economy-Fuzzis! Und vernarrt in offene Autos und überhaupt in Autos war er auch! (Und Vegetarier!)

Auch gebar ich diese komische These: In Kategorien des Rassisimus überhaupt denkend, ob als Rassist oder ihn beklagend und bekämpfend, ist immer schon und allemal noch Rassismus. (Zur Probe muß man Rassismus auswechseln, etwa durch Katholizismus, Sexismus, … – Nun ja.)

Und endlich: letzter Tag! Und da gab es noch einen Brunch! (Neue Frühstücksunsitte, sogar mit Wodka!) Aber es war angenehm, da ohne Smalltalk. Gleichwohl bin ich Feind und Hasser endlos gedehnter Frühstückerei (WG-Unart) mit Kippen in ausgekratzten Eiern und unaufhörlich marmeladigem Zeittotschlag.

Und dann kaufte ich Mozartkugeln aus Salzburg als Mitbringsel aus Graz für die Frau.

Und dann ging ich noch einmal warm essen, um übrig gebliebene Schilling zu verprassen.

Und dann überraschte mich Diedrich Diederichsen im geheimen Franziskaner-Keller beim Biertrinken und ich ihn beim Biertrinken daselbst mit Respekt bei striktem Sich-gegenseitig-in-Ruhe-lassen. (Ich habe ihn nie richtig verstanden, aber dann einen Text über Townes Van Zandt von ihm gelesen, wo ich gemerkt und verstanden habe, daß er ein menschenlieber Mensch und großer Versteher ist, wenn er nicht eifert! Jawohl!)

Und dann verzehrte ich ein letztes mal zwo Frankfurter an Senfkren zur bleibenden Erinnerung.

Und dann beschloß ich, dieses obergrazer Schlossgebirge nicht zu besteigen und dafür etwas Spucke in die Mur zu förstern.

Und dann wurde ich mit Gundi Feyrer von der vorherigen Abholerin zum Flughafen hinauschauffiert und noch mal herzlich verabschiedet.

Und dann verabschiedete ich Gundi Feyrer herzlich nach Spanien und begann ein neuerliches Warten auf meinen Abflug von Graz zurück nach Berlin.

Bis tief in die Nacht mußte man warten, damit man spät nachts noch rasch zwei Kilometer graziös durch Frankfurt gallopierend noch tiefer nachts und dennoch verspätet in Berlin einfliegen konnte. Grazil hin, gräziös zurück. Zu Hause ist's am schönsten!

Gestern wieder: Wohnzimmerum (Le-Zung 15). Fünfzehnte Haus-lesung, dieses mal bei den freundlichen Gastgebern Pretzlaw in der Gleditschstaße. Zwanzig verlesene Gäste. Freund Husen Ciawi hatte wieder die Zinkwanne mit Bier und Wein auf Eis herbeischaffen lassen und mir, wie immer, exklusiv sechs Flaschen ›Unertel‹ bereitgestellt, und hatte wie immer ein Mädel an der Wanne postiert, charmant zu kredenzen.

Dann machte er wie immer das Präludium, hielt während seines Vortrags Schilder hoch und alle lasen heiter ab, und dann folgte besoffenes Wirresein, und auch ich las irgendwas vor, und dann saß Blixa plötzlich vorn und las mit guter Stimme Plinius‹ Berichte zum pompeji'schen Unglück von 79 n.Chr., wobei er sich mühte, den Ausbruch des eigenen Wortschwalls mit Rotwein aus der Schatzkammer der Gastgeber zu löschen, aber es wurde ein Befeuern daraus.

Die Gastgeber schauten erschöpft zu, werden aber alles in guter Erinnerung behalten. Wem vergönnten Bargeld, Ciawi und ich schon die Plünderung der Kornkammer?

Seit nunmehr zwei Jahren ziehen wir durch Schönebergs und Charlottenburgs Luxuswohnungen und hinterlassen literarisch nachglühende Trümmer aber auch die Weihen, welche im Andenken der Menschheit auf ewig über Schlachtfeldern ruhen.

141

Selbst die Hörner der Wikinger sind eine amerikanische Erfindung und gehen auf einen Einfall zurück, den New-Yorker Kostümbildner anläßlich einer Aufführung des Wagner'schen Rings im Jahre 1882 hatten.

Dreiundzwanzig Prozent der nordamerikanischen Schüler halten Stalin für einen Deutschen! Dieses, unser Deutschland, dem die Welt vergönnt, die Größten unter den Bösen zu beherbergen, möchte jedoch verzagt und emsig nur gut und langweilig bleiben und zahlt jedem jeden Preis dafür. Genauso aber festigt man den Ruf der Bösartigkeit und gewinnt noch den der Blödheit hinzu!

Die Kirche jammert lieber über Austreter, als auch nur ein Weniges zu tun, Neue oder Abhandengekommene zu akquirieren! So geht das christliche Abendland auch dort aus Gründen einer verwalteten Gleichgültigkeit zugrunde. Und warum vergönnt man eigentlich diesen meist ja nur kleinmickrigen Kirchensteuerflüchtlingen dann überhaupt noch die Inanspruchnahme der kirchlichen Feiertage, wo sie damit doch nichts mehr zu tun haben wollen?

Two livers and three eggs (Nr.2). Robuste Ausstattung. Nach großer Strapaze und angekränkeltem Eigengefühl, dazu armseligstes Gewissen, trieb es mich in eine Arztpraxis, die ich gewöhnlich nur halbtot aufsuche (und also war's schlimm!); der Arzt bescheinigte mir aber ordentliche, ja stämmige Verfassung und gab mir weitreichende Betriebserlaubnis!

Draußen bemerkte ich es dann auch ganz deutlich, das eigene strahlende Wohlbefinden, und steuerte auf die nächste Destille zu, die wundersame Genesung zu feiern, wo man aber statt dessen wieder Überlegungen anstellte, die Weib und Gewissen betrafen. Da sich das Eheweib post nuptiam entschlossen hat, mich mit der Barmer-Ersatzkassen-Begrifflichkeit ›Säufer‹ präziser zu fassen, das Beobachtungsinstrument also so eingestellt hat, daß man Verelendung, Wahnsinn und Abhängigkeit ins Visier bekommt, wo man genauso gut Inspiration, Genietum, Schamanismus und Transzendenz hätte unterstellen können, so aber, aus ihrer Sicht, Notwendigkeit sieht, mich umzuerziehen, sehen die Dinge trostlos aus und das Aufbaumittel und Festbier schmeckt bitter.

Will sie mich auf die Birkenstöcke treiben? Mein Genie trocken legen? Gegen all dies vermöchte ich wohl noch Widerstand zu leisten; das Fatale aber ist der Begriff ›Säufer‹, den auch der Junge begeistert aufgreift und wider den Vater zu schleudern allzeit bereit ist, und er, der despektierliche Terminus technicus macht, wieder und wieder angewendet, tatsächlich elend und grindig! Und so schleudert der Schnulzi das Schlagtotwort gegen den Vater, der besoffen behauptet, ihm könne, wenn er nur wolle, alles gelingen! Was ihn, den Halbfertigen, wurmt. Folglich muß altväterlichem Hochmut auf's Haupt geschlagen werden, damit er, der Vollendete (also ich), auf den Boden gehe, wie alles Niedergeworfene ringsum, auf daß ja nichts weiter hervorrage und Schatten werfe auf Schöppenstedt. Einebnen, Gleichmachen: urhumanes Bestreben, welches die Vielzuvielen mit Lust sättigt!

Und waren dereinst die Agenten solchen Bestrebens noch Gegner, Feinde, Neider, so erledigt heute den Tiefschlag das eigene Gespons! Die Klinge, den Dolchstoß führt der eigene Troß!

Nun kam auch noch ›Pfennigfuchser‹ hinzu! Nur weil es mich krank macht, auch nur weniges verschuldet zu sein und ich etwas spare, um Frau und Kind das Autofahren zu ermöglichen! Sippe will gleichwohl die gefuchsten Pfennige des Pfennigfuchsers einbehalten! Und jetzt in einen ›Lupo‹ stecken! – Was DAS denn sei?

»Ein schnuckeliger Wagen!« – In der Tat! Die Gestalter haben der Karre denn auch ein Paar zu Herzen gehende Kulleraugen vorne draufmontiert. (Kindchenschema!) Gucken sehr hilfsbedürftig und einsam durchs Fenster des Autoladens. Ein Finanzierungsangebot links daneben erläutert, wie man Abhilfe schaffen kann.

»Skinflintiger Avarus!« – Wie kann es bloß sein, daß der Halbfertige so niederträchtig über mich, seinen generösesten Taschengeldzahler, redet?

Im Jahrhundert der Reformation, so Leibniz, redete man ziemlich rein deutsch: »Allein, wie der Dreißigjährige Krieg eingerissen und überhand genommen, da ist Deutschland von fremden und einheimischen Völkern wie mit einer Wasserflut überschwemmt worden und nicht weniger unsere Sprache als unser Gut in die Rapuse gegangen.«

Jan (Samt-) Brueghel, Pieter (der ältere bzw. Bauern-) Brueghel und Pieter (der jüngere, auch Höllen-) Brueghel betrachten zwei schwarze Schafe auf Malgrund.
Sagt der Samt-Brueghel: »Hier sind alle Schafe schwarz.«
Sagt der Bauern-Brueghel: »Hier gibt es wenigstens zwei schwarze Schafe.«
Sagt der Höllen-Brueghel: » Hier gibt es wenigstens zwei Schafe, die auf einer Seite schwarz sind.«
Es sprachen gleichwie Techniker, Physiker und Mathematiker aus den drei Brueghels.

Im Gemütlichen Treff hatte es heute drei Gäste gehabt: Der böse ausschauende Runzelrocker Kalle (Papiertiger) mit freundlich gedunsenem Grinseschädel und Albinoäuglein (Suffooge), dazu starker Überbiß sowie größte Saugkraft beim Bier, sein Täschlein aber voll Alu, das er behende, glücklos doch zäh in den Geldspielautomaten warf. Dann trat Knut Hocke im Trainingsanzug (nicht Jogging) auf und noch einer, der mit der Wirtschaft enger verwandt zu sein scheint, und welcher, wie immer, am ermäßigten Dauerfutschi lutschend (also nur zwei, drei Stunden am Tag anwesend) das Zeitproblem auf seine Weise enträtselte; dazu noch ich, das Professorchen, incognito, als vierter Gast die Beobachtungen sichernd, vor seiner FAZ mit Vorspeise BZ hockend. (Passieren tat sonst weiter gar nichts. Aber der nicht vorhandene Vorfall ist hiermit auf ewig bezeichnet.) Ach so, natürlich: Als fünftes Wesen war eine resigniert versteckte weibliche Dienstmagd noch unsichtbar ab- als auch anwesend.

»Ich könnte dir was leihen, aber da würde ich dir keinen Gefallen mit tun.« So reden wir Gönner hier.

November 99, ›Gänsebraten‹ aufgeführt: »Herr Kapielski, machen sie uns ein Weihnachtsdingsbumsstück für's Theater?«
»THEATER???«
»Theater!«
»Na jut: ›Jänsebraten‹!«
Das erste Theaterstück meines Lebens! Was Banales über's Weihnachtsfressen, ein hausgemachter Trivial-Beckett ohne Verdauungsschnaps. Das war kurzer Klartext und sollte den Spielern ein Einsehen in das lebenswirre Kurze und Klare geben. Sie haben das in Lübeck dann noch umfrisiert und ausgebaut. Sich sehr reingefummelt. Und ich habe mich totgestellt; die sollten, wie bei Shakespeare, die Freiheit haben, einen toten Klassiker und sein Material frei zu bearbeiten.
Ich bin zur Premiere und saß da und war doch zehn Jahre nicht im Theater gewesen! Hatte mich unbeirrt geweigert. Also unvermeidliches Erschrecken! Ich habe seit jeher ein mulmiges Gefühl im Theater. Ja, warum? Das ist mir alles zu theatralisch! Zu viel ernsthaft angestrengte Faxerei im Dienste einer artifiziellen Exhibition. Was bei mir in der Oper einen numinosen Tremor bewirkt, da alles im besten Sinne höchst maniriert sich vorstellt, macht mir im Theater ein Entsetzen mit Fluchtreflex, weil es mir teuflisch outriert vorkommt!
Andererseits sind das leidenschaftliche Menschen, die Schauspiel betreiben: mir liebenswerte, wundersame Antipoden. Regisseur Detje hat das alles nach der Vorstellung sehr leidvoll inkorporiert – und begriffen. Er war sich sehr unsicher, ob das nun so gelungen war. Und ich war ratlos, aber das immer irgendwie unberechenbare, seltsame Publikum war wohl angetan. Naja. Sie klatschen jedenfalls gern; es ist dies ja das einzige, was sie selbst dort beitragen und tun können außer sitzen. Also klatschen sie wie die Irren.

Frau Greschkowa, eine kasachische Aussiedlerin aus der Nachbarschaft hat sich das Leben genommen. Ihre vorherige Arroganz war vorbildlich! Allen unsichtbar voller Unglück fuhr sie wie eine Königin auf dem Fahrrad durch die Gegend und schoß Blicke voll tiefster

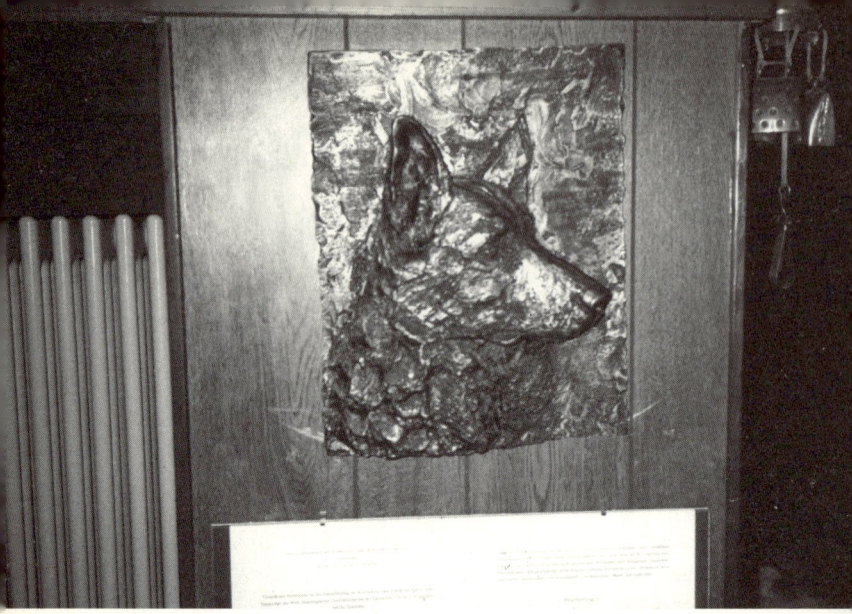

Lufthutzenattrappe

Verachtung auf alles und jeden. Ihr Leid und ihr Abscheu müssen unendlich tief gewesen sein, da sie einen siebenjährigen Sohn zurück-
ließ und verfügte, daß man sie selbst fern in kasachischer Erde be-
statte.

Deutschland ist zu einem Einwanderungsland geworden, das mit seinen Zuwanderern gar nichts anfangen kann, sie dafür aber der nordi-
schen Melancholie anheimgibt und immerhin mit soviel ›Sozial‹-Hilfe
umbaut, daß sie sich weder vor- noch zurückbewegen können oder
wollen.

Eine mir eigentümliche Macke ist der ›Polnische Abgang‹, da ich hy-
sterisch dramatische Verabschiedungsszenen hasse und in günstigen
Augenblicken dezent verschwinde, stets ohne Aufhebens.
Mein Tod wird wahrscheinlich ebenso eintreten: als unauffälliges
Hinausgehen, Sichdavonmachen, eine restlose, undramatische Dema-
terialisation, eine unbemerkte Entstofflichung. Luftbestattung.

IV.
Der Spielraum

November 1999

Die Ausländer halten die Deutschen, was ihre Sprache betrifft,
für grob brummende Leute, die mit rostigen Worten
dahergrummen und mit hartem, blindem Geläute von
sich knarren: ja man meinet, die deutsche Sprache hätte nur
eintausend Wörter in sich, derer achthundert von Griechen,
Hebräern und Lateinern erbettelt und ungefähr zweihundert
grobe deutsche Wörter daselbst vorhanden wären.
Justus Georg ›Schottelius‹ Schottel

Durch die von meinem Vater gestiftete Einrichtung
des Glatzenpinselns wurde mir die genaueste
Bekanntschaft mit dem Dach meines Ahns zuteil.
Hans Imhoff

Drohen meine besten Kräfte alsbald im Nichtstun zu ersticken? Oder
schöpfen sie dort Atem?
Was war vom Kunstschaffen, also von dem, was er, also ich, je
›schuf‹, übergeblieben am Ende des Jahrtausends? Ich wußte es selber nicht.
»Kapielski! Heute schon was geschufen?«
»Nee, ich schuf nun leider schon länger nichts mehr. Und mag auch
nimmer schuffe!«

Die Frage: Was nutzt es einem, schlau zu sein, wenn man doof ist?
(spartendoof? Stultus, Stulle. Doof wie stulti?) könnte man auch wenden: Schlau sein – doof stellen!
Ich hatte aus taktischen, ja, strategischen Gründen meinen Ruhm jahrelang daheim oder in Kneipen versteckt und könnte auch jederzeit
wieder solche Deckung suchen.
Im übrigen braucht man, um sein Leben zu verpfuschen, Format und
Fortune.

Was konnte man noch tun? Warum sollte man, im Falle des An- und Innehaltens, aus den Galerien verschwinden? Man kann sich auch dort edel tarnen (wie unter Edeltannen).

Rückblick: Wir saßen Ende der müd' gewordenen achtziger, als nach der Heftigen Malerei die Pinsel nimmer konnten, täglich, von ab halb zwei bis abends halb neun, in Jes Petersens Kunstgalerie, Berlin-Charlottenburg, Pestalozzistraße, um einen grazilen Sekretär und spielten ›Kohlenberta‹. Mau-Mau war allen schon zu viel, ein zu sehr aufs Reflektieren angelegtes Unternehmen, ein allzu hybrides Mühsälchen im fakultativen Genußgürtel täglicher Strapaze, und so entschloß man sich in idiotenhafter Demut zu stundenlangem Kohlenbertaspiel.

Die Spielrunde: Galerist Petersen, Oskar Huth, immer auch zeitweise eine sekt- und kokssüchtige Lesbe, dann oftmals Ute Pehlke, der Sozialhilfeakrobat Knut Lagerfeldt und immer pünktlich auch ich (»Mit mir hätte ich früher nicht verkehrt!«) – so saßen wir nimmermüd um's teutsche Skatblatt und ermittelten den Sieger, welchen man unter Zurhülfenahme einiger weniger Regeln sicher vom Gros der Looser schied. Manchmal stießen noch Laufkunden hinzu. Geredet wurde, gottlob!, immer reduzierter.

Denn bis September 1986 war hienieden im Grunde auch alles Menschenmögliche bereits gesagt worden; an sich schon von Hegel! Nur einer noch sprach während der folgenden Jahre Hörenswertes: Oskar Huth. Er durfte kundtun, wie ihm behagte und sprach's aus mit Unbehagen: »O, ha!« sprach er, »die Alltagslage hat so eine absonderlich kompakte Gewissenhaftigkeit, aber dennoch doll doof!« Und schlug dabei die Pik-Dame ab: »KOHLENBERTA!«

»Jawoll! Kohlenberta!!!«, schmetterten wir bekräftigend retour zwischen die allgemeinen »Vivat!«-Rufe auf unseren großen alten Mann der spielgewitzten Lebensschläue.

So ging es Jahr um Jahr.

Verirrte sich ein genehmer Laufkunde hierein, der gar nichts wußte, wurde ihm kurze Unterweisung zuteil: »Setz dich hin!«
Saß er, so frug man: »Bier? Schnaps? Sekt?«
»Bier.«

»Gut.«

Dann weihte man den Arglosen ein: »Kohlenberta geht so: Bis zu neun Spieler, Skatblatt verteilen, reihum beliebige Karten abwerfen bis der, der die Pik-Dame hat, die Pik-Dame abwirft und somit gewonnen hat, weil die Pik-Dame die Kohlenberta ist. Und wer die Kohlenberta hat und Gewinner ist, muß eine Runde ausgeben, dann neu mischen und neu austeilen. Alles klar?«

»Ich glaube schon. Aber warum muß der Gewinner einen ausgeben?«

»Weil es so ist!«

(Man liebte die Laufkunden nicht so. Sie begriffen nicht, daß die Gewinner eigentlich Verlierer und umgekehrt die Verlierer bei uns die wahren Gewinner waren.)

Einmal aber, am 16.9.89, vollstreckten die oben genannten Spieler sogar eine legendär gewordene Runde: Nach anfänglichem Geplänkel (Sieben, Achten, zwo blasse Könige, …) wirft Petersen wie aus dem Nichts: die Schellen-Sau. Daraufhin wirft Huth: die Laub-Sau! Daraufhin knallt Ute Pehlke – »Trumpf, Trumpf!! Triumph!!!« brüllend –: die Herz-Sau drauf!

Der Tisch erstarrt.

Wie reglos.

Fixiert vereint den jetzt fälligen Knut Lagerfeldt.

»Wat is nu, Knut? Komm raus! Zeig her!«

Sekunden treibt Knut, der Teufel, die Spannung hoch und donnert endlich von oben runter: nicht die Eichel-Sau! NEIN! –: die KOHLENBERTA! Obwohl er die Eichel-Sau HAT! Und hinterher überall rumzeigt, daß er sie hat und sich krank lacht.

Wollen wir nicht mal eine Runde Mau-mau einlegen?«

Man sah mich entsetzt an. Zur Strafe haute ich nächste Runde die Pik-Dame auf den Schreibtisch und rief: »Kohlenberta!« und erfüllte die ehernen Gesetze eines Kohlenbertasieges: Kapielski gibt aus: an Oskar Bier und Schnaps, Petersen Sekt, Ute Sekt, Lesbe auch Sekt, Knut Lagerfeldt Doppelschnaps, sich selbst spendiert er ein Bier.

Die Spielregel besagte weiterhin, daß jener, welcher im Spielverlauf die Pik-Dame empfangen und also abgeworfen hat, nach Austeilen seiner Spendierlage noch einmal kraftvoll »Kohlenberta!« zu rufen habe, da der Sieg sonst nicht gilt, worauf, unter Einnahme der Getränke, ein ebenso energisches »Kohlenberta!« als Widerruf von den

Beschenkten an den Beschenker zu folgen habe, wahlfrei mit vielmaligem »Prösterchen!«, »Vivat!« oder »Zum Wohle, ihr Wixer!« verziert, da der Sieg sonst auch nicht gilt.

In der leeren Galerie passierte sonst nichts. Eines Tages aber sagte Jes, unser Stammspieler, Herbergsvater und Galerist, ganz unvermittelt, während einer noch unentschiedenen Kohlenbertarunde, nur so, daß wir richtig einen Schreck bekamen: »Hermann Nitsch kommt!« Keiner sagte was. (Nicht mal: »Was!?«)
Der Bogen offener Fragen blieb lange gespannt.
Dann aber nahm man das Nitsch'sche Kommen, ohnehin schicksalshaft, gelassen in Kauf (war ja auch irgendwie sowieso alles scheißegal!) und sackte gemach saniert in die gewohnte Beschaulichkeit zurück, während eine klare Runde Kohlenberta an Ute Pehlke ging, welche denn auch regelkonform ihr »Kohlenberta! Was wollt ihr saufen?« ausrief, um sich dann, ganz der gute Verlierer bzw. Sieger (die gute Verliererin bzw. Siegerin gibt es ja nicht!), nach erfolgter Getränkezuteilung doch noch faustisch bei Jes, in Form eines: »Wat will DER denn hier?« näher nach Nitschens Kommen zu erkundigen.
Jes Petersen retournierte während einer der folgenden Kartenausgaben karg: »Ausstellung!«
»Bei dir?«
»Jau.«

Ich galt schon damals ein wenig als der Experte, wenn nicht sogar Klugscheißer unter den Kunstfredies aus der Oberliga und wollte fachspezifische Einzelheiten wissen: »Was mit Blut und so, Jes?«
Jes: »Yes!«
»Wird geschlachtet?«
»Kohlenberta!«
»Was?«
»Ein Schwein. – – Getränke wie immer?«
»Nein, Jes, ich möchte heute lieber mal einen Schweins…, nee, einen Schnaps lieber anstatt Bier…«
Usw. Usf.

Dann kam er. Verbreitete etwas Unruhe, obwohl, weniger er, als einige seiner Aspiranten und Eleven aus dem ansehnlichen Nachtrab

des »niederösterreichischen Aktionskünstlers«. Dieser Troß schien, vom Meister besessen, allweil in ratternder Entrückung unentgeltlich Frondienst leisten zu wollen, wackelte ihm allzeit nach, ließ sich kaum absondern.

Allein, man war dem Hermann trotzdem schnell gewogen, schied ihn geschickt vom Trosse und lud ihn zum Spiel: »Hermann! Mit wenig Brüdern flieh die laute Horde! Setz dich her und spiel mit uns!«

Hermann begriff umstandslos das seinem künstlerischen Impetus verwandt zirkulierende Opferritual des Kohlenbertaspiels und zockte hinfort entzückt unzählige Runden mit uns, hielt sich sein Gesinde vom Hals und ward hinfort noch sehr viel ruhiger. Der nett-kauzig, trinkfrohe Mann gab einen guten Verlierer bzw. Gewinner, blieb einnehmend wortkarg, und sprach, wie wir, gottlob!, nichts von Kunst, saß gefaßt dabei, außer wenn er »Kohlnböata!« und »Servus! Küß die Hond!« brüllte, weil ihm, zu seiner unbändigen Freude, Fortuna wieder einmal die Pik-Dame zugeschoben hatte!

Anschließend inkorporierte er, nach Einnahme seines gewonnenen oder verlorenen Schnapses, sofort wieder die Ruhe selbst und leibhaftig, mischte Karten oder nahm ohne Argwohn das ihm zugeteilte Blatt auf.

Nicht so die Aspiranten und Eleven, welche um uns herum sehr ameisenhaft und sektenemsig am Rande umher irrläuferten, auch gewisse

Hintergrundprogramme abkurbelten, währenddessen ein von innen gebrülltes »KOHLNBÖATA!« ihnen allzeit furchtbaren Schrecken einjagte, da sie den Zorn des Meisters wähnten. (Dieses Umstandes gewiß, brüllte er dann sogar mehrmals ohne Grund: »Kohlenböata!« Und keckerte sich scheckig darob, wenn die Bande zusammen-zuckte!)

Die schreckhaften Gehilfen entluden unterdessen sehr eifrig Last-kraftwagen voller Gemälde und hängten diese an die Wände der vor-deren Ausstellungsräume. Die anderen Eleven aber schafften eine riesige Menge ansehnlicher Weinkruken als auch Kanister und Rie-senbembel ins Hinterzimmer der Galerie, das wir gewöhnlich »Auer-bachs Keller« riefen.

Beim Pissen kam ich dort vorbei und wollte nur mal so wissen: »Holla, Heloten! Was sind das für Weinchen?«

Hochwichtige Antwort: »Hermann seine!«

»Nur für ihn?«

»Nein! Für die Ausstellungseröffnung!«

»Macht der denn Weinbau?«

»Jo freili! Prinzendorf!«

»Na denne.«

Ich sagte wohl noch: »Danke! Weitermachen!« Und lief um einiges klüger zurück in den Spielkreis, wo mir Galerist Jes Petersen wie er-starrt schien, während der Meister unablässig »Egol,egol! Egoool!« vor sich hin murmelte.

»Was ist los mit dir, Jes?«

»Ich habe das Schwein vergessen.«

»Egool!«

Abends, nach halb neun, nachdem alle voll und fort und Hermann Nitsch ab ins Hotel oder in die Paris-Schänke, die anderen meist noch vorn in den Zwiebelfisch gewechselt waren, schafften Petersen und ich einige der Weinkübel privat beiseite, taten auch etwas davon auf und gingen später, unter Einfluß einiger Gläser dieses Stoffes, eben-falls fort in diverse andere Gaststätten.

O weh! Im Laufe dieser Nacht zwiebelte mich dann so etwas wie eine defekte Ekstase. Eine befremdliche Rauscherei hielt mich bleu mou-rant im Würgegriff überm Abort, und beide, schadhafte Ekstase als auch abwegiger Taumel hätten mich, durch ihre ganz ungewohnt me-

schugge machende Art des Besoffen- als auch Irreseins, eigentlich frühzeitig gewarnt haben sollen, ja, müssen!
Aber, nee!

Am Tage der nitschen Vernissage suhlte man sich unbekümmert in seinen Prinzendorfer Weinbottichen wie geisteskrank und wurde irre und war dann auch irre!
Was war? Eigentlich nichts weiter: Die vor- und vorvorabendliche Kohlenbertarunde mit Hermann saß wieder zu Tisch, dieses mal umquartiert, nach vorn, unter die sanguines effundierenden Gemälde, spielte nun aber heute, da eben Eröffnung war, nicht Karten, sondern soff ausdauernd, wie auch alle übrigen Gäste, es waren Massen erschienen, die von Prinzendorf herbeigeschafften Kanister leer, während sich allmählich merkwürdige Dinge ereigneten.
Neben mir befand sich zur Linken das Gesicht Hermanns, ganz nah und neuerdings immer ungebremster plauderhaft, ja bedenklich zerzaust! Ein dünnfadiger, drahtiger Bart wuchs dem Meister lang vom Kinn bis fast auf den Tisch hinab; er beugte sich allerdings auch tief darüber und hin zu mir (jetzt in der eindeutigen Absicht, mir das linke Ohr abzukauen!), und sein borstig Bartgestrüpp folgte mit zittrigen Ausschlägen jedem Wortbemühen des Mundes des Mannes, dem ein Kinn mit Bart anhing, welcher Wort für Wort folgsam mitbebte.
Um uns herum standen Gäste und Gehilfen, das weite Ohr zum Worte des Meisters hingebeugt, welcher recht leise sprach, während im Hintergrund der Vollsuff röhrte. Nitsch sprach starken Dialekt. Wovon? Ich kann's nicht erinnern, teils verstand ich's nicht, andernteils interessierte es mich nicht, denn ich starrte entgeistert auf die zittrigen Ausschläge dieses Bartes, der übrigens jenem Ho-chi-minhs ähnlich sah, und der in eigentümlicher Weise auch ihm, dem Hermann Nitsch, wie allen anderen charismatischen Männern mit Bärten, als ein metaphysischer Wortfortsatz an den Schädel montiert war. (Bei Castro und Trotzki sah man ähnliches!)

Und nun ging's los!: 1) Mene tekel upharsin! 2) Ich bin klein, mein Herz ist rein! 3) Simsalabim! – Ich verlor die Facon!
Wie ferngesteuert ging meine Rechte zum Barte des Nitsch und zupfte zart und zweimal kurz daran. Warum?
Ja, wenn man's wüßte! Vielleicht eine Probe auf die qualifizierte Vernichtung der Spekulation? Bis hin in diese bis zum äußersten getrie-

bene Dialektik, die ebenso die totale Vergeistigung als auch ihre Sistierung und Versteinerung aller ihrer Momente bedeutete? (Wie Imhoff findet.) Kann sein. Konnte aber auch nicht sein!

Jedenfalls war plötzlich alles sehr ruhig um mich. Nitsch schwieg. Kühle zog auf: Die Gehilfen erstarrt, die Gäste blaß, der Saufschwall darum erfroren. Dann sog Nitsch Luft ein, baute sich auf – an sich ist er kleinwüchsig, sah nun aus wie Hans Moser, wütend – und warf, auf dem Stuhle stehend, durch die entsetzte Stille endlich einigen Prinzendorfer Fluch wie Geröll auf mich, spie Gift nach mir, fuchtelte, bebte am Barte, setzte sich wieder, kippte sein Glas und schied knisternd Flämmchen mit Ruß aus.

Kleine Pause.

Bevor ich nun aber Einwand erheben konnte, um Nachsicht bitten, die Fernsteuerung erläutern, die Spekulation, erhob sich nun nach und nach der Nitsch'sche Nachtrab wie blutdarbende Möderbande und haute mit Fäusten, Gläsern und Stühlen auf den ein, der den Barte des Nitsch gezupft (was sie wohl gern selbst einmal getan hätten, sich jedoch nie trauten!), bis Jes Petersen, Spielkamerad, Galerist und Genosse, den schrecklichsten Schrei um Einhalt ausstieß, der mir je das Leben rettete und voll Ingrimm auf Hermann zeigte: »Schluß! Was seid ihr denn für Knickstiebel!? Laßt den Kapielski in Ruhe!« (Der tut doch nix usw.)

Dann vertrug man sich wieder und alles ging normal weiter. Das heißt: Beim Kohlenberta am nächsten Tage konnte sich keiner an keine weiteren ungewöhnlichen Vorfälle erinnern, noch waren Spuren davon zu lesen.

Nach diesem denkwürdigen Tage aber halte ich bis heute die These: Der Künstler gibt auf ein Ohm seiner Prinzendorfer Kelter je eine lysergsaure Pille, ein Gran Bilsen auf zwei Gramm Gemeiner Queller oder so was und hebt damit gezielt Vernissagenstimmung, Farbeindruck, Kunstkauffreudigkeit und leider auch Übermut unter den Geladenen.

Dies sage ich nun nicht, um, aus Gefühlen kleinlicher Revanche, den österreichischen Klerus mitsamt seiner dort beheimateten Kunstbanausie dem Hermann an die Fässer zu hetzen.

Nein! Der Wein war gut! Sehr gut sogar! Und die Erde für Stunden nicht mehr wüste, sondern mit Weinbergen ausgeziert!

Und in Klagenfurt hatte ich ja, man wird sich erinnern, dem Haider persönlich gesagt, daß ich ihn durchaus auch schätze, daß er aber in Kunstfragen umdenken müsse und daß er mir den Nitsch und die alle in Ruhe lassen und die Hände von lassen soll, weil es klüger wäre, neben all den Jeckheiten, die er, Haider, sonst so treibe!
So bin ich!

V.
The Art Working Class

November und Dezember 1999

Gute Kunst setzt sich durch, weil man
gut nennt, was sich durchsetzt!

Mundus vult decipi. Ergo decipiatur!

Als mediale Grundausstattung für die eigene Herstellung kamen früh
Bleistift, Buntstifte, Papier und Schere und später dann, zur Einschu-
lung, ein Pelikanfüller (Pfannefeder fünf) auf uns. Auch Tuschkasten,
Zirkel, Uhu, usw. Die Basis bildeten der Bleistift (HB) und das Papier
als Bogen und Heft. Für Tomas Schmits ›Zeisige an Bratkartoffeln‹
u.ä. reicht das bis heute aus, und irgendwie hat er recht: Wer damit, im
zureichenden Grunde, nicht auskommt, betreibt annähernd wenigstens Hybris! Gute Pläne, Ideen brauchen allenfalls Papier und Bleistift. Danach kann man, wenn's irgend sinnvoll ist, auch Aufwand
treiben und, zum Bleistift: Pi auf Millionen Stellen elektrisch berech-
nen lassen. Dem gelungenen Beweise aber soll Tafel und Kreide zur
Anmut gereichen.

Erste eigene Anschaffung war so eine gedunsene Geheimdienst-
kamera, ritsch-ratsch, Mißkonstruktion. Da hatte sich ein deutscher
Fotoingenieur zu sehr ins Japanische versenkt, und es war eine zu
groß geratene, zerzauste Kleinfummelei dabei herausgekommen.
Schlechte Bilder und dann immer diese Agentenpose.
Die Leute staunen ja nicht, wenn man Menschen knipst. Sie werden
mißtrauisch, wenn man mit der falschen Minox wie ein Agent vor
schiefen Parkbänken rumduckt oder verklebte Autoaugen ablichtet.
Das kann richtig gefährlich werden; die fuchteln nach der Polizei oder
hauen um sich, um ihrem Auto die Intimsphäre zu wahren.
Dabei wurde das alles immer nur sehr unscharf mit dem Ritsch-
ratsch. Unscharfe Bilder waren 1979 aber durchaus normative Ästhe-

tik, bei den tatterigen Super-8-Filmern sogar obligat, und die Pinsel
fingen auch schon heftig an zu beben, ein wildes Farbenanrühren hub
an.

Inzwischen sind die Fotoapparate klein geblieben, aber groß geworden und brauchbar. Am besten nimmt man die idiotensicheren Kameras, die wissen selbst am besten, was sie können und was nicht.

Beim Zeichnen geht die Idee, ob sie nun vom Schnaps oder den Gerüsten des Aprioris herkömmt, einen Weg, nicht ohne Mühen, über
Hand und Linie auf Bierdeckel, Papierchen oder im noblen Unglücks-
falle auf die amüsant noblen Schöllerhämmer (welche blanko, aber
präsigniert, dem Lebensunterhalt, als Wertpapiere sozusagen, mitunter auch sehr dienlich sein können; d.h. hier ist ein Stadium erreicht,
wo das Abgebildete wurscht und geradezu hyperwertabstrakt wird
und, naja, so weiter …).

Beim Fotografieren landet etwas Außerirdisches nach Durchflug einer
Apparatur an Chemie ganz flach auf Flächen und muß erst noch mit
Schnaps oder den Gerüsten des Aprioris anschaulich gemacht und her-
vorgelesen werden.

Wenn aber flaches Buntes geölt wurde, wird's, je nach Größe, teuer und bedeutend!

Was ist das? Hängt an der Wand und sieht gut aus. –: Bilder, Bücher, Wandlampen.

Für's Sammeln gilt: Mit einem (1) Gemälde, einem Buch, einer Wandlampe ist es nicht getan! Sammeln gilt ab drei Gemälde, ab dreißig Bücher, ab fünfzehn Wandlampen.

De explosionibus bombarum atomicarum. Blitz ohne Donner: Trompe l'œil; Donner ohne Blitz: Trompe l'oreille? (Gemalte blitzblanke Trompeten; dies oder jenes?)
(Vgl. auch: Zickzackblitz des Witzes)

Um die Mitte des Jahres 1988 diktierte Gott einem von Schicksalsschlägen geschundenen Menschen (mir) Textpassagen göttlicher Ansprache und Weisungen zum Thema Fotografie:
An einem Donnerstag schuf Gott das Blitzlicht (Helmut Newton), damit Adams Rippe nackt würde fotografiert werden und das Volk während des Frierens bei der Arbeit sich dereinst ausreichend daran würde erwärmen können. (Beim Hungern und beim Essen schwitzen wir bereits.)
Am Sonntag aber kam Autofocus auf die Welt. Da rächt sich nun das Volk mit Pisaer Schiefturmfotografie in Farbe tausendfach. Das Ah & Oh der Miederwarenfotografie (Pigfot) ist: Stillehalten (anschließend wackeln); das der Pisaer Schiefturmfotografie (Prolfot): Geradehalten und Verwackeln (anschließend zeigen). Und so gelangt das Volk in den Besitz neuer Bewegungsfreiheit (schiefe Aufrichtigkeit mit Verwackeln).
Wer mit Fotopapier männliche Hormone zu täuschen ansetzt, wird sich selbst nicht von Eßpapier ernähren müssen (Newton, Pigfot).
Die Fotografen haben die Welt immer nur verschieden belichtet; es kömmt darauf an, sie aufrichtig zu verwackeln (Prolfot).
(Quatsch mit gute Soße!)

Geschmackssicherheit: »Suche Kleid, das zu meiner Frau paßt.«
Verkäufer: »Faltenrock!«

Euphemismen: Die Phalten meiner Phrau glätten. Die Phahne meines Mannes einziehen. Photos abziehen.
Oder: Wanne-Eickel auf Lateinisch: Castorp-Rauxel.

Es sollen, lese ich um die Mitte des Jahres 1999, weltweit pro Sekunde durchschnittlich 2300 Fotos geschossen werden. (Fotoindustrie hat's glaubhaft geschlußfolgert, da sie wissen, wieviel Film sie verkaufen.) Bei einer Belichtungszeit von einer 2300stel Sekunde wäre die fotografische Beaufsichtigung und Aufnahme der Weltzeit folglich lückenlos, (nee, Lücken gibt's noch, also sagen wir:) komplett; weltweit wäre immer gerade ein und nur ein Objektiv der Welt geöffnet; da aber im Durchschnitt 125stel Belichtungen vorgenommen werden, gebiert das Fotografieren durch sich überschneidende Weltaufnahme einen Zeitüberschuß mit dem Faktor 18,4 pro Zeiteinheit. In einem Jahr, realen, irdischen Werdens, werden mithin 18,4 Jahre fotografisch entnommen (aufgenommen) und in negatives und positives Sein umgeformt (flach gemacht).
Gewisse Weltausschnitte, schiefe Eiffeltürme, Schiffers Ausschnitte, irgendwelche Hamburger Häfen und so was, werden dabei aber sehr bevorzugt platt gehauen (Fotoplatte), weswegen der Verewigungsfaktor (Verflachungsfaktor) bei manchen Weltansichten verblüffend gegen unendlich, bei anderen gegen Null zu veranschlagen ist. Letztere

Un-Motive kauern dann womöglich irgendwo im WERDEN, SIND aber gar nicht und nirgendwo: ›verewigt‹! Es gibt sie nicht! (Aber unflach schon!)

Zahlenquatsch, immer lustig: Im Roman ›Don Quijote‹ kommen die Namen »Don Quijote« und »Sancho Pansa«, das läßt sich elektronisch leicht auszählen, da dieses Werk ›digitalisiert‹ vorliegt, beide exakt in der gleichen Häufigkeit vor: nämlich 2143 mal! Allein durch den Titel, der nur den Don auspreist, findet eine Verschiebung plus eins zugunsten desselben statt. Auf Grund dieser feinen Gewichtung zugunsten des Don ist der Titel gerechtfertigt; der Roman muß nicht ›Sancho Pansa‹ heißen, und wäre so auch weniger berühmt geworden. (Oder kennen Sie den? – Na also. Taugt auch eher zum Kintopptitel.)

Ich stelle fest, daß ich es strikt vermeide, daß es mir peinlich ist, Menschen zu fotografieren. Ein schamloser, belästigender Vorgang! (Ausnahmen sind Omas und Nichten, evtl. auch um Aufnahmen bittende Japaner.) Nie käme ich auf die Idee, fremde Menschen zu knipsen; es ist, als würde ich einen Unbekannten erschießen, und dann gibt es später, bei Betrachtung der Fotos, bedrückte, prinzipiell unbeantwortbare Fragen: Wer war das eigentlich? Wo kam er her, was ist aus ihm geworden, wo wird er jetzt sein? Aber soweit lasse ich es nicht kommen.

Der grobe Naturalismus der Fotografie hackt eine hundertfünfundzwanzigstel Sekunde aus einer vielmehr als optischen Lebenslinie und behauptet die Portraitierung eines Menschen. Ein Tausendstel des Werdens schießt der Knipser hinaus auf's Fotopapier vorgeblichen So-Seins. Das ist Betrug! Es gibt nichts als das absurde, kontingente Moment eines Schnappschusses, also ein fast Nichts aus Licht auf Pappe. Der Fotobetrachter sieht überhaupt nur etwas: durch seine Ausdeutung, aufgrund einiger rätselhafter alleskonstruierender Vorgänge im Kortex, infolge seiner Erfahrungen mit Abbildern, mit Hilfe seiner intimen Kenntnisse über die darauf kurz Belichteten. (Ein Förster sieht auf Waldfotos unterschiedliche Bäume vor dem Wald, ich nicht einen hinterm Wald. Auf Tierfotos sehe ich ein struppiges Etwas, Frau Löscher, parterre: »Das ist doch nicht etwa der Struppi!«)
Auf Fotos von Fremden, wozu auch die eigenen Kinderfotos gehören, sieht man ein zaghaft gedeutetes unlösbares Geheimnis (weshalb sich allerdings auch so unendlich viel deuten läßt); Foto-graphien guter

Freunde sind gesättigt mit Geschichten, also eigentlich Bio-graphien. So feit mich eine Scham und ein Zweifel gegen den Frevel des Foto-grafierens von Menschen. Im übrigen sind alle anorganischen und organischen Wesen, jedoch nur solche, die nicht um das Sterben wissen und denen die Ausstattung ohne Bewußtsein nicht als Mangel erscheint (Dinge, Tiere), fotogener als der Mensch.

Das hat seien Grund in der Fähigkeit des Menschen zur Selbstreflexion, welche ihm die Fähigkeit zu Verstellung, Scham oder Hoffart unter den Ägiden des Geistes beigibt. Dinge, Pflanzen und Tiere hingegen, ob natürlich oder anthropogen (also in irgendeiner Weise vom Menschen befummelt, gemacht, also etwa: Aktentaschen, Geranien, Fischstäbchen), sind von fotografischer Anmut und optisch-gemüthaft ohne Falsch, also fotogen.

Was wir vom Geheimnis der Dinge, Pflanzen, Tiere, Menschen und Götter wissen ist anthropomorphisierend (Menscherfindung) im Sinne Feuerbachs (dem tier- und menschenliebsten Manne überhaupt!) und am Ende mag sich herausstellen, daß dieses Geheimnis darin bestand, daß es nie eins gab, wohl aber das Rätsel des Daseins. Und beim Lüften und Lösen der Geheimnisse und Rätsel schaut man eigentlich nur in einen sich auf stumme Weise totlachenden Spiegel. (Das war jetzt zuviel!)

So laufe ich denn umher und pirsche, die Menschen meidend, auf Ding, Pflanze und Tier und lasse es mir, nebulös verführt, bisweilen angelegen sein, ein solches Ereignis ohne Umstand ins vollautomatische Kleinbildvisier zu nehmen. Ich gehe hin, stelle mich in eine rückenbeleuchtete Position und fixiere das transhumane Motiv auf Mitte, welches sich dann auch ohne viel Gewese und plerumque ungeniert fixieren läßt, wobei es – ob Ding, Pflanze oder Tier – heiter bis amüsiert oder interesselos wohlgefällig vorne in das objektive Loch meins japanischen Utensils blinzelt. Und: klick! – Ritsch-ratsch, ab zu Foto-Dose!

Die ›apostolische Sukzession‹ ist die Lehre von der ununterbrochenen Nachfolge der geistlichen Würdenträger, Bischöfe und Priester auf die Apostel. Ein rituelles Handauflegen läßt die apostolischen Attribute während der Zeremonie auf den Nachfolger strömen. Die apostolische Sukzession hat in ihrer alten Bedeutung einen Anfang und sicher auch ein Ende; wahrscheinlich nach Ankunft des jüngsten

Gerichts. Insofern ist die apostolische Kette offen, linear und nicht
kreisförmig.

Ich entlehne den theologischen Begriff und biege ihn mit phototheo-
retischer Absicht und in Anbetracht eines Fotos, das ich, trotz oben
erwähnten Ekels, von einem Menschen machte, zu einem Kreis und
mache dies zum Beleg für etwas, das ich hier jetzt keck ›Apostolische
Sukzession in der halbprofessionellen Photographie‹ nenne.

(Das Wilhelm Wundt'sche Gesetz der Transformation der Sitte: Die
Form eines Rituals überdauert den ursprünglichen Zweck.)

Nämlich: ich fotografierte (widerwillig) einen Menschen, der fotografiert. (Insofern dieser Fotografierende selbst fotografiert, und er
nicht weiß, daß ich ihn währenddessen fotografiere und belästige, bin
ich auch ein Weniges entschuldet, was meine eben verkündeten Bedenken betrifft.). Mehr noch: ich stehe in einem Ring der apostolischen Sukzession von Fotografen die Fotografen fotografieren, denn
ich fotografierte den hier abgebildeten Fotografen, während dieser
seinerseits einen Fotografen fotografierte, der wiederum, von mir unbemerkt, mich fotografierte!

Die Mindestzahl an Teilnehmern bei einer solchen Kreisesbildung
ist Drei, nach oben aber offen bis unendlich, sofern unendlich viele

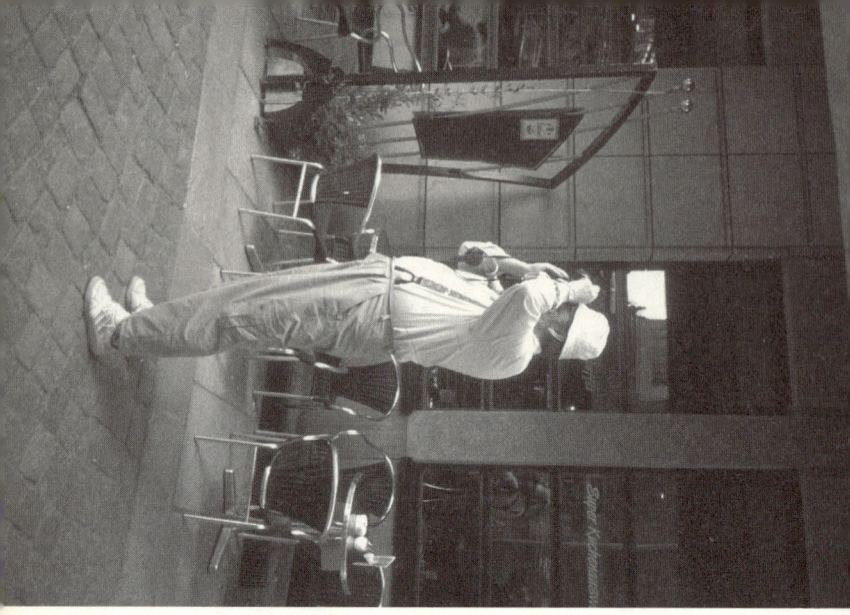

Fotografen vorhanden wären, was unwahrscheinlich, aber denkbar ist.

Auf dem Foto sieht man nur einen Fotografen aus diesem Ring. Man könnte mehrere Mitglieder des Ringes fotografieren, nie aber den ganzen. Das Wesen der Fotografie verhindert dies grundsätzlich, da der Fotograf selbst nie mit auf dem Foto sein kann, es sei denn gespiegelt oder montiert. (Schummeln gilt nicht!) So fotografiert in der sukzessiven Reihe also jeder Fotograf einen Fotografen, der beim Fotografieren eines Fotografen nicht bemerkt, daß er seinerseits von einem Fotografen fotografiert wird und in solcher Weise seine apostolisch-photographische Botschaft weiterträgt. Ob sie froh ist, weiß ich nicht. Sie ist zumindest heiter, weil inhaltslos und spielerant.

Den Ernst des Gedankens wiederherzustellen, möge der geneigte Leser alle Fs in Fotografie akkurat in Phs umwandeln (wie eben bei Phalte und Phane). Ich selbst verwende beide Fassungen; die eine (Ph): wissenschaftlich, hehr; die andere (F): eher angewandt, leicht entmystifizierend (F für Ph wirkt nicht mehr so stark abrüstend, wie umgekehrt Ph phür F schwer auphrüstend!)

Otto Weiniger aber (misogyn, misozyklisch) wertschätzt Phrauen und Kreise nicht, denn:

»Man hat allgemein dem Kreis eine besonders hohe Dignität als dem vollkommensten, symmetrischsten, ebenen Gebilde zuerkannt. Jahrtausendelang hat die Auffassung, die einzige erhabener Gegenstände würdige Bewegungsform sei die im Kreise, bestanden und bekanntlich nach Kopernikus gehindert, die Planetenbewegung um die Sonne anders zu denken als kreisförmig. Allerdings: Sich im Kreise drehen ist sinnlos, zwecklos und lächerlich eitler, gemeiner Natur. Die Kreisbewegung hebt die Freiheit auf und ordnet sie einer Gesetzlichkeit unter, und die Wiederholung des nämlichen wirkt entweder lächerlich oder unheimlich. (Hat er recht! Man stelle sich hier nur diesen Ring der Photographen vor! T.K.) Aus dem gleichen Grunde ist es auch alles eher als eine Befriedigung des Unsterblichkeitsbedürfnisses, jene ewige Wiederkunft des Gleichen anzunehmen, wie sie pythagoreische und indische Lehren kennen, und wie sie Nietzsche wieder verkündet hat. Im Gegenteil, sie ist fürchterlich! Und fatalistisch! Der Fatalismus aber ist der Verzicht des Menschen, sich selbst je in Freiheit eigene Zwecke zu setzen, und empfängt sein Symbol im Wiener Walzer. Die Kreisbewegung ist lächerlich wie alles bloß Empirische, Banale, Sinnlose; indes alles Sinnvolle sehr erhaben ist. Ein Bogen ließe noch offen und hoffen und ahnen. Ein Kreis ist Gesetz.«
Na und? wenn schon! Ich sehe im Kreis der Gemeinschaft der Fotografen, die ich frei zu eigenem Zwecke setzte, einen kleinen aber entlastenden Fortschritt in der Menschenfotografie. Schon allein, da die einfallslose Subjekt/Objekt-Bezüglichkeit etwas atomisiert wird. Und endlich wäre der Scherzkreis auch aufgebrochen möglich, als Jux- und Jubelwurm, und hätte somit einen Anfang und gottlob! nun auch ein Ende! Amen.

Die leichte Links-Rechts-Asymmetrie bei Wirbeltieren, in Folge einer bevorzugten Händigkeit, läßt uns, die wir Wirbeltiere sind, orientierungslos, bei Nebel etwa, im Kreise gehen oder inmitten uferloser Gewässer im Kreise schwimmen, obgleich wir fest entschlossen waren, uns geradeaus zu bewegen. Rechtshänder laufen und schwimmen Links-, Inverse Rechtskreise, vermutlich, weil die kreisäußere Muskulatur kräftiger entwickelt ist. Auf Karten eingezeichnet, sehen die orientierungslosen Wanderwege wie abdriftende Spiralen aus, die in großen Bögen an den Ausgangspunkt zurückkreiseln.
(Rechte Gonade, vulgo Ei, liefert männchen-, linke weibchenbestimmende Keimlinge. – Dachte man mal, ist aber Unfug. Ich überlege

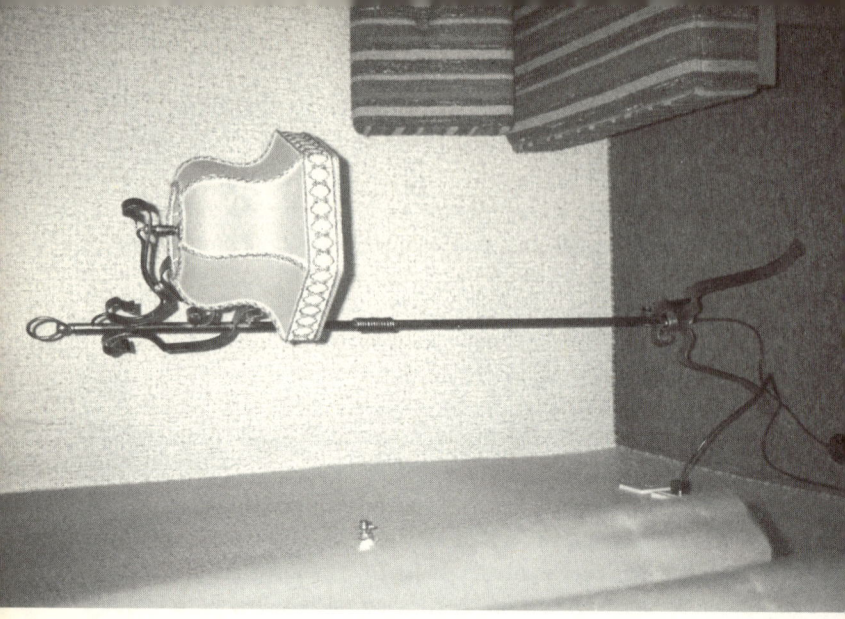

dennoch, da ich mich ja im Besitze gleich dreier wähne, was das dritte
in der Lage zu leisten wäre: wenn die These dennoch gälte?)

Kleine Stilkunde am Beispiel eines Stiels: Wieviele verschiedene Be-
senstielstile lassen sich finden? Und noch erfinden? Erfunden habe
ich noch keinen. Gefunden habe ich bislang, vorsichtig veranschlagt:
drei. (Was aber einer Erfindung gleichkommen kann, da meine Taxo-
nomie der Besenstiele willkürlich ist.) Diese drei Stile unterschied ich
aus der Menge aller Stiele, die jemals in den Besenkammern und
Küchen all meiner Behausungen herumstanden, und die irgendwie
immer rätselhaft verloren gingen und stets wieder durch neue ersetzt
wurden und dann immer etwas oder etliches abgeändert waren: in
Material (meist Holz, Kunststoff, auch Blechrohr) und Farbe, auch
Länge.
Es besteht, wie erwähnt, Willkür und Unschärfe der Unterscheidung:
inwieweit verkörpert der je eigene Stiel einen eigenen Stil? Oder lassen sich verschiedene Stiele einem einzigen Stil zuordnen?
Auf folgende drei stilistische Unterscheidungen würde ich mich vor-
läufig einlassen:
1) ›Der klassische, alte Stil‹: läßt sich durch den schlicht hölzernen,
bisweilen auch klar oder küchenfarben lackierten Stiel kennzeichnen,
welcher am unteren Ende fest mit dem Besen verbunden ist. Es han-

delt sich also mehr um einen Besen, als um einen Besenstiel. Hier lege ich die Grenze zu dem, was ich mir erlaube zu nennen:
2) ›Der ungebundene, neue Stil‹: dieser kennzeichnet sich durch die lose Verbindung mit dem Besenteil mittels eines unten angebrachten Gewindes. Der Stiel wird autark, auch kann der Stiel hier schon aus Blech oder Kunststoff gefertigt sein. Die Farbvielfalt wächst. Der Holzstab wird bisweilen auch mit einer farbigen Kunststoffhaut überzogen. Dieser nach 1950 aufblühenden Stilrichtung folgt, auch zeitlich:
3) ›Der neumodisch-moderne Stil‹: er stellt sich dar in rein aus Kunststoff bestehenden Stielen, die längenvariabel und am unteren Ende mit Patentkupplungen ausgestattet sind und damit an diverse Wisch- und Besenteile, an »Flauschvliesmodule« und dergleichen montiert werden können und gar nicht mehr Besenstiel heißen, sondern ›ViledaWischMob 2000, StielModul‹ und meist nur einfarbig (markenrot) zu haben sind.

In Anbetracht der Menge der von mir lebenslänglich bereits geknipsten Stillampen und Lampenstiele (vom Hobby- zum Dienstfoto) und ihrer schieren, irgendwie manchmal sogar bodenlosen Menge als auch Variation, halte ich die Erfindung neuer Lampenstiele als auch –stile für grenzenlos mach- und auf jeden Fall denkbar, so daß man am Ende

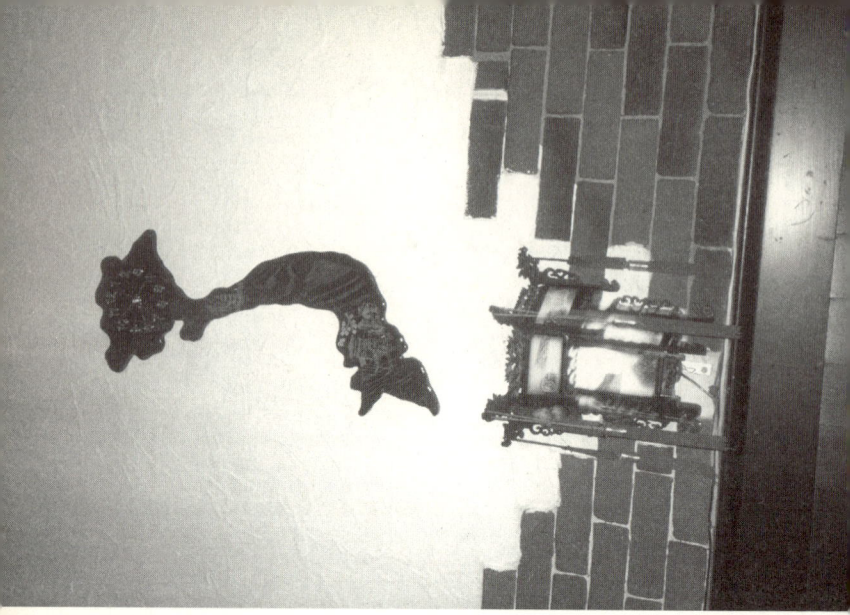

nicht nur jede gewünschte Quantität Stiele sondern auch Stile herzustellen vermag. (Zusammen auch etwas über zweitausendeinhundert?
Wie die weltweiten Fotos pro Sekunde. Oder exakt 2144? Wie die Er-
wähnung des Don! – Das wäre magisch!)
Zu den, meiner Einschätzung nach, dreißig von mir längst gefunde-
nen Lampenstielstilen, müßte ein ziemlicher Rest doch noch dazu erfunden werden.

Einen tatsächlich bereits existierenden Lampenstielstil möchte ich
mal salopp als den Lange-dünne-Länder-Stielstil bezeichnen; es handelt sich um ins national-folkloristische zielende Heimatlampen
langer, dünner Länder, Chile, Vietnam, oder Norwegen etwa, deren
Schirm, je nach Land motivisch verziert oder auch aus landestypi-
schen Materialien gefertigt auf einem Stiel sitzt, welcher meist aus
flachen Holzplatten gesägt, die Konturen des dünnen Landes von der
Landkarte nachzeichnet.
Die Vietnamlampen sind von besonderer Anmut! Man konnte sie
während des Vietnamkrieges kaufen: die Vietkong schmiedeten vom
Erlös ihrer Vietnamlampen, meist kleine Steh- und Nachttischlampen,
Schwerter für den Krieg gegen die USA.

Was ist schwer?« so fragt der tragsame Geist Nietzsches, und so fragt die linkische Verbissenheit des Selbstlerners Kapielski und kniet nieder wie ein Kamel und will gut beladen sein!

Alles ergibt sich. Alles ergab sich. Ich wohnte, noch Physische Geographie und Philologie studierend, in einer teils philosophisch, teils künstlerisch möblierten Wohngemeinschaft in der Berliner Güntzelstraße, wo zunächst sehr fröhlich gelebt, und ich durch die Einflüsse dort, auch der Ritsch-ratsch-Kamera, immer kunstbeflissener wurde. Für mich war das Elitevorschule, 1980 ff. Alles aber noch ohne Pinsel! Ich fing mit dem Zeichnen an. Da ich mehr von der Nachdenklichkeit her kam, ging es im Grunde ja nur darum, Gedanken, die nicht mehr zu denken oder zu schreiben waren, auf einer unkomplizierten Bildfläche begreifbar zu machen. Die Kunst als Fortsetzung des Denkens mit anderen Mitteln. Also muß ja manchmal der Bierdeckel einer klärenden Skizze dienen. Es entstanden erste Zeichnungen in Gestalt der etwas-plausibel-machenden Zettel. Bei Sachen, wie der Kleinen Wohlfeile, gezeichnete Feile mit Preisschild (Haha!), war dann schon eine ästhetische Mittelstufe mit dem für Kunst wichtigen Bild/Bildtitel-Scharnier erreicht und wackelfest gemacht worden.

Als furchtloser Autodidakt (wie Spitzweg, Bacon) marschierte ich in die Stadtbücherei Berlin-Neukölln und lieh mir was über Ölmalerei aus. Es war auch zufällig schon der Standardschmöker dabei, der ›Doerner‹. Das waren alles so halbblinde Aktionen, wo nichts schief ging. Es gibt Phasen, da geht nichts schief, da läuft alles wie vom Schicksal motorisiert auf Kufen ins Glück. Und dann fummelte ich nach Doerner'schem Rezept mit Knochenleim, Alaun und sonstwelchen Zaubermitteln in meiner Küche rum und schuf ein erstes großes Ölwerk: den Historischen Fehler. Um das postalisch zu modernisieren, klebte man noch was rauf, einen alten Schwamm, so als Duchampel-Effekt und Avantgardeknüller. Es fiel dann gar nicht auf, daß ich sowas bislang noch nie betrieben hatte. Das Werk war mäßig, aber ihm wurde die Ehre einer Gruppenausstellungsteilnahme (welch prachtvolles Wort!) zuteil, und ich pflegte es anschließend daheim wie ein altes, treues Haustierchen.
In diesem Jahre 1999 nun, bemerke ich, daß er, der Historische Fehler, genial ist, ausgereift! Wir mögen uns. Das geduldige Zu-ihm-halten und Abwarten hat ein hohes Gemälde aus ihm, dem einst zeitgemäßen, historischen Fehler, gemacht! Einen Wurf! Einen Treffer!

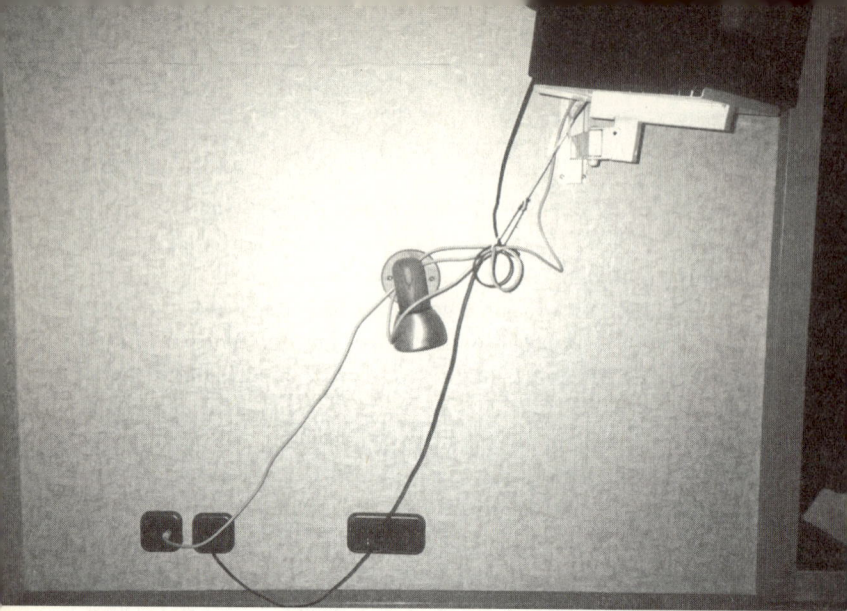

Also Tomas Schmit hat ja, wie gesagt, recht: man braucht nur Stifte und Papier, eine Gabriele-Schreibmaschine noch. (Auch falls Strom ausfällt.) Ich wollte aber unbedingt Schnörkel machen und auch mal am Leinölfläschchen nuckeln. Ich mach's mir prinzipiell einfach. Solange also Strom da ist, benutze ich den Klimperkasten und solange Erdöl vorhanden, Filzstift und Ölfarbe und Steckdosen.

Und dann gab es ja auch die Musik, zusammen mit Butzmann, den teutonischen, damals sehr einträglichen Krach, ab Anfang '80, und da gab es nun gar nichts ohne Steckdose. Der komplette Krach war verstärkt elektrisch! Das Geldverdienen mit Musike war stromabhängig! Daher rührt bei mir so ein elektrisches Grundvertrauen in den biographischen Fortschritt und die ganze Elektrokomik.

Andererseits G.B. Fuchs' großes Wort: »Der Fortschritt hat keene Lust, sich zu kümmern um mir. Und wat mir angeht, hab ick keene Lust, mir um den Fortschritt zu kümmern.«

Es wurde sehr heiter, aber ich merkte doch, daß es auch ernst werden würde mit der Kunst. In den achtziger Jahren setzte eine neue Generation Kunstbeflissener an, nach den Sternen zu greifen. Per aspera ad astra! (– nicht ohne, wenn man den Satz mit Astra, einer Hamburger Biermarke mäßiger Qualität, variiert …)

Ich halte ja nun den Kippenberger für einen ganz guten. Was das aber damals für eine Gewichtheberei sein mußte, ein Aufwand, diese Strapazen, und nicht nur er, eigentlich alle diese entschlossenen jungen Männer und die hinterherzeternden, ebenfalls zu jedem Kraftakt entschlossenen Frauenfraktionen, diese apparathafte Betriebsamkeit bis hin zur Betriebsnudelei, das mußte sein. Dieser Kampf nach oben, wo jede Gelassenheit, wo das otium flöten geht. Ich sehe noch, wie der Kippenberger diesen Conrad Schnitzler, das war so ein elektroakustischer Berliner Hausmeister mit durchaus schon vier, fünf Schallplatten damals, während einer Kneipensitzung unserer ›Schlau sein – Dabei sein‹-Redaktion, ich hab' in Baden-Baden davon erzählt, wie er den in sein Eckchen zurückbeißt und die sowieso unerhebliche Konkurrenz noch extra runtermacht. – Das war energisch! Da will einer partout in die Paris-Bar! Und deutlich als erster. Und so geht das auch!

Eine Flosse wäscht nie die andere, sondern nur sich selbst!

Es ist doch so: Wer nicht auf Menschen schießen kann, soll es mit der Existenzgründung sein lassen. Und 1980 ff. war Gründerzeit. Und da gruppierten sich die Künstler alle zu wuchtigen ›Büros‹ oder zu ›Agentur Soundso‹ oder eben ›Die blauen Ponnyreiter‹ und so. Zum Zwecke der verstärkten Durchsetzungskraft bildeten sich artistische Kampfgruppen unter den Jungen; es ging nichts ohne ein Büro und dann immer dieses hochwichtige ›Art‹ dabei, aber unartig gemeint. Selbst ironisch ist das schrecklich, weil es ja gar nicht ironisch gemeint war. Lauter Kraftakte, vom Artbüro bis zur Dauernörgelei der immer Verkannten. Alles mit dem Ziel ›großer Künstler‹. Nebenbei wird dann für die Altersversorgung und Reputationsveredelung schon eine Kunstprofessur in Sonstwo anvisiert. ›Künstler‹, das ist mir heute dieser im Grunde energiedampfende Bettelgriff nach den haushohen Langusten und natürlich besser die Reiseversicherung inklusive.
Aber ach! – Ich mache es jetzt doch auch so! Das hat so eine ungeheure Drift. Und es gibt ganz viel Ausreden! Neulich lese ich doch tatsächlich in der Zeit: »Musikhochschule, C4-Professur für das Fach KAVIAR.« – Da sieht man, daß es mit mir auch ganz schlimm steht. Alldieweil der Mensch durch sotane Künste zu Ehren gelangt und Brotgewinnste. Wir kommen darauf zurück.

Ich wollte damals unbedingt auch ein Buch machen. Wie nun? Man hat es bereits vernommen: Keiner wollte so recht, also EVS (Eigenverlag stinkt). Da kamen die frischen Exemplare zu Tausend mit dem Lastwagen vom Buchbinder, und da standen sie dann aufgestapelt an den Küchenwänden. Die ganze Bude voll mit ein und derselben Schwarte. Sex mit Möbelstücke. Das Ding ist mir heute noch peinlich. Eine schrecklich manierierte, verschmumelte New-wave-Scharteke mit jedem nur erdenklichen Firlefanz beschmückt. Stolz wie ein Spanier stapfte ich mit meiner vermatschten Broschüre durch die Stadt, und es stellte sich zuletzt heraus, daß ich ein ganz famoses Haus! Das war das notwendige Ouvertürenfiasko eines noch ungelenken Angelernten. Zu damaliger Zeit kam sowas Zeitgemäßes dennoch allgemein gut an. Es kam ja zu jener Zeit auch die Wilde Malerei auf und der rundum erneuerte deutsche Wellenschlager. »Ich steh auf Berlin!« – fürchterlich! (Heute, da sie alle, alle wirklich auf Berlin stehen, hat die Schnulze plötzlich eine beklemmende Wahrhaftigkeit!)
Die ganze Zeit mag ein Irrtum gewesen sein – es war dennoch was los! Und heute könnte man meinem verunglückten Heftchen sogar was Ironisches zudeuten. Und es gibt Leute, die es sogar beharrlich gut finden! Allerdings gibt es immer wenigstens zwei Leute, die egal was gut finden. (In zwei Jahren prüfe ich es noch mal.)

Gute Kunst setzt sich durch, weil man gut nennt, was sich durchsetzt. Gut. Das kann zum Verhängnis werden, wenn man dann gerade in einer allgemein anerkannten Kitschecke siedelt, groß raus kommt, und dort dann, nach Einbruch der Nüchternheit, nicht wieder rauskommt.
Zum Glück hat sich meine Fisematenz nicht durchgesetzt. Nun durfte ich, und das darf jeder Anfänger, dreimal daneben pinkeln; es taten ja alle damals. Hauptsache, man pinkelte überhaupt mit. Und ich war ja auch ungelernt. Docta ignorantia. Ich stand völlig ohne Leinölmuff in den Klamotten und bar jeglicher Terpentinsucht in der mir bis dato fremden Arena. Aber mit Elan! Nun ist das mit Elan so eine Sache: auf Französisch bedeutet élan sowohl Elan als auch Elch. Was sowohl auf Bergsons vitalen Elch ein ganz anderes Licht wirft, wie es für mich den Doppelcharakter der Ambition hübsch karikiert. (Oder kikerikiert.)
Meine Broschüre war gleich Hochseefischerei, und viel zu erhaben wollte das sein. Die Ritsch-ratsch-Fotos waren unbemüht, schlicht, und nun ahnte ich, daß das, als Mutterwitz der Treppengeschichte,

eben besser für mich ist, weiter solchen niederen, bescheidenen Blödsinn zu knipsen. Man kann den Leuten natürlich auch Silbersalz in die Augen streuen und überdehnten Mist ins Fotogeschäft bringen, aber diese japanischen Autofokusse sind auf ihre Art viel gewiefter und haben als Sicherung eine automatische Doofstellung mit eingebaut.

Cindy Crawford, Mannequin: »Die Frauen wundern sich, daß sie nicht so aussehen wie wir. Was sie nicht wissen ist, daß wir auch nicht so aussehen.«

Wir haben ganz klar zu wenig Menschen mit einem scharfen Urteil über den Anteil des Zufalls an jedem Siege und Ruhm. Einen Erfolg schreibt man sich gern selbst, dem eigenen Talent und Genie, zu. Am Hunger und Frieren der Erfolglosen aber ist immer das Schicksal schuld und dies wird, damit's auch stimmt, ausgiebig bejammert.
Dabei sind wir nicht mal mehr stark genug, das Unglück der anderen zu ertragen.

Kunst ist bedeutungslos, ohne Schönheit, vielleicht sogar ohne jede Eigenschaft; sie zeitigt Wirkung im guten Sinne, wenn sie gelungen, intelligent, gekonnt ist, im schlechten, wenn ihr nichts als Erfolg und Wert zu eigen ist.

Wieviel?« – »So ungefähr zirka fünf Mark in etwa.« Eine irgendwie meßbare Leistungstüchtigkeit, Wertrationalität (potentia) in der modernen Kunst gibt es leider nicht. Also kommt es so sehr auf die Erfolgstüchtigkeit, Zweckrationalität (actus) an.

Das ›gelungene Werk‹ der meisten erfolgreichen Künstler verdankt seine Wertschätzung allein der Erfolgstüchtigkeit ihrer Produzenten, ist in Wahrheit nur ein ›gelobtes Werk‹, und es bedarf vieler glücklicher Zufälle, daß dieser Erfolgstüchtigkeit auch der Erfolg folgt. Stellt er sich dann tatsächlich ein, so erachtet ihn der nunmehr an Erfolg reiche als verdient und berechtigt und meint ihn allein seinem gelungenen Werk zuschreiben zu dürfen. Daß die eigentliche Begabung Management, Selbstorganisation, Durchsetzungsakrobatik und Glück war, bleibt einvernehmlich im Dunkel, worüber eine ernst gemeinte Genieverschattung irrlichtert, an die auch die Zuschauer gern glauben. (Zuschauer helfen Zuschauern verstärkt zuzuschauen.)

Neben wenigen ist mir nur Dieter Roth bekannt, als einer, der dies wußte und sagte und ins wahre Gelingen wendete. Denn ein merkbares Gelingen, will mir scheinen, gibt es eigenartigerweise doch! – Polke! Früher fiel ihm alles zu, heute auch Ruhm und Geld. Oder die frappante Wahr- und Welthaftigkeit Fischli/Weiss'; sie erscheint mir immer auf's Neue erstaunlich; Kippenberger, der als sich vergeudender Draufgänger und Absolutist vordergründig einzig Erfolgsathlet zu sein schien, war in Wahrheit ein großer Könner und verblüffender Allesüberragender, zumal der gebührende Erfolg nie so groß war, wie man hätte vermuten sollen, ausreichend war er allemal. Es sind dies Könner, denen, da sie's können, geziemend auch Erfolg folgt.

Tomas Schmit, den ich sehr wertschätze, ist ein anderer Fall: da ihm doch beinahe alles gelingen will, nur der angemessene Erfolg nicht! Dazu mangelt es ihm vielleicht an Geschick, wie auch immer, es gibt wohl auch gar kein rechtes Bemühen darum. (Ohne ein wenig Bestreben danach bedarf es mindestens übermäßigen Glückes, angemessene Anerkennung zu erlangen.) Bei Imhoff noch schlimmer! Also ›zählen‹ beide weiter nicht, sofern man sie überhaupt kennt, und nur wenige Kenner würdigen sie, als unter die Großen gehörende.

Es besagt dies: daß es sowohl einer Gelingens- als auch Erfolgstüchtigkeit bedarf, um nach den Scheinen zu greifen! Die Kraft des Erfolgs jedoch ist dabei von größerem Gewicht als die des Gelingens! Und reicht manchmal sogar völlig aus! (Bei unseren sogenannten Malerfürsten würde ich solches unterstellen.)

Es kommt allein darauf an, sich einen Namen zu machen. Deshalb geht es nie und nimmer ohne Schildchen rechts unten. Diese Von-wem-Schildchen abzuschaffen, damit die Werke für sich ›sprächen‹, führt ins Verderben nicht nur dieses Spielchens: Die Führung durch das Frankfurter Museum für Moderne Kunst, die ich einmal unter strikter Vernachlässigung der Schildchen rechts unten machte, wurde verheerend, da kaum etwas stand hielt und die schiere Mache, die kalkulierte Verblasenheit und der Hang zu Aufputz und Edelbordüre offensichtlich wurden. Dieser Gewaltmarsch der Entmystifizierung durch die hehren Hallen dieses vollmodernen Irrgartens schlug jedoch zunehmend in eine Polonäse um, und der eine oder andere Wandbehang lachte sich schon selbst schief. Etliche Kunstfürchtige aber waren empört, da sie anschließend nachlasen, in wessen Namen die durch mich geschmähten Kunstwerke der Würdigung durch dieses bedeutende Museum teilhaftig geworden waren und somit: Nicht Schlecht Sein Konnten! (NSSK) Und da sie, die nunmehr gegen mich Aufgebrachten, im Glauben an die gute Kunst fest bleiben wollten, unterstellten sie mir so etwas wie Blasphemie. Sie haben recht: Belange der Kunst sind auch welche des Glaubens.

Warholposter, Burenstreifen, Merziglus, Penckpencks, alles kopfrum oder Filzfett. Bei ganz Avancierten fällt heute alles in eins: Marke.

Nach Lektüre einer psychonalytischen Geldanalyse (Kurnitzky) wurde mir Erkenntnis zuteil und ich behauptete: »Scheiße ist Gold!« Erwiderung einer Geistesgegenwärtigen: »Gold ist Silber!«

Kommt ein Mann zum Arzt: »Ja, was fehlt uns denn?«
»Also wenn ich Kartoffeln ess', scheiße ich Kartoffeln. Esse ich Bohneneintopf, scheiße ich Bohneneintopf und wenn ich Erdbeereis, muß ich, naja …«
»Na also dann fressen Se doch Scheiße!«

Manche meinen, es sei besser so, daß Künstler Ofenheizung, Außenklo und Husten haben und wochenlang Haferflocken fressen. Der Mangel kompensiere sich dann im großen Wurf.
Meinem Werk und mir taten ein regelmäßiger Kalbsnierenbraten mit hinreichend Vollbier immer wohler! Und daher drängte es mich auch immer, mit wechselndem Erfolg, in den Beruf. Egal, ob künstleri-

scher oder Doppelleben. Es kam darauf an, mich ausreichend zu nähren.

Zu diesem Zwecke ist das Doppelleben meist dienlicher! Zum Künstler entschlossen sollte man daher auch nebenbei Arzt, Anwalt oder zumindest mittelreich werden. (Was früher durchaus üblich war! Heute löst eine solche Empfehlung gequältes Stöhnen, Unglauben und Vogel-zeigen aus.) Mit einem naturwissenschaftlichen und einem geisteswissenschaftlichen Studium, beides ordentlich abgeschlossen, konnte mir das existenzsichernde Doppelleben im Ansatz sogar gelingen; aber beide Wissenschaften wollten mir brotlos bleiben, obgleich die erste, naturwissenschaftliche, sogar als universell zu gelten hat, da hienieden am und im Grunde alles ausnahmslos Erdkunde ist!

Somit sah ich mich gezwungen, mein Geld anfangs mit elektrischer Musik, Zustellung von Briefpost und gelegentlichen Zeitungsbeiträgen zu verdienen, da das Schicksal mich in die E-Musik, in die Post, die Zeitung, ins Arbeitsamt und beinahe in die Armut zu treiben, sich entschlossen hatte.

Nach und nach entwickelte sich auch der Verkauf von Kunst und Fotografie einträglich, so daß man die Post bleiben lassen konnte, bei schwankender Konjunktur aber noch hin und wieder, trotz steten Vorankommens, des Arbeitsamtes bedurfte: »Kapielski, bekannt durch Presse, Funk und Arbeitsamt!«

Erfolg beflügelt manch einen, so daß er nun Bedeutenderes leisten kann als zuvor; ein jeder aber dieser Erfolgreichen wird kundtun, er habe Erfolg, weil er seit je genial war: »Kapielski, mein Junge, das war ja wohl fällig! Die Penner hätten früher drauf kommen können!« (So die Selbstansprache.)

Als auf Fortkommen bedachter künstlerischer Kleinbetrieb – vulgo: me, myself and I – mußte man sein Angebot breit halten! Wenn also die Ölschinken nicht mehr brummten, machte man eben Sonderangebote auf Fotopapier. Und wenn so eine Baisse den Verdruß brachte, musizierte man eben heftiger. Der Spartenwechsel fiel mir nie schwer und ergab sich immer. Mein Künstlerdasein lief lange ruhig und auf bescheidene Weise einträglich dahin, war im Keim aber auf Höchstes und Alles angelegt.
Wenn man nun definitiv nur Maler geworden wäre, o Gott!, dann müßte man unter den Qualen der Unsterblichkeit immer und immer malen. Eine nach Terpentin stinkende Ewigkeit und Ausschließlichkeit lang! Man muß aber doch auch noch beizeiten wenigstens sterben lernen! Und dann auch Zeit dafür haben! (Nebenberuf) Und ich will mir doch nicht noch selber die Totenmaske abnehmen müssen! (Sarg-Kastisch)

Es ist mir bis heute peinlich, als Beruf ›Künstler‹ anzugeben. (Igitt! – Alle Künstler wollen vom lieben Gott eine Einzelausstellung, hübsche Einfälle und hübsche Sammlerinnen mit dicken Sparbüchsen unten dranne. – Obwohl …)
›Musiker‹ klingt solider, respektabler; da denken alle: Mensch, die arme Sau hat seit vierzig Jahren Klavier üben müssen, aber nun hat er wenigstens Chancen bei den Frauen!
›Schriftsteller‹ ist wieder hochgenierlich; in der Kneipe schämt man sich all den hochtalentierten, sympathischen Hauptschulabgängern gegenüber, da sie über eine Eloquenz aus dem Stegreif verfügen, daß einem die Ohren schlackern!
Mit ›Fotograf‹ demütige ich mich gern, da doch alle denken: Kunststück, nackte Weiber knipsen! Diese Spinner können bloß nicht richtig zeichnen, da knipsen sie eben! Knöpfchen drücken kann jeder!
Und nun bin ich ›Professor‹! – Holla! Das fetzt! Ist aber auch irgendwie unheimlich. Am Telefon und so fühlt man sich immer wie ein Hochstapler, Heiratsschwindler, Roßtäuscher und Falschmünzer. Da-

bei hat man es schriftlich! (Und das mit der Roßtäuscherei stimmt irgendwie auch: da man den Titel immer nur rauskehrt, wenn man postalisch, telefonisch etwas Gewöhnlichen Unzugängliches erwirken will.)

Gepflegter Zweifel schadet nicht. Schon als feste Kunstgröße kam mir, ich weiß es noch genau: am 1. April 1995, vormittags, beim Zeitunglesen, der komische Einfall, daß ich im Grunde ein Arschloch sei. Es wurde zur Gewißheit, nachdem ich einige weitere Minuten darüber nachgedacht hatte. Was ist Kapielski? – Dreiundvierzig Jahre hatte ich zu erkennen gebraucht. Hatte immer gedacht, ich sei ein feiner Mensch, die Behauptung sogar auf einem Tonträger vermarktet.

Noch einige Minuten später sprang ich auf, lief in die Küche und sprach es laut und deutlich in meinen Kühlschrank: »Kapielski, du bist im Grunde ein Arschloch!«

Es interessierte keinen. Außer einer sich totstellenden Tube gewürgten Tomatenmarks und einem Glas grindigen Mostrichs war ja auch keiner weiter drin. Also klappte ich ihn wieder zu. Und die beiden lachten sich nun vermutlich scheckig da drin. (Denn hier gab's Innenleben! Ich hatte ihn ja mal zu künstlerischen Zwecken umoperiert, den Kühlschrank, so daß das Licht innen immer an war und nur ausging, wenn er geöffnet wurde.)

Da wartete ich also etwas ab, riß die Tür wieder auf und brüllte »April, April!« hinein. Mark und Mostrich, starr vor Schreck und Dreck und Scham, grämten sich sehr, da sie auf den Aprilscherz eines ausgewiesenen Arschlochs hereingefallen waren.

Ich weiß es alles noch wie heute, denn am folgenden 6. April 1995 war ein Artikel über meine bis dato erschienen Bücher in der Zeitung erschienen. Es wurde dort festgestellt, daß ich gar kein Arschloch sein konnte, aber ich wurde als Trinkerpoet und wider mein eigenes Wissen und Gewissen als Rousseauist (sic!) dargestellt. O Gott, nur das nicht! Es stimmte nicht! Vor Schreck ging ich erst mal einen trinken.

Nachdem mir nun einiger zuteil wurde, verachte ich den Erfolg um so ausgeruhter, gründlicher, gewissenhafter, vom Schaukelstuhl aus!

Geduld! – Fortuna wälzt einen gemach zurück und hinunter und in die Beinhäuser sowieso. Daher muß einer, der vor Emsigkeit rattert

und pinselt und tut und der jede Buchmesse einen neuen Schmöker apportiert, ja, der muß doch bekloppt sein! Der hat doch die Gnade nicht begriffen!

Glücklicher Zufall, prästabilierter Fall? 1990 ruft mich ein Erich Maas an, wir treffen uns; Maas eine Mischung aus soigniertem Nadelstreifen mit sinisteren Zeichen der Verausgabung und des bohèmschen Wahns, aber auch irgendwie mönchisch, diszipliniert, guter Beobachter, Ratio, sehr dezent, frei von jeglicher Jammerei, ein Arbeiter mit glücklicher Hand. Am Ende des Abends gibt er mir ein halbes Jahr, um ein Buch für seinen Verlag zu schreiben, und ich setze mich hin und mache in vier Monaten ›Aqua botulus‹ fertig. Im selben Jahr kommen Husen Ciawi, Harry Hass, Peter ›Schappi‹ Wawerzinek, Funny van Dannen dazu. Maas erpreßt die Musen und wirft die Beute hinaus in die Welt!
Allein: Buchmarkt, Feuilleton sind träges Ding. (Wenn er in der Musik geschafft hätte, was ihm mit dem Verlag gelang, dann wäre Maas längst ein über alle Maßen gerühmtes Label gewesen!)
Erich Maas hatte keine Zeit zu verlieren und wandte sich mit stolzer Resignation schnelleren Dingen zu.

Seit knapp einem Jahr sitze ich, etwas burlesk in den theatralischen

Bereich sortiert und selbst nie Kunst studiert habend, als Dozent an einer Kunsthochschule in Braunschweig und staune! Während der Arbeitszeit und sogar darüber hinaus. Jüngst bildeten sich sogar erste Staunklumpen. Zwei davon besonders erstaunlich. Seit einem halben Jahr nämlich, hänge ich zwei systemtheoretischen Mutmaßungen an:

Thesenhammer 1: Wesentliche Funktion einer solchen Kunstakademie ist die Verzögerung. Jawohl! – Verzögerung, Verlangsamung und nix Avantgarde, Vorpreschen und dergleichen Eiligkeiten. Die Entwicklung der Kunst und ihres Nachwuchses muß gedrosselt, also verwaltet und stetig am Kanon abgeglichen werden, damit die Anpassungsspielräume für's Publikum, für Kunstkunden und Märkte übersichtlich gehalten werden. (Weitere Gründe folgen.)

Anfangs zunächst einige klare Unklarheiten und unklare Klarheiten. Selbst nie Kunststudent, fragte ich mich, was die Studenten einer Kunstschule von mir erwarten und vorbringen würden: Na, dachte ich, sie werden dich wohl ständig in Kunstrichtungsdebatten verheddern, und sie werden ständig mit ihren Mappen, Schinken und Installationen ankommen: »Kapielski, sagen Sie was dazu!« Man würde als hermeneutischer Irrwisch »Weitermachen!«-Losungen streuen und eventuell Dinge gutfinden müssen, die man gar nicht so findet, der Behutsamkeit wegen, die junge Pflänzchen benötigen! Man würde – igitt! – Bewerter werden und ständig Meinungen und Positionen vertreten müssen.
Denkste! Kein Student schob mir je einen ›Diskurs‹ vors Ohr oder eine Bastelei in den Blick. Eher umgab ihr Schaffen ein merkwürdig vertuscheltes Benehmen: als hätten sie Scheu, ja Scham, ihre ›Winzigkeiten‹ dem Big old Kapielski vorzuführen? Oder war das einfach unüblich? Oder eine übliche Plenumsstrapaze, die man freiwillig nicht andiente? Es ist ja so, daß es neben den immer zahlreicher werdenden englischsprachigen Hochschuleinrichtungen (art school, performance, party) noch eine letzte lateinische gibt, und die nennt sich ›Plenum‹. Grundform der Kunstlehre: Studenten sitzen alle zwei Wochen um Lehrherrn im Kreis und zeigen ihr Verfertigtes; alle dürfen was dazu sagen; viel auch schweigt man. Eine brizzlige Sache.
Als ich dann selbst ständig anbot, mir alles anzusehen – weil's mich ja doch interessierte! – und auch klar machte, daß ich es schon prinzipiell nicht niedermachen würde, stellte sich heraus, daß viele Studenten

der Hochschule, an der sie so sehr begehrt hatten (nicht?) arbeiten und (nichts?) lernen zu dürfen, von kryptischen Arbeitshemmnissen befallen waren: »Es gibt gerade nichts zu zeigen.« Sie feierten eine Strecke des Jahres ausgiebig Kunstpausen. Nur ›Rundgänge‹ und Ausstellungen schienen Furor zu entfachen. Beim ›Rundgang‹, deutschsprachige Einrichtung, zeigen alle einiges allen. Ohne Kommentar! (Na, nicht ganz …)

Ich saß dann zu Hause und schaute meine eigenen, mir verbliebenen frühen Öle an.
»Was machst 'n du da, Kapielski?«
»Ich mach mir Gedanken!« –: Sind soviele nachstrebende und bereits avancierte Künstler beisammen nicht ein in Konkurrenz gelähmter Klumpen fauler Drang? Oder mal soziobiologisch: Hat Alpha-Männchen ›Großer Künstler‹, hier als Lehrer, soziogenetisch sozusagen – also eher unbewußt wirksam – überhaupt Interesse konkurrierenden Nachwuchs in die ohnehin auch für ihn harte Kunstarena nachzuhieven? Ist auf dem Weg durch die Kunst zu wenig Können und zu viel Schicksal im Spiel, als daß sich Mühe lohnte? Wäre ein ›Separatum‹ vielleicht nützlicher als ein ›Plenum‹? Sollten wir Künstler – als Kunstlehrer – nicht erst mal einige Semester die Lehre lernen, vulgo Pädagogik oder besser Andragogik (jedenfalls paideia) studieren, um zu begreifen, was wir hier eigentlich tun und besser täten? Oder sollten wir »besser kaum dasein«, wie mir ein Student an der ›Städel‹-Schule in Frankfurt einmal nahelegte: »Wir brauchen Räume, Geld, Bücher, Kataloge und gutes Mittagessen. Und von mir aus noch paar Astrologen, Byzantinisten und Atomphysiker an der Peripherie, die man bei Bedarf anzapfen kann, um auf Gedanken zu kommen! Die Großmeister brauchen wir garnicht so – und wenn, kurzzeitig! –, die braucht allein der Ruf der Schule!« Dann sagte er noch: »Neben Kippi und so verdorrst du doch!«

Wollen wir das?« fragte ich den Schnulzenputzi bei der Überwachung seiner Schreibübungen.
»Wenn ich groß bin, will ich Kunststudent werden!« sagte er unvermittelt, wohl um mir eine tägliche Freude zu bereiten.
»Herr im Himmel!« rang ich, stumm hinter ihm stehend, um Fassung: »laß diese Palette an mir vorüberziehen!«
Am Tag zuvor hatte mir eine Studentin auf meine These, hier würde,

im Vergleich zu naturwissenschaftlichen und gewissen geisteswissenschaftlichen Fächern, zuwenig gelernt, sehr überzeugt erwidert: »Gerade das ist gut hier!« Ich sei beeindruckt, sagte ich, wieviel Bewer-
bungsanstrengungen die Studenten machten, um hier dann nichts
lernen zu dürfen! Und es gäbe doch allerhand andere Fächer, die
einem auch nur schwerlich ein Auskommen ermöglichen würden –
man könne dann aber wenigstens Parmenides im Orginal lesen oder
Fermatzahlen faktorieren! – Man sah mich sehr sonderbar an.
Vor Dienstantritt hätte ich noch gesagt: »Gut mein Sohn! Mit hoher
Wahrscheinlichkeit wirst du kein berühmter Künstler – also so einer
wie icke! – und mit noch höherer kein berühmter Künstler, der von
Kunst satt leben kann – also so einer wie dein oller Papa eben leider,
ä, noch nicht ... – aber: du wirst die drei Drucktechniken beherr-
schen, du wirst die Fotografie meistern, wirst dir Stuhl und Tisch
bauen, schmieden, schweißen und ›Photoshop‹ bedienen und deine
Mutter, wenn nicht naturalistisch, so doch wenigstens realistisch abbilden können und eine umfassende farbchemisch, filmisch, kunst-
historisch, philosophisch komplettierte Allgemeinbildung aus der
Schule in die Welt hinaustragen: dich also derart komplex gewappnet
durchschlagen können!«

So wie unser Freund Oskar Huth, der in den dreißiger Jahren an der
›HfbK‹ in Berlin studiert hatte und, als er 1941 aus der Wehrmacht
desertiert und untergetaucht war, auf Grund seines Kunststudiums die
Könnerschaft besaß, sich, und auch anderen, Wehr- und Arbeitspässe
sowie nährende Buttermarken zu fälschen (die echter als die echten
gewesen sein sollen), wobei er unter anderem Namen lebte und auch
als botanischer Zeichner tätig sein konnte. (In seinem wunderbaren
Buch ›Überlebenslauf‹ ist es beschrieben.)
So stellte ich mir das Können immer vor: Wo man nichts mehr machen kann, kann man doch irgendwie immer noch etwas machen!

Was wirst du denn nun machen in Braunschweig?«
»Dem Volke dienen! Ich stelle ihnen kalte Getränke und meinen
Raum zur Verfügung und zeige ihnen alles, was ich weiß und kann.
Damit sollen sie anfangen, was sie wollen. Das Ganze aber soll unter
den Augen der Mütter stattfinden. Daher habe ich öffentlich verkün-
det, die Studenten mögen ein kleines Foto ihrer Mutter mitbringen.
Wir hängen es unter der Überschrift ›Damit unsere Mütter sehen, was

wir hier machen!‹ in Raum 14.210 und später, wenn alle Mütter komplett sind, im Deutschen Müttermuseum auf.«

Ich sage es ganz sine ira et studio: Man kann ohne Irrsinn und Studium durchs Leben kommen! Die unter Absolventen der Kunstakademien ungeliebten – jawohl, ich weiß es! – Autodidakten, die sturen Selbstlerner – bin selbst einer! – sollen sich ruhig vorauseilend und abseits der Schulen verirren, einsam sein; ihnen schlägt größtes Mißtrauen entgegen; sie verkörpern die These: Ohne Kunstakademien gäbe es nicht einen guten Künstler weniger, aber wesentlich weniger schlechte!

Kleine Systemfehler. In der Schule, am Gymnasium war ja der Kunststudent das Genie, die einzige Baskenmütze am Ort, hier, an den Hohen Schulen, sind es mit einem Mal alle. Das kann schon nicht gut gehn.

Kunsthochschulen, wo die Studenten zu tendenziell sich bekennenden Haufen (Klassen) sortiert werden, setzen den Geschmack des Mittleren, Durchschnittlichen gegen die Ausnahme und den Einzelnen durch und ruinieren diese zugunsten des Gewöhnlichen. (Mit quasi demokratischem Druck, gr. = démokratía, mit der Macht und Mehrheit des gemeinen Volkes und seiner Drift ins Mittelmaß eben.)
Mir, der ich immer strikt abgeschieden, ganz ›freier Künstler‹, und meist in Küchen mein bildnerisches Werk voranbrachte, bleibt schleierhaft, wie man in den Gruppenateliers einer Hochschule, unter den Augen aller anderen und eines bereits Erfolggekrönten, unbeirrt und ohne Arg weiterkommen soll? Und weiter als die anderen und der eine womöglich!

Systemschranken und –zierzäunchen. Wieviel Platz hat das Auffällige unter allen, die bemüht sind auch aufzufallen? Unter wie vielen Berühmten kann es noch Berühmtheit geben? Wieviele Stellen können freigestellt werden für die künstlerisch Erfolgreichen? Wieviel Reichtümer ist die Gemeinschaft zu opfern bereit, für wie viele Auserwählte? Wieviel Verkanntenstellen sind noch frei? – Man kann es sich denken!

Sibirisches Abort: Zwei Stäbe! –: Auf den einen stützt man sich, mög-

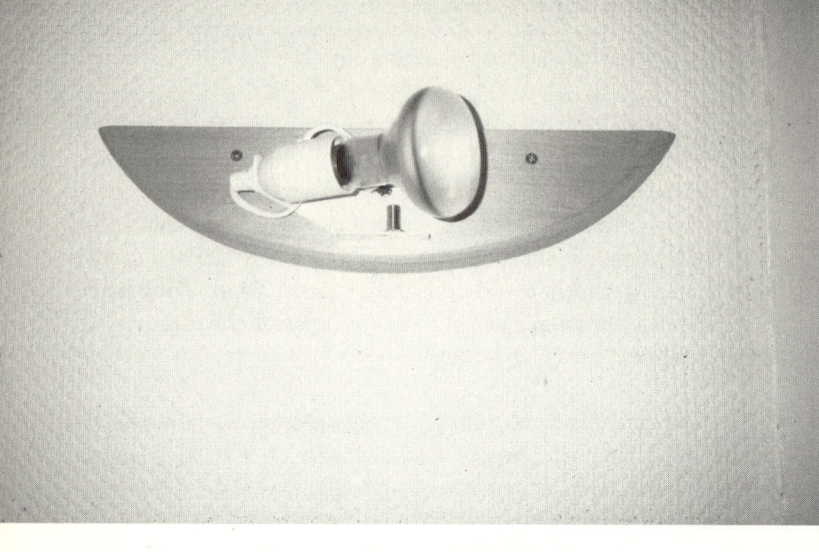

lichst hockend auf leichter Anhöhe, mit dem anderen verscheucht man die anrennenden Wölfe. (Notfalls Besenstiele)

Mittlerer Systemfehler. In einem auf schärfste Konkurrenz angelegten Betrieb, der Kunst, muß rätselhaft bleiben, warum die dort bereits unter Mühsal Obenangekommenen und Etablierten als nun auch Lehrende großes Interesse daran haben sollten, begabte, ungeduldige, nach ihren Thronen greifende Erben zu zeugen und zu säugen. Im Grunde nur, wenn man sich sicher sein kann, daß man fest sitzt, daß man geduldige, duldsame Nachkommen aufzieht, keine Umstürzler, und weil es sein kann, daß einige Wohlverlesene als Musterschüler den Ruhm des Lehrers doch werden schmücken können; diese Aufstreber aber sollen dem Weg des Meisters so weit und treu wie möglich folgen, ihn auch möglichst nie überholen und überragen! (Und wenn, dann aber richtig megamäßig!)
Und welcher Lehrer hätte die Demut, Weisheit und Gerechtigkeit, dem zu widerstreben? – Ich! Da es drei Künstler und zwei Studenten gibt, die sowieso schon besser sind als ich.

Natürlich neigen die zu Lehrern und Führungskräften gewordenen Künstler, die immer auch eine anerkannte Richtung und ihre jeweilige Kunstauffassung vertreten, welche sie hier zu lehren und amtlich zu verwalten ja bestellt sind, dazu, das ihnen Allesgeltende allgemein-gültig, universell, möglicherweise verpflichtend zu machen. Sie tun dies mit bester Absicht! Sie verkünden einzig ihr Credo.

Entwicklungen zu hemmen, damit keiner die Bereiche bedroht, auf denen man einst selbst reüssierte, liegt ja doch nahe! Ehedem und immerdar gelobte, nunmehr auch verbeamtete und Schule machende Künstlergenerationen etwa, die möglicherweise nicht mehr nach der Natur abbilden können, da sie sich einst als Aufstrebende radikal und mit Erfolg den ›Abstrakten‹ anschlossen, müssen sich einer neu formierenden gegenständlichen Kunst um den Preis ihres Abschubs auf das Altenteil doch mit aller verbliebenen Kraft widersetzen. Also wehret man auch hier lieber gleich allen Anfängen!

Nur mal so bleistiftsweise: Ohne Entschluß zu standhaftem Widerstand gegen Realismus und Naturalismus blamieren sich die Abstrakten ansonsten mit ›Akten‹, die sie – wieder mal auf zirka ungefähr – unter Einwirkung ihrer Maitressen verfertigten, da diese, bei aller Liebe, darin sich wiederzufinden, nicht in der Lage sind. Was sie, die Maitressen, auch gern ertragen, solange sich keine Alternativen bieten. Da sie, als Frauen, Modelle und Liebeskünstlerinnen, selbst aber gewöhnlich wenig abstrakt, sondern ziemlich konkret geartet sind und harsche Realistinnen sein können, laufen sie unverzüglich zu den (von mir hier mal heuristisch so genannten) Neuen Naturalisten über – – falls welche auftauchen und über die erholte Tüchtigkeit verfügen, ein hellrosa Arschloch so ins Öl zu setzen, daß es alle bezaubert, einnehmend wirkt und der betreffenden Mätresse schmeichelt, da sie sich auf's vorteilhafteste dargestellt findet. So einfach liegen die Dinge mitunter!

Da Kunststudenten sich heuer weigern, die harte Schule des gegenständlichen Zeichnens und Kopierens zu durchlaufen und, wie sie sagen, sich lieber das Spontane bewahren und nicht so sehr fremdbestimmt sein mögen (›wollen‹ wäre der Mühe wieder zuviel!), sehe ich schwarz-monochrom, was ihre Zukunft betrifft und auch ihr erotisches Glück und Ernten, da ich sehr wohl beobachte, wie eben solche, die strikt sich in Könnerschaft üben und auf famos neue Art wieder kunstweltgewandt malen können, sich seit kurzem heimlich anschleichen, von Amerika her (Stu Mead, Beth B.) oder als Verächter und

Autodidakten aus unserer Mitte (Galerie Endart & Co.). Also prophe-
zeie ich: Ein wenig verharren noch, dann ein Donnerschlag, und bin-
nen kurzem werden Sammler und Weiber den wieder ganz neuen
Realisten zugefallen sein!

(In der Musik trug sich solches längst zu: konnte man in den achtziger
Jahren noch mit Krach und nur drei Akkorden Groupies zuhauf und
herdenweise legen, so reichen heute unter Umständen nicht mal mehr
die Notenprüfung bei der GEMA und der A-Schein für den Verstärker
aus, auch nur eines einzigen ansichtig zu werden, da sie, die Groupies, sich längst wieder in den Rammelkojen auf den Ruhedecken der
klassischen Pianisten und Geigenvirtuosen (›Teufelsgeiger‹) rekeln!)

Stopp! –: Um Mutmaßungen, ob ich denn noch bei Trost und Kunst-
verstand sei, zu vermeiden, bringe ich mal eben salopp gemischt
meine Abstrakten- und Halbabstrakten-Top-ten: Pollock, Stöhrer,
Malewitsch, naja usw. Also es gibt da schon ein paar knallige Dinger!
zündende Vierecke! gefällige Pinselräusche! Ich zweifele nur, ob man
das alles so ungeniert, unbedacht nach- und weitermachen kann.

Großer Systemfehler. Die an den Kunstschulen eingeschriebenen
Talentlosen – oder zarter gesagt: Glücklosen, es gibt sie, wie sich her-
ausstellt, trotz Aufnahmeprüfung, zahlreich – sind dort das untere

Volk, ein Volk der gänzlich Überflüssigen, Mißgeschickten, von dem man einvernehmlich nichts weiter wissen will. Sie schwinden meist selbst dahin und Nichtstun kaschiert ihr Unvermögen und ihre gescheiterte Hoffnung –: Sie brechen ab. Es kümmert keinen; es gibt auch kein Bemühen seitens des Instituts, zu erforschen, was aus Abgängern und Absolventen geworden ist, es sei denn, sie hätten etwas zum Ruhme der Einrichtung geleistet. Die Gescheiterten schwinden vermutlich dahin in fernem Abschub, in vermeintlich lebensplanerischem Fiasko (Messebau, Kinderkriegen?) oder sie gedeihen endlich anderswo und blühen auf in weltzugewandten Branchen (Messebau, Kinderkriegen!). So kann ein Systemfehler sich möglicherweise selbst beheben und in spätes Glück umschlagen.

Systemfehlerchen Aufnahmeprüfung. Manche Bewerber um das Kunststudium, meist Absolventen eines Gymnasiums, wissen bei den Aufnahmegesprächen nicht drei namhafte Künstler, alte oder zeitgenössische, zu nennen!
Erschüttert examinierte ich zu Hause den mindestens zehn Jahre jüngeren Grundschüler und Oberschnulzenputzi. Er nannte mir: 1. »Leonardo di Cabrio«, 2. »Andy Warhol« (etwas vernuschelt gesprochen – aber immerhin!), 3. »Arnold Schwarzenneger«, 4. »Tut-ench-amun« (ist dem Ägyptenfaible der Kinder allgemein geschuldet) und schob schmunzelnd 5. »Thomas Kapielski« nach!
Papa: stolz! –: »Brav, mein Junge! Wir werden zur Belohnung in den Zoo gehen! Dort siehst du wahre Kunst und Künstler! Und anschließend zeige ich dir zu stärkenden Erfrischungsgetränken noch einige namhafte Raubtiere in der Paris-Bar.«

Bremssysteme. Mit Absicht bremst der Campus Fleiß und Wollen der Studenten nicht! – da solches gar nicht besonders gebremst werden muß! (Schauen Sie mal wieder rein: Im Gähnen tut der Mensch als Abgrund sich auf!)
Der Betrieb als Getriebe selbst, sogar ohne Menschen gedacht, ist ein träger und trägemachender, alles vertagender, zäh aufschiebender Warteraum, wo auf Mittel, Anträge, Stellen, Plätze, Räume, das nächste Jahr, den nächsten Kulturminister usw. gewartet wird. Man wartet auch sicherheitshalber nie auf ein Beginnen, auf einen Start, sondern immer irgendwie auf die Erfüllung der Vorbedingungen für das Beginnen.

Lottosysteme. Der gewöhnliche, begabte Kunststudent bewegt sich also andante über die Semester und vielleicht wird er Glück haben, hoch hinauskommen, oder wenigstens regionale Terrains besetzen. (Jede Kleinstadt hält sich einen solchen mediokren Kunsthampel, Berlin: Ben Wargin, und die leben nicht schlecht!). Scheitern aber kann auch er gewaltig!

Mit Glück jedoch werden solche sogar Kunstdozenten! – Da man auch hier Nachfolger aus der Mittellage zu rekrutieren bevorzugt. Sie gliedern sich einfacher ein, gefährden das Konkurrenzgefüge nicht übermäßig, stören oder blamieren die gewohnte Alltäglichkeit nicht und machen keinen unnötig verrückt. Und die Künstler von ganz oben, die großen Namen, die Giganten, sind auch schon gerecht aufgeteilt zwischen Düsseldorf und Hamburg und den anderen Hauptstädels. Jede Kunstschule ist unbedingt bestrebt, sich mit solch allerhöchstem Namenflor zu schmücken und besitzt ihn also auch, in unterschiedlicher Güte. Und obgleich unablässig beklagt wird, daß diese Berühmten kaum auftauchen, ist man insgeheim doch froh darüber, denn so stören sie nicht, und man selbst, als Normalo-C3-Empfänger, gönnt sich mit gutem Gewissen ebenfalls gelegentliches Fernbleiben. Und nicht zuletzt: strahlt man nach außen auch etwas im Lichte eines ruhmreichen Kollegen und steht auch mal als einer gigantisch unter Giganten.

Quizshow. »Schnulzenputzi! Was ist das? –: Läuft mit einem italienischen Schattenspender von Borsalino oder so rum und hat eine Karriereabkürzung ausgearbeitet: immer da sein, hart am Wind, mit überall extra viel fehlen, was in den Staubaufwirbels nicht so bemerkt wird. An seinen Geiz reicht trotz großen Reichtums nur noch seine Verruchtheit heran. (Geizel Gottes) Ein großmaßstäblicher Schuft und Schurke. Hoffart ist ihm ins Blut gegeben. Erschüttern läßt er sich nicht: Unter den Benachteiligten steht er wie eine imprenable Feste. Fressen und Saufen auf lau …«

»Das bist du, Papa!«

»Was!? Ich wollte dir gerade den Berufspolitiker skizzieren …«

Eingliederungssysteme. Bergauf gebremster Nachwuchs: Die Besten unter den Studenten sollen also der Kunst, der derzeit im Schwange sich befindenden Kunstforumskunst, erhalten bleiben, müssen ihr angeglichen, angepaßt werden, damit sie nicht davoneilen, damit sie verstehbar, integrierbar bleiben, den Landeplatz, die Resonanzfähig-

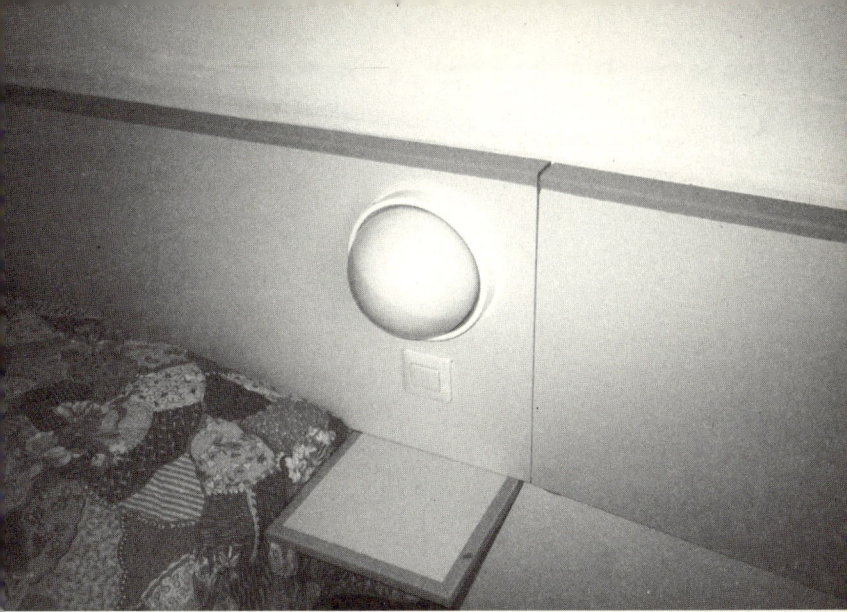

keit des Publikums, des Marktes, der Branche nicht verfehlen und ihre Lehrer nicht allzusehr desavouieren. Soweit.

Aber auch die Händler und Sammler sind um den Erhalt ihrer Werte, in die sie noch gestern gutgläubig investierten, bemüht. So halten sie ihre Kiefers, Koons und Schnabels warm und mögen sie nicht allzu hastig von alles umstürzenden Jungschnöseln inflationieren lassen.

Und Kunstkritiker mögen das Monopol auf ihr Entdeckungs- und Beratungsgehabe nicht preisgeben und hinter Davoneilenden als die Gestrigen dastehen, bestehen also auf dem ihren Gestrigen vehement gegen das Vorgestrige ihrer hermeneutischen Vorgänger, die sie längst beerbten.

Und auch die Stipendiengremien erledigen diese Anpassungen, und an der Menge der biographisch ausgewiesenen Stipendienzuteilungen und Künstlerhausferien in nur dazu nötigen Katalogen wird der taugliche, weil immer wieder als angleichbar sich erweisende Künstler bewertet. (Daß man, als Künstler und Mutter des Künstlers, sich trotzdem über so einen überschüssigen Katalog wie doof und irre freut, ist klar! Meine Mutter nahm die sogar ernster als die lediglich zu je fünf Exemplaren gebundene Magister- und Diplomarbeit.)

Großes Selbstsystemfehlerchen. Und man war hier der Idiot, der verirrte Autodidakt, der alles beschleunigen wollte. Mistverständnis!

Man muß hier eilig wirkende Verschleppungsdienste leisten und wird gut bezahlt dafür. Deshalb macht man weiter und wird man auch schon stetig fauler und wirft, sofern noch vorhanden, alle Kräfte auf anderes Steinehochrollen. Und so will auch hier ein Irrtum sich möglicherweise selbst reparieren und in spätes Glück (Spätwerk, Pension, graue Schläfen, Enkelkinder) umschlagen.

Thesenhammer 2 bleibt mit Vermutung 1 verzahnt und besteht selbst aus nichts als Mutung: Der ›Kunst‹ wird hier, an einer solchen Kunstakademie, der Sinn, im Sinne von Wichtigkeit und Güte, erst, wie ein Sockel, untergestellt. Der Betrieb (und nicht die Kunst oder der Künstler selbst) erledigt eine Hehrmachung einiger am Anfang unbedeutender, gleichgültiger Artefakte. Und das gilt für den Kunstbetrieb allgemein, wozu Presse, Museum, Katalog usw. gehören und hat viel mit der Moderne zu tun, wo es wenig zu sehen, mithin viel zu deuten gibt.
(Die Verwandtschaft zur Theologie ist auffällig: Kryptische, geheimnisvolle, hermetische Texte, Texte, die zunächst aus nichts als sich selbst bestehen, müssen gedeutet und so bedeutend gemacht werden. In gewisser Weise beerbt die Kunst auch die Religion. Und der Philosoph verhungert.)

Exemplarischer Fall. (Mit Vorbemerkung: Aus anderer Leder ist leicht Riemen schneiden. Da sich aber Walter Dahn, den ich schätze, immer als erhaben erwiesen hat, erlaube ich mir, ihn hier in's Exempel zu setzen; ich darf dies, da ich nichts beurteilen aber einiges anschaulich machen möchte.) Ausstellung in der Galerie der Kunstschule. Einer der Professores, Dahn, Beuys-Schüler, welcher unter den heftigen Malstilen der achziger Jahre reüssierte, besorgt die Ausstattung einer vornehmlich auf die ›Rauminstallation‹ zielenden Ausstellung.

Dann wird der rituell unumgängliche Akt einer Ausstellungseröffnung (Vernissage) vollzogen und die Sinnstiftung vollstreckt. Dazu werden zwei Redner benötigt (zwei sind gewöhnlich das Optimum), vorweg sollte dies ein wichtiger, würdevoller Mensch, ein Großmäzen, Kulturminister oder Museumsdirektor sein; hier nun ist es der Präsident der Kunstschule, und dann folgt ein Experte, ein Kunstwissenschaftler, Kunstphilosoph, hier nun wird es ein promovierter Kunstwissenschaftler sein.

Ein Bedeutung erzeugendes Dreieck: Auf der Position unten links figuriert derjenige, der die Sachen macht: ›The Art Working Class‹. In unserem Falle dekoriert der Künstler den Galerieraum mit dem Walde entnommenem anorganischem oder rein pflanzlichem Unschlitt, teils mimetisch das authentische des Waldes antäuschend, teils die naturkundemuseale Vitrine nachahmend.

Wie auch immer: Hiesiger Schmuck, hiesiges Dekor, hiesige Installation (man spürt schon, wie bedeutend die Wortwahl!), so oder so gesehen: Nicht schlecht! Harmonisch gestellt, der Raum ist durch wohlgesetzte Bündel einigen Geästs auf neue Façon frisiert, und jeder Raum soll bekanntlich nach seiner Façon glücklich werden! Ob er's nun ist, will er uns leider nicht anvertrauen; denn das alles, was zu sehen ist, bedeutet erst mal nur wenig, obgleich die Verortung Galerie, Kunstschule jedem Deppen sehr eindringlich nahelegt: »Also es ist keine Gartenschau oder was, es ist Kunst!« Und wer wagt, zu behaupten, es sei ja gar keine Kunst, sondern nichts als Vitrine an Gestrüppbündel, zählt zu den Banausen und kann nach Hause gehen.

Dennoch, bis dahin wurde nichts weiter festgelegt, und es stünde, vorerst noch, einem jeden Ausstellungsbesucher freimütige, banale oder sogar törichte Ausdeutung, Deutungsnutzung, Benutzung offen. Und tatsächlich: Kinder verstecken sich im Unterholz; einige Geronten aus dem gewöhnlichen Volke bedauern die Entsachlichung etlicher

Fuder tauglichen Brennholzes; oder: ein Schreiner prüft die Güte der Gehrfugen an den Vitrinen.

Es könnte also – obgleich man kontextfest im Bilde ist: »Klar, dies soll Kunst hier sein!« – viel entdeckt und gedeutet werden, ja, man könnte dem ganzen sogar Bedeutungslosigkeit unterstellen und damit zufrieden sein, könnte sich optisch oder sogar auratisch als gesättigt zu verstehen geben. Oder man könnte, noch reinen Gewissens, alles blöd, doof, scheiße finden!

Aber nun kommt, vorneweg, die kanonisierte und kanonisierende Deutungsstaffel in Gang. (Genau so in Katalogen übrigens.) An der oberen Spitze unseres Dreiecks residieren die Honoratioren. Hier spricht als erster der Präsident der Kunstakademie einiges über die besondere Würdigkeit des Künstlers, seines Institutes und stellt ihn in eine Reihe der seiner Ansicht nach Würdigsten seiner Firma, und es sind dies (natürlich) gleichzeitig auch die Würdigsten, auf die der Kunstbetrieb allgemein sich derzeit einigen mag. Die Rede von der Spitze des Dreiecks soll, wenn sie gut ist, knapp aber bestimmt sein: damit nun auch alle im Publikum, insbesondere die Deuter dritter Ordnung am Rande (man tut alles dafür, daß Abgesandte des Feuilletons erscheinen), keinen Irrlehren anhängen, sondern klar erkennen, daß die Dinge, die sie möglicherweise als Blödsinn zu qualifizieren geneigt sein mochten, in Wahrheit von größter, allgemein anerkannter Bedeutung und Wichtigkeit sind. Es räumt diese erste Rede einen Würderaum frei, den der nun folgende Redner mit Bedeutung füllen wird.

Den dritten Punkt im Dreieck, rechts unten, besetzt nämlich ein mit den Sakramenten der Kunstdeutungskunst versehener Kunsthistoriker, Kunstwissenschaftler, einer, dem bestmöglich ein Dr. vorhängt. (Nicht weil er Drusius heißt! Wußten Sie, erstaunter Leser, daß jener Österreicher Proksch, welcher zum Zwecke der Bereicherung die ›Lukonia‹ vorsätzlich versenkte, seinen Sohn Drusius Ingbert Proksch taufte, damit dieser dereinst sich legitim würde Dr. Ing. Proksch schreiben dürfen? Fälscher, Hochstapler und Ganoven verfügen oft über hochgradige, leider wenig beachtete Kunstfertigkeiten!) Dieser ausgewiesene Fachmann nun füllt den freigeräumten Würderaum mit Bedeutungsinhalt und Licht! (Im theologischen Kontext wäre er der legitime Exeget, der, mit anderen Würdigen, zur Glaubenskongregation des ästhetischen Betriebes gehörende.) Dazu verfügt er über allerhand gängige Diskurskniffe und einen stetig modernisierten Begriffsbestand.

Und wenn er, hier ist es Dr. Glasmeier (auch er, der Tadellose, möge erhaben meinen weiteren Zeilen folgen und mir den Arschtritt dann später verabreichen...), auch über rhetorisches Geschick verfügt, dann wird er nun auf möglichst kurzweilige aber gleichwohl hoch angelegte Weise den Galerieraum zum »White Cube« purifizieren, das darinnen ruhig liegende Geäst und Holz »rhythmisieren« oder jedenfalls so beleuchten, daß dem verwunderten Betrachter die Dinge ganz neu entgegenstrahlen. Und alle vermeinen auch, dieses Licht, das sie nun auch sehen, käme von den Dingen selbst und der Künstler selbst besitze diese außergewöhnliche Strahlkraft, welche seine Werke nun vermittelnd lumineszieren!

Der Hehrmachungsprozess von Kunst und Künstler aber ist (das war ja mein zweiter Mutmaßungsklumpen): Konstrukt und kontingent; Kunst und Künstler sind mannigfach deutbar und auswechselbar. Alles hätte auch anders sein können, alles hätte auch anderes bedeuten können.

Der Betrieb aber funktioniert nur, wenn genau dies geleugnet oder stark eingehegt wird. Der Künstler muß an sich selbst das einzigartige, unersetzliche Genie entdecken und glauben. Der Sammler, Museumsdirektor, Kunstverehrer muß in dieser Weise an seine Entdeckungen glauben. Der Exeget muß mit Geschick den Glauben an den Wert (auch Geldwert) der Entdeckungen stärken und beglaubigen und darf (Klumpen eins, Verzögerungsfunktion:) den Paradogmenwechsel (sic!) in der Kunst nicht zu hochfrequent und unübersichtlich werden lassen.

Rätselraten mit fachkundiger Ausgießung einigen heiligen Geistes über Brillo-Box, Urinal und anderes Verpacktes. Allein die Kunsttheoretiker und das gutwillig-folgsame Publikum, das sich Ironisierung und Dekuvrierung verkneift, machen bedeutungsleere Gegenstände zu Kunst. Mittel dazu ist die Sprache, die Besprechung, das Gerede. »Der toten Materie wird durch die Sprache eine Kunstseele eingehaucht.« (Rudolf Burger)

Zum Schluß aber redet manchmal auch noch der Künstler selbst und

gibt sich, wenn er klug ist, entweder clownesk genialisch, so wie ich, der Performanceonkel, oder gern auch etwas unbeholfen genialisch, tangiert aber um Gottes Willen die zwei anderen Kompetenzen des Deutungsdreiecks nicht, so wie ich immer, der denkt, alle drei Parts sogar allein auf- und abnudeln zu können, sondern extemporiert seine kalkulierten Unartigkeiten oder liest einiges vom Blatt und dankt und dankt einem jeden, natürlich auch den Vorrednern, den Studenten, den Gönnern und, sehr wichtig, den Kollegen. Ein Rundumdanken nämlich setzt einen jeden Bedankten in symbolische Schuld zum Danker, und so sind dann auch die störrischsten Zweifler am Können unseres Künstlers, die anderen Künstler nämlich, in einen etwas verschwörerischen Dunst der Einvernehmlichkeit, ins kollegiale ›Entre öng‹, mit hineingesogen.

Und dann steht, wenn's gut geht, alles genau so in der Zeitung und im Kunstforum: »White Cube« und »rhythmisiertes Holz« (und das obwohl uns doch schon Tieck den Zauber, damals die Romantik betreffend, auf's gnadenloseste dekonstruierte: Heiliger Hain nämlich sei nichts als Holz plus Gefühl).

Eine letzter Gefühlsklumpen: Ich werde das Gefühl nicht los, daß es bis etwa, na? – Manet nicht so war. ›Das Frühstück im Gehölz‹ wird natürlich auch im Kunstkontext rezipiert und bewertet, ist aber, fast im ontologischen Sinne, ›für sich‹ gut und hat Leuchtkraft. Aber dann, aber dann! Kommen rätselhafte Sachen auf uns und brauchen, verdammt noch mal!, eine tüchtige Ausdeutung! (Also: Meinetwegen!)

Ich mache es ja gern selbst: Führungen durch's eigene Werk. Dabei versuche ich mich redlich selbst zu verarschen, vom Sockel zu schubsen und alle künstlerischen Schummeltricks zu verraten – und was hat man davon? Die Pressefuzzis notieren es genau, aber schreiben dann meinen Selbstschmäh so, als wäre es der ihre wider einen, der sich selbst nicht schmähte! Schamlos und unaufrichtig bedienen sie sich meiner Selbstironie, da ihnen eine selbstverfertigte Mißbilligung nicht gelingen will? oder zuviel Mühe bereitete?
Also werde auch ich in Zukunft nur in Dreierformation anfliegen! (Manchmal tat ich's schon; das beste Team bisher bestand aus: Dr. Krempel/Sprengel-Museumsdirektor, erste Rede. Dann Dr. Böhringer/Philosoph, Haupt- und Jubelredner. Schließlich Kapielski/Künstler, paar nette Sätze noch mit Bitte/Danke! Und: Auf die Plätze, fertig, los! – Au! wir waren grandios!)

Boh! Das ›Kunstforum‹, das dicke, dicke Kunstforum, das monatlich immer dicker und fetter werdende Kufoteil: Als Bilderbuch ist es gut, tauglich, man kann monatlich, von weit oben gelegener, strategischer Anhöhe, mit neuer Übersicht die aktuellen Schnitte, die neuen Dekorationsstile und Kohorten anrennen sehen.
Bloß lesen! –: ist Tücke, das ist eine Tücke mit extra viel Lesen und kleistert und plempert einem die kunstbezüglichen Hirnlappen dicht; das über alle Ufer tretende Schriftgelehrtengelaber mit den tausend emsigen Fußnotenfüßchen, die vorwärts strampeln; ein verschlissener Schlaudreck, Richtung: Oberseminar. Buddeln mit Plattförmchen. (Sie wissen gar nichts, sind aber auf dem Laufenden.)
Ein guter Horchposten hat – bitteschön! – knapp und kompakt zu rapportieren!

Neue amerikanische Kunst: ästhetische Lenorflaschenparade auf Regalholz in Limba. (Man sieht dergleichen Beuys'sche Numinosmachung von Dingwelt inzwischen, da hat sich viel verändert, in hoher Vollkommenheit auch in den Schaufenstern der feineren Kaufhäuser von Parakünstlern (vulgo: Schaufensterdekorateuren) trefflich inszeniert.) Vielleicht steckt ja noch ein orginell verschrobener Gedanke dahinter, ein ›Konzept‹ und es ist irgendwie anders gemeint.

Oder gebaselitzt meinetwegen. So wie es uns der Lyotard nahelegt. In dubio pro debil, aber mit Tiefsinn. Denn er hat ja irgendwo angemerkt, daß es dort viel zu denken gibt, wo wenig zu sehen ist. Womit sich die doofe Leere eines Kunststückchens umgekehrt proportional zur Fülle und Güte der an ein solches Stück herangetragenen Deutungen verhält. Ein guter Denker braucht Leergut. Es schnappt also im Zweifel einer vom Formate Wulfens doch lieber nach dem Matschinsky-Denninghoff'schen Drahtwurstzipfel oder den Pullen Modiglianis (die ich übrigens sehr andächtig liebe, und die mir anrührend heroisch erscheinen, wie Kerzen, so als unbeirrte Dauerbrenner).

Über ein wirklich großes Werk – meins zum Beispiel! – würde man von berufener Seite immer klug, tief und leicht schweigen. Und das tut man ja auch!

Doch, doch! Jeff Koons gefällt mir. Auch beeindruckte mich letztens sehr: Paul McCarthys ›Apple Heads on Swiss Chees‹; diese Doppelplastik erscheint einem aber auch so was besessen von Genials- und Generalsirrsinn, daß man schier irr … und-: Stopp! Stopp! sagen möchte. Denn dann beschleicht einen ja doch zunehmend der Verdacht, der Künstler habe auf das Kaufvermögen Gates‹ (Apple) und sicherheitshalber auch noch auf das der Schweizer (Museen, Sammler) allgemein spekuliert und der Irrwitz verdanke sich allein solchem Wahnwitz! Sein Glück, daß er's nicht ›Apple Heads on Volks Waggons‹ genannt hat, sonst wüßte man, da das Stück nun in Wolfsburg steht, sofort Bescheid! (Amerika – aus Geldgier zu Höchstem befähigt!)

Ortung. Provinz muß kein Problem sein. Braunschweig selbst wäre gleichwohl durchbluteter, wenn es im Katholischen läge. Ich versuchte gerade letztlich, im Oktober, die Stadt barocker zu machen, indem ich ein Oktoberfest veranstaltete. Die Polizei kam und ein Bürger verhaspelte uns in Prozeßandrohungen. (Gegenreformation aus dem Evangelischen selbst!) Dabei hatte ich lediglich unter blau-weißem Schmuck, bei orginal Festbier die tadellose, sogar friedlich drolierende Marschmusik des Herzogs von Braunschweig mit geziemender (allerdings elektrischer) Lautstärke vorgespielt.

Die Kunstschule, als Bohèmemilieu, genügt nie; das sterile Kantin-

chen schließt um sechs; es läge an den Studenten für mehr festen Underground in der Stadt zu sorgen. Man weiß kaum, wo man abends – oder morgens – hingehen soll. Wieso brechen zwei, drei nicht mal ordentlich ab: und ziehen hier ein tapferes Bohèmekellerchen auf? Sowas wie Silke in Hannover.

Ikono- was? –: Latrie! Sehr schön! Die von Herrn Bugenhagen, dem ehrenwerten Verhinderer ikonoklastischen Frevels zu Braunschweig, ordentlich übergebenen prachtvollen Kirchen sind über die ganze Stadt verteilt und innen aber doch ziemlich kahl und prachtleer. Nun, er, Bugenhagen, war wohl doch eher ein sogenannter gemäßigter Bilderstürmer unter den Vollreformierern. Die Stadt wäre beseelter, wenn ihr, in Süddeutschland gelegen, die Reformation erspart geblieben wäre: Essen, Trinken ist dort immer besser! Dafür gibt's dann weniger nördlich der Batiklinie siedelnden Stövchenmuff an delikat Boutique. (Umtausch ausgeschlossen.)

Lagebericht. Ich habe in diesem Jahre 1999, anläßlich einer von mir angeführten Brauereibesichtigung mit Studenten und Mitarbeitern, einen höchst aufklärenden Lagebericht von Herrn Horenburg, netter Mann, Chef der Braunschweiger Brauerei Wolters, gehört und kann nun nur summarisch brüllen: Braunschweiger, trinkt Wolters, daß die

Heide wackelt, haltet den Pegel, bleibt markentreu! Haltet fest zu den Eurigen und Hiesigen! Meidet Fernsehbiere! Und laßt euch nicht zwischen Hannover und Magdeburg und zwischen Salzgitter und Helmstedt zerpfriemeln!

De gustibus est disputandum. »Was sonst? – Oder was eigentlich?« sagt der Stadtbaurat, wenn er seiner Ehefrau daheim die in die engere Auswahl geratenen Kunstwerke für den öffentlichen Raum zeigt und sagt: »Mutti, ich weiß nich, entscheide du mal!« So kommt es dann zur Globalisierung des Reihenhausstils. Die Straßenmöblierung koinzidiert dann eben mit der Ästhetik einer Reihenhausfrau.

Es wäre die Zügigkeit der Bevölkerung ja allgemein sogar größer, wenn neuerliche Denkmalsklumpen öfters auf eigene Rechnung hingeklotzt werden müßten. Opernhäuser kann es meinetwegen nicht genug geben. Aber: es würden, wenn der Staat dort endlich mal seine vollen Flossen raushielte, diese Häuser, wirtschaftlicher Gründe wegen, doch unverzüglich von der Schallplattenindustrie unterhalten werden.
Stop! –: Eines davon sei dennoch staatlich gefördert! In diesem aber werde keinesfalls ein beiwedelnder Multimillionär bestallt, dafür aber sollen selbst Bratschen ordentlich entlohnt werden! (Zugabe: ein Haha! aus der Zeit, als ich mich mal eingehend mit Musikerwitzen befaßte – Allmächtiger! –: Was haben Bratscher und Nutte gemeinsam? – Beide werden dafür bezahlt, einen Höhepunkt vorzutäuschen. Und was unterscheidet beide: Sie hat ein besseres Rhythmusgefühl. – Nun schlucke oder lache, Leser!)

Und umgekehrt ist es so: nicht nur betreibt der autarke Künstler oftmals eine Kneipe, oft auch frönt der autarke Kneipier den Künsten! Eine meiner Wirtinnen hält sich »aus rein ästhetischen Gründen« ein Rennpferd, einer meiner Wirte bestickt Bilder nach Spitzweg-Motiven.
Und ein mir bekannter Arzt für (oder eher gegen) Haut- und Geschlechtskrankheiten betreibt, wie Benn, eben keine Dichtung nebenher, sondern einen völlig unrentablen Stehbierausschank am Bahnhof Gesundbrunnen. Warum? Weil er nebenbei Künstler ist, der dies als neue Kunstform ansieht. Und mit allem Drummidranni ganz groß damit rauskommen möchte!

Kunst ohne Spielwitz ist wie ohne Spitzweg; ich verehre ihn von mal zu mal, neben W. Busch auch, mehr und mehr!

Ausstellung mit geregeltem 3-Wegekatalog: 1. teuer, 2. größenwahnsinnig, 3. überflüssig, 4. Mutti freut sich! – Also hat's seine Berechtigung, da Muttis wichtig! – Sonst wäre man nicht da, bräuchte keinen K.

Ja. Wie wäre es denn mal mit Bildern für unter's Sofa!

Mildtätigkeit. Welche Freude man einem reichen Menschen macht, wenn man ihm das Kunstwerk zu DM 3000,– läßt! Man ahnt nicht was diese Leute durchmachen, wie die Steuer sie zwackt, welche Summen da heikel festliegen (weswegen sie häufig sogar richtig klamm sind!) und wofür sie sonst noch alles Geld benötigen.

Ratlosigkeit. Immer diese Frage nach Gage für Auftritt und Kostenpunkt für Bastelarbeiten: »Was kost'n das?«
Was aber und ob überhaupt alles so kosten soll, das ist einem von allen guten Händlern Verlassenem (Etat en désordre, c'est moi!) sowieso unklar! So welche wie Finanzminister Eichel oder Galerist Reckermann, die müßten einem beistehen! Und tun es jetzt auch!

Reckermann schreibt mir: »Was die moralische Seite, nämlich den Preis angeht, so muß ich auf die zweite kölsche Maxime aus zweitausendjähriger Lebens- und Kunsthandelserfahrung hinweisen: ›Wat nix koss, dat is nix!‹ – Basta! Natürlich können Sie einen Freundschaftspreis machen, aber merke: ›Erst wenn ich in allen Museen hänge, kann ich es mir leisten, meine Bilder zu verschenken!‹« – Danke!

Zwölfender. An der Hochschule ein bisweilen absurd törichter Umgang mit Geldern. Da erzetert sich immer wieder mal einer die überdehntesten Anschaffungen auf Kosten des allgemeinen Budgets. Und dann verkümmert das Teil unausgepackt im Keller und der Naive (ich) denkt an Verschwendung. – Quatsch! Es sind dies hochwichtige Trophäen im dauernden Kampf um die Rangordnung. Die verwaisten Maschinen, unnötigen Anbauten und unausgepackten Rettungsinseln zeugen vom mächtigen Speerwurf eines Häuptlingsgleichen und lassen die anderen Jäger vor Scheelsucht fiebern.

Rot-weiß. Es ist gar nicht mehr so einfach, Museum zu machen, seit welche auf die Idee mit den schrägen, bemühten Konzepten gekommen sind. Das ist schon, wie bei Operninszenierungen, ein Hauen und Stechen. Zum Beispiel kommt einer auf die Idee, wir machen jetzt eine Ausstellung, aber – bumm! – die Räume werden rot gestrichen. ›Weiß is‹ scheiße, altmodisch. Wenn dann noch irgendein Theoretiker daran besonderen Tiefsinn freilegt, krümmen sich die Kollegen vor Neid ob des revolutionären Einfalls.
(Dies war mein größter Aphorismus nicht!)

Falschflaschenpfand. In der Kunst ist – so hat es sich jetzt herausgestellt – alles gefälscht! Sogar das Gefälschte. Und das Echte sowieso. Eine gigantische Wertimagination! Sehen Sie, ich war doch letztens in Klagenfurt. Mir glaubt jetzt kein Mensch, daß ich dort keinen Preis und auch nicht ein Blumentöpfchen abgeräumt habe. – Glaubt keiner! Alle glauben, ich hätte da den großen Preis abgebissen und wollen imperativ, daß ich einen ausgebe. Ich mach es trotzdem, denn das ist Rezeptionsästhetik! Und so lasse ich mir jetzt gerade an meiner Kunstschule in der Druckwerkstatt einen Ingeborg-Bachmann-Preis fälschen, der echter als der echte aussieht. Und besser sowieso. Vielleicht schlagen wir auch noch eine Medaille! Und das werde ich dann im Sprengel-Museum aufhängen, wenn ich da die Ausstellungen habe, weil sie mir nun den echten Sprengel-Kunstpreis verordnet hatten, der ja eventuell sogar den Falschen trifft.

Ausgebung. Es gibt Tage, da sehe ich ja nur die verraspelten Rosetten hier am Kunstcampus rumeiern, mit wundem Spreizschritt. Durch die Röntgenbrille sieht man das ganze hier rumpinselnde verschorfte Intimleid. Ob Studi oder Obermalermeister – jeder der hier mal koten muß, der putzt sich mit diesen schrecklichen Qualitäten hier eine Entzündung an die Klaferze. Hier verdankt sich's einer Sparmaßnahme mit extra viel Öko, ohne holzfrei, hadernhaltig; früher deckelten sie den Bedarf mit dieser Güteklasse in den ehemaligen verschlossenen Gebieten auf ihre Weise widergarstig … ä –: ab. (Widerhakle trocken) Die Menschen aus den neuen Ländern, die tun sich das nicht mehr an, die erkennst du an vierlagigem Flauschluxus mit Hakle-feucht und allen Schikanen. So wie ich haben sie alle die Penaten-Öltücher im Chambe séparée; für Pofressorchens gibt's die Hakle mit Sonderausstattung für Arbeit im öffentlichen Dienst mit natürlichen Essenzen echter Kamille. Wir arbeiten hier schließlich größtenteils im Sitzen!

Eingebung. Auf der anderen Seite, am Eingang für Nahrung, liegt die Mensa und macht überall Grünen Pfeffer drauf. Da weiß der Koch genau, wo der grüne Pfeffer wächst, da braust er auf seiner Nudelschiene in den großen Geheimmarkt und schafft ein Dutzend Doppeldosen Grünen Pfeffer an Salzlauge herbei, und die Krokettenwürstchen bilden Ketten im Dickdarm mit Schlangestehn vorm Ausgang wegen bitte, nach Ihnen, Pfeffer!
Als Student noch, aß ich zweimal täglich Mensa, Gedeck 2 oder Gedeck 1 oder Stamm, einmal gegen halb zwölf, dann noch einmal gegen drei Uhr, da warf ich damals immer nach Erhalt der Ware, bis zum bitteren Ende und gegen Ende immer dramatischer, diesen erstaunten Blick auf's viereckige Tellerchen mit den vier Einbuchtungen: Mensch, Junge, nach zehn Semestern bestehst du, dein Körper, das ganze Durchblutete nebst Knochatur und so, also alles!, aus diesen ganz vielen Menüchen hier! Und die andern bestehen auch alle vom vierten Semester an aus Gedeck 1, 2 oder Stammenü! Aus Kaulquappen werden unweigerlich zombiemäßige Menümännchen! In dem Sinne, daß der Fleischmensch, wenn er etwa drei Jahre lang

Federvieh und jetzt nur noch koscher Pute (wegen Rinderwahn) frißt, eines schönen Tages anfängt, Eier zu legen!

Und bei uns hier, Art School of Brunswick, setzt sich peu à peu der grüne Pfeffer in den Knochen, Fingernägeln und im ganzen Kunstgedrifte ab. Bei Frauen auch Salat an Sonnenöl mit Essig. (Mike Hentz hat sich mal, als Performance, auf einem der ersten Parteitage der Grünen soviel von einem speziellen Zeug einimpfen lassen, bis er leibhaftig grün wurde! Haut, Augen, Fingernägel –: alles grünes Männchen!)

Saubere Luft. Für die Rauchpause geht vor'm Kantinchen extra ein eiserner Vorhang runter, das schont uns und die Speisen, indem er, der Raumteiler, die Rauchwaren von den Eßwaren absondert. Als feste Geldanlage aber kommt uns das neu ausgeklügelte Tassenpfandsystem zugute. Man hortet sie (im Tassenschrank), bis Not herrscht und der Pfanddollar hochgeht, um dann den ganzen Schwung mit einmal auf den Markt zu schmettern, daß die Tassennotierungen nur so wegkippen. Dann schnell wieder aufkaufen und austrinken und nicht gleich alles verjubeln und versaufen!

O, ja! An Hochschulen wird »Drittmittel« wie eine Zauberwort gesprochen; man verspricht sich schon von der schieren Fülle vierer Ts, welche wie Schirmchen darin stehen, wohl jeglichen Segen und Unterstand! (Daher in der Mitte des Wortes auch ein brummig behagliches M.)

Was mache ich hier eigentlich? Meine Zweckfrage: das Rätsel. (Oder: meine Rätselfrage: der Zweck?) Viel Zeit zu Vermutungen: also Berufsprofil irgendwie Sonderkommando Kunstpädagogik ohne spezielle Aufgaben; dasein genügt. Immerhin sind Gespons und Leibesfrucht C3-versorgt. Die Firma, Art School of Brunswick, hat einen Vollschofför mit Pappe aller Klassen (interdisziplinär) eingestellt und nun gurke ich hier halbtags so ein bißchen zum Antäuschen mit der Schubkarre über den ›Freddy Pippel‹-Gedenkcampus und schiebe Verdruß. Komme jedoch – Ehrensache! – wöchentlich! Alle vierzehn Tage würde auch reichen! Geht aber nicht: wegen Blumengießen. Nach zwei Wochen sind die so schlapp am Durchhängen und Rumbarmen! Das Gewissen und die Achtung vor den Geschöpfen treibt mich wöchentlich an die dienstliche Gießkanne. Also wie, also was? Wozu braucht man mich hier? Nicht Pro-, sondern Prüfessorchen

werden gebraucht? Und pünktlich ausdauernde Kommissionsteilneh-
mer? – Schicken mich Gleichgültigkeit oder Abgunst in diese min-
dere Pflicht? Eine echte – an sich ja öde – Klassenbildung mit den mir
zustrebenden, stets vornehmen, hochbegabten Aspiranten will man
mir nicht vergönnen? da ich, was auch völliger Unfug ist, in den Bereich Kupä sortiert bin. Was fürchtet man?

Meine – gesetzt den Fall – dann unter des Schlagmannes Kapielski
rudernde und die Rudernden sicher lenkende Klasse, die würde ja
doch jeden aufnehmen, auch die von anderen Verschmähten, die Be-
leidigten so gut wie die Erniedrigten, gern auch die alleinstehenden
Künstlermütter so gut wie die nebenbei Handeltreibenden und die mir
genuin liebsten Einsamen, Abgeschiedenen, all sie würden angenommen und einzelbetreut! Zum Hauptharst der Avantgarde würde ich
sie formen! Und ein jeder, jeder wäre mir willkommen! (Auswahl
treffen verschmähe ich!) Der Aus- und Überschuß wäre mir gerade
recht!

Schicken aber, und notfalls peitschen, würde ich sie in die Pflicht! In
die niedren Pflichten, die Anfängern geziemen! Und so hetze ich sie
zum Philosophen (Böhriger), treibe sie hinauf zur hohen Deutkunst
der Kunstgeschichtler (Zahlten), damit dort der Kanon Alteuropas
sich ihnen ansiegeln möge, den man am Gymnasium heute zu bilden,
nicht mehr befähigt zu sein scheint. (Da Kenntnisse mit denen heute

Lehrer ihre Examen bestehen, einst für's Maturum nicht ausreichten!) Und treibe sie mit Knütteln in die Werkstätten der Tischler, Drucker, Zeichner und Filmfuzzis! – Ja! Ein gestrenger Onkel bin ich, als Lehrkraft, o, ja! Aber wie würdigt das Institut dieses? – Ja, vergißt man, allein auf's äußere Imagegekwackel versessen, den treuesten aller inneren Außenposten mit Nachschub und Zuversicht zu versorgen, ja, versucht man mir hier womöglich etwa noch die Venia legendi zu schränken?

Ausbeute einäugigen Betrachtens der Welt. Die größte Wahrnehmungshelle erzielt man hier wie überall mit Blinzelblick bei Blende auf, wenn man auf doof, die höchste Stufe, einstellt.

Eine kleine, dennoch heilsame Seelenweide. Neuerdings habe ich es so eingerichtet, daß mir ein Cordon Ausgesuchter – dazu gehörig zwei Begabte: mein tapferer Tutor Schlöder und der vielvermögende Ingo Rabe – die Wahrheit vom Leibe halten. Ich umgebe mich mit diesen Auserkorenen und bei mir Gestrandeten, die das Leben meistern werden, da sie es in jedem Falle vermeiden, sich nützlich, wichtig und klein zu machen. So bin ich doch für etwas gut! Zum ruhigen Schlage meines Metrums pauke ich meine sich mir in Obhut gebenden Seelen durch die Werkgruppen meiner Biblio- als auch Diskothek und will ihnen Inspiration, Kraft und Mut zur Erhabenheit schenken.

Manches Mal hat es der göttlichen Güte gefallen, noch bei Zeiten das in den Acker des Herrn eingedrungene Unkraut zu vertilgen. Und ich weiß ja genau, da ich einst mein Studium mit Betreuung verunglückter Jugend verdiente, wie wenig zu ändern, einem der bemühteste Einfluß ermöglichen will, und daß aber verwahrloseste, ja, bereits zernichtete Existenz dann und wann doch noch vermag, aus eigener und ominös äußerer Kraft, Höchstes zu erreichen!

Puff de Paris. Der halbe Fachbereich fährt, ohne mich, auf Exkursion nach Paris! – »Boh, die Säue!« kommentierte, mich trösten wollend, einer unserer Handwerker. Dafür sang ich ihm zum Dank an der E-Gitarre so gut es eben ging das Lied »Er fährt nicht mehr nach Thailand, weil er sein Girl in Sachsen fand« von Checkpoint Charlie vor. Man zeigte sich beeindruckt!

Die wer? – Die Künstler! wer sonst? pochen bisweilen etwas lachhaft naiv auf die Freiheit der Kunst, welche zunächst und selbstverständlich ethisch, gesetzlich beschränkt ist. Wir leben in einem Land, wo sie einiges gilt, aber ein Mord zu künstlerischem Zwecke bleibt ausgeschlossen. (Ansätze härtester Art sind immer wieder da!) Degoutant, provozierend, ekelig, in gewissen Graden beleidigend und kränkend, nötigend: darf Kunst längst sein! (Kot- und Blutbahn bereits ausgeleiert.) Ebenso vor Gesinnungsethik triefen. (Meist kein Problem, da brav! – Lego-Gedenkstätten usw.) Handfeste Beleidigungen, Kränkungen und sonstige Kaltherzigkeiten aus den hausratversicherten Hinterhalten der Kunst können natürlich dennoch vor Gericht scheitern. (Die Klugen unter den Geschmähten allerdings werden niemals fechten, sondern ignorieren!) Die einst schockierenden Nackt- und Kacknummern werden nur noch müde belächelt, da man die Absichten durchschaut. Weibel schlug einst mit Vorschlaghämmern auf Museumswände ein und ist dann Direktor eines solchen Instituts geworden. (Vgl. auch Außenminister Fischer) Pfadfindekünste (oder nur –glück?) der Aufstrebenden.

Was haben wir noch für Freiheiten? –: Die der Kritik, welche, die Kunst betreffend, aufrichtig und treffend sein kann, meist aber fad, protokollarisch flaulabert. Im ›Kunstforum‹ meidet man die Texte, schaut sich die Fotos an, und versucht alles lieber selbst einzuschätzen. Die Freiheit der Kritik und Auswahl schlägt aber auch in eine Macht der Kritik und vor allem Auswahl um. Da die Qualität der Aufsätze meist bieder bis artig, muß man sein Augenmerk auch auf alles richten, was nicht art-ig gewürdigt und nicht durch Kritik, sondern Außerachtlassung erwürgt wurde. Der gute Galerist erwirkt die Besprechung. In den Kulissen findet Gedränge um die Einzelbesprechung statt. Und manchmal wird der Starre und Farbenblindheit eines einflußreichen Kunstblattes sogar mit Neugründung Paradigmenwechselchen aufgezwungen. (Wolkenkratzer, Texte zur Kunst) Damit auch mal wieder paar andere drankommen!

Die Sponsoren und Sammler wiederum haben die Freiheit, mit ihrem Geld machen zu können, was sie wollen, begründungslos. Freiheit der Freigiebigkeit.

Es kann niemals ein zuviel oder Mißbrauch an Gerechtigkeit, wohl aber an Freiheit geben.

Kolportageelend, das stattfindet in, um und um Kunst herum. Da Intellektuellen- und Bohèmehobby: Neid, Verschwörung, Verrat, Klatsch & Tratsch. Natürlich nicht offen. Oberflächlich betrachtet grinsende Einvernehmlichkeit und im Hintergrund der geschäftige Totschlag mit Kraft durch Schadenfreude. Darf man sich auch nicht beklagen, denn offensichtlich macht es den Menschen Spaß so. Das ist bei der AOK in den Büros nicht anders als in einer HBK in den Ateliers.

Man leidet am schalen Frieden, und es ist schon besser, einen weiteren Beitrag zur Kultivierung der Schadenfreude zu leisten, als hier den Moralisten herauszukehren. Warum sachlich bleiben, wenn man auch persönlich werden kann? Ästhetik des Anschiß, der sowieso überall lauert.

Deshalb gab ich mal ein umstandslos fotokopiertes Bulletin, ›G.S.P.‹, heraus. Eines, das sofort herauskam, wenn *Große Scheiße Passiert* war. Mit dem ästhetischen Etwas und Zeichnungen. Programm war: G.S.P. brachte alles, in Novellenform, was man so erlebte und hörte an Unerhörtem im Kunstbetrieb. Einerseits allseits Grinsen, die paranoide Rücksicht, weil man es sich mit keinem Verderben will, aber dann das bedeckte Madenzerquetschen, hintenrum – damit sollte Schluß sein! Alles sollte offengelegt werden. Ein blöder, einfacher Trick. Was mit Clausewitzscher Wendung, daß nämlich die Doofheit die Fortsetzung der Intelligenz mit anderen Mitteln sei, für dieses Bulletin zum großen Motto werden mußte.

Im Fenster einer Kneipe, an meiner Einkauftrasse gelegen und ich laufe also vier- bis sechsmal die Woche dran vorbei (hin ohne Müll, zurück mit), steht ein Schild mit deutlicher Schrift: »Unsere Automaten werden täglich gelehrt!« – Das nenne ich Offenheit! Das ist Informationsgesellschaft. Und dann noch dieses Emphatische daran. Das reine Bekenntnis! Und auch dieser kantige kategorische Imperativ!

Die Schmähschrift kam einer Erschöpfung in der Kunst entgegen. Alle hingen 1990 rum, rissen sich die Beinchen aus, stellten die Infarktfrage: »Was könnte man jetzt wieder machen? Was sollen wir denn noch alles machen? Kann man, bitteschön, nicht mal in Ruhe wo angekommen und reich genug sein?«

Nein. Die Künstler haben immer nur versucht, irgendwelche neuen sensationellen Geschichten zu produzieren; dabei kömmt es vielleicht nur darauf an, sie verschieden zu kolportieren. Die hocken ja soundso den halben Tag am Telefon und quatschen sich die Verschwörungstheorien vom Leibe. Die Kunstbetriebsnudeln mit ihrem schweren Kunstforum und ihren traurigen Texten zur Kunst, die machen das auf ihre feine Art sowieso schon. Aber eben so von oben. Die Kunkelkiste G.S.P. war eine Kampfschrift von unten wider den Frevel ganz oben. Es gab bis 1991 acht Nummern und eine Anzeige wegen übler Nachrede.

All die ›Künstler‹ und Leimstängler, die ihre Heißluftballons, seien dies nun ›Gedenkstätten‹ oder sonstwelche überflüssigen Karrieremonumente, über den allein zu ihren Zwecken, von ihnen selbst neu angefachten Krematoriumsschloten füllen, sind mir zuwider.

Lenin Riefenstalin (Theologe Gärtner)

Ist uns hier nicht eine böse Stelle untergekommen?« Und da kommt gnadenlos und lückenlos der große Geheimcode in Anwendung: »Das geht so nicht. Das können wir so nicht schreiben.« So werden die Aussagen, auch die somnabulen, die von Irgendwo kommen, die vielleicht ja voll astraler Luzidität sind, da werden diese Bemerkungen von Jenseits schon fortreguliert und wegnormiert. Das gleiche passiert, und vielleicht noch schlimmer, beim Bemühen um den stilvollen

Avantgarde

Text. Oder wie in den hallodrimäßigen Stadtmagazinen geschrieben, in den flotten Sendungen gesprochen wird. Die fröhlich kecke Schülerzeitung. Da gesellt sich zum Verbot das nivellierende Muß.
Querbeet diese merkwürdig selbstkontrollierten, selbstregulierten Äußerungen. Der Effekt, daß öffentlich jeder nur noch bedingt schreibt und redet, was er, sagen wir mal: privat oder gedanklich vorgebracht hätte. Die mit Häme und Angst niedrig gemachte Stammtischquatscherei ist doch eigentlich der Ort öffentlicher Ehrlichkeit, egal mal, was da kommt. Da träumt doch ein Politiker von. Als Albtraum und Wunsch nach entspannter unkontrollierter Rede. Denn hinter dieser Redekontrolle und Schreibkontrolle steckt ja auch die gute Absicht von unten nach oben. Man weiß, wer das Wort führt. Und ein Politiker ist bei Strafe des Skandals und Spektakels zur totalen linguistischen Selbstkontrolle gezwungen, weswegen er lieber nichts sagt beim Sagen. Das risikolose Gelaber. Damit aber haben wir sie und ihre Zunge in der Zange! Das ist eine Macht von unten. Aber der Preis dafür ist die öffentliche Undeutlichkeit unserer Reichsverweser. Sie reden alle gleich lau. Wir wissen nicht mehr die Grade der Arschlöchrigkeit einzuschätzen. Und dieser sprachliche Schwitzkasten kehrt sich gegen unten, wenn man ihn da gleichermaßen anwendet,

wenn im Volke auch nur lau gelabert wird. Wenn man sich mit einem, hier unten und von gleich zu gleich, unterhält, will man einfach nicht, daß der sich kalkuliert verstellt und flaulabert. (Oben, unten – ist auch Quatsch. Unten geht's manchmal grauenhaft zu.)

Sozialsanitärer Kammerton ä. Wenn einer seinen miesen Schweinewitz loswerden will, soll er das tun. Das interessiert mich dann auch. – Wie kommt sowas? Und ich höre ihn mir auch schon deshalb an und werde dafür fechten, daß er erzählt werden kann, weil ich nicht will, daß er da in so einem vermauerten, versteckten Kopf weiterfault und die Totalität in Brand steckt. In die sublime Form eines Witzes verpackt, ist jeder Wahnsinn harmlos, aber nur mit Auspacken!

Und es ist auch nicht einfach. Wenn zum Beispiel Diter Rot mit seiner ›Zeitschrift für Alles‹ den Versuch unternimmt, absolut keine Zensur, keine Filterung, keine Auswahl vorzunehmen, dann kommen eben zuerst die netten Sachen der Bekannten und Verwandten, und es spricht sich rum und so folgen die flauen Gedichte, das Selbstgemachte der Querulanten und Manuskripteinschicker und natürlich auch das Monströse der kranken Hirne. Die letzte Ausgabe umfaßte zwei Bände, Telefonbuchmonster. Die allesverschüttende riesengroße Graulawine. Mit dem Rot'schen Namen geadelter Abfall. Die unkontrollierte Kettenreaktion der Meinungsfreiheit. (Auf der Buchmesse in Frankfurt wird sie einem auch immer offenbar.)

Zwei Projekte: Globus von Deutschland, aufblasbar, auch zum Baden. Stimmgabel (bissel dran rumfeilen, bis die Obertönchen ächzen): Kammerton ä.

Lieber Hans! ›Splendor globi‹ ist eine anmutig zarte Schrift, von all Deinen mir bekannten: die mir jetzt liebste! Ich war sehr, sehr eingenommen: es ist wohl auch der reinen Liebe zu einem Kind zu danken, daß höchste, schlichte Wahrhaftigkeit auf leuchtendste Weise auf's Papier fließt. Dazu auch die Liebe zum Behaim'schen Erdapfel, zur braven Erdenkugel, welche sich immerdar gleichmütig dreht und dreht um das uns fern gestellte Sonnengestirn, da wir es auf ihm nicht ertragen könnten und es uns rein zur Ansicht und Verehrung bestellt ist!
(Ist Dir bekannt, daß ich ein Geographiestudium ordentlich abge-

schlossen habe? – In der physischen Abteilung zum Thema: Simulation von Fließbewegungen mit der Navier-Stokes-Gleichung.)
Der Goebbels'sche Michael, den Du mir als »Georg« annoncierst, ist ein, sofern man es mit verbundenen Augen liest: trotzdem schlechtes, vom Expressionismus affiziertes, kitschiöses Buch, das, auf Grund einiger Umstände, in solchen Auflagen in die Welt geworfen wurde, daß es natürlich auch in meinem Regal steht, und ich lese gelegentlich im Herabstieg daraus vor, um gewisse Stilisten und Experten zu testen. Der Autor Goebbels ist ein schlechter Mensch gewesen: ständiger Ehebruch usw. Seine Sündenliste ein Kompendium moderner Lebensart (Propaganda, Werbung, Consulting, Kintopp, Medien, Autos, Mätressen usw.). Und seine (modern futuristische) Kunstauffassung hat sich gegen die seines Führers (kleinbürgerlich) nicht durchsetzen können. (Die Idee, daß im umgekehrten Falle Spitzweg entartet und Duchamp Reichskunst hätte sein können, ist abgründig, aber nicht grundlos, und entzückt irgendwie – als Gedankenspiel! Denn jetzt ist es ja fast so!)
Frau und Kind sind fort; Frau doziert, Schnulzi studiert. Erwarte beide um Mittag. Draußen leichter Schneefall. Habe den November und Dezember hindurch meine Berufskrankheiten auszuheilen versucht, und da ich zuvor nie einen Beruf bekleiden durfte, mangelte es mir an Widerstandskräften. Es scheint aber aufwärts zu gehen! Die Dinge klären sich. Wieder strahlenden Gesichts, Dein T. (Eine Post an Imhoff)

Kleines Lieblingskunstwerk (von Gabor Altorjay): Blau lackiertes, zigarettenschachtelgroßes Gehäuse, nichts weiter dran, kein Schalter, nichts; allein: es treten zehn Zentimeter Stromkabel hervor und enden in einem soliden Stecker. Ja, und solch ein eigenartiges Elektrogerät, das muß man ja ausprobieren, und so einen Stecker, den muß man ja sofort in die nächste Steckdose stecken, um zu ergründen was da …
PENG!!! und: Knall, autsch, bumm! und alles dunkel macht!?
(Also: drinnen, im blau lackierten Gehäuse, sind nichts als die zwei stromführenden Adern kurzgeschlossen. Einfache und gute, sehr gute Idee!)
Das harmlose Elektrogerät läßt nichts als die Sicherungen der Galerien, der Sammler, der Museumsdirektoren, der Museen, der Kunst, der Welt und des Universums bersten.

VI.
Splendor mundi

Dezember 1999

An viele Arme
delegiert der Fluß
seine Furcht
vor dem Meer.
Helmut Lamprecht, Delta

Das ›perfekte Jahr‹ errechnet sich, indem man das Querprodukt der Jahreszahl durch ihre Quersumme teilt. (1999 = 26,035; 2000 = 0) Ob die vermeintliche Perfektion auf hohen oder niedrigen Ergebnissen fußt, möge in der Vergangenheit geprüft oder aber, die Prognosen betreffend, dem Nachrechnenden selbst überlassen bleiben, da er persönlich ja die betreffenden Jahre einschätzen und sogar ertragen muß.

Ende 1999. Ein grausiges neues Jahrtausend steht wie Felswand dicht bevor. »Bis dann!« mißt nur noch wenig Tage. Klaus Theuerkauf pflegt einem zur Verabschiedung »Piß dran!« nachzurufen, damit man den Rest eines doofen Tages durch Geringschätzung gelassener verlebt. Also wird gegen neue Jahrtausendfelswand gepinkelt, und eisige Winde fallen herab, den Urinstrahl wider den Seichenden zu biegen. Ein grausiges altes, anscheinend »kurzes Jahrhundert« (Hobsbawn) geht zuende. Als ein in ihren schalen Schlußakt Geworfener, vom größten Irrsinn dieser angeblichen Kurzstrecke Verschontgebliebener, krauche ich dennoch arg versehrt daraus hervor. Alle Überlebenden sind froh, durchgekommen zu sein.
Und die Weiber werfen heuer wieder tüchtig! (Wöchentlich erreichen uns postalisch erfolgte Wurfankündigungen!) Wenn die allgemein verbreitete Auffassung, dumm ficke gut, stimmt, wie ist es dann wohl um die Beischlafqualitäten von Personen mit derartigem Lebenszutrauen bestellt? (Dazu die zwei Weisen: 1. Wilhelm Busch: »Ich kann wohl sagen, daß mich so ein ›Päckchen‹, welches ja unversichert auf die Weltpost gegeben wird, recht merklich zu rühren vermag.« Und

2. Johannes Gross: »Wenn es zum Leben einen Beipackzettel gäbe, würde niemand damit anfangen.«) Beim demütigen Ausfegen der qua Schnulzenputzi gründlich verkrümelten Küche reuen mich solche Gedanken. Ich habe nicht zu entscheiden, ob mit mir Schluß sein soll!

12.12.99. Der Mann (48, »teutsch Hertz und Gemüthe«) war zur Dämpfung eines Anfalles von schwerstem Mulm neun Tage am Stück mehr oder weniger knülle. Welcher Mann? Frau: »Du!« (Also ich, T.K.)
»Neun Tage? Kann ich mich gar nicht entsinnen, auf neun Tage!«
»Ja, und gestern hast du wieder besoffen die Bierflasche auf'm Kopf balanciert! Was soll der Junge denken?«
Soweit ich erinnere, hat er sich amüsiert. Für diese Bolschoi-Abende ziehe ich die extra enge Langeunterwäsche in grau an. Dann gebe ich zu Offenbachs ›La Vie Parisienne‹ Nijinski'sche Schreittänze. Frau würdigt sie nicht, aber er, der Puer kapielskiae und Erstgeborene, mag sie, meine Tubbie-Tänze! Pistolen, Stich- und Hiebwaffen, Kanonenschläge, schweinische Fremdsprachen, ›Banane, Zitrone‹, »Wer Fotze leckt und Piepel kaut, der kriegt am Arsch 'ne Gänsehaut!«, so was mag er! Man versucht das schlimmste fernzuhalten, aber er schnappt es aus der Luft, das Allerschlimmste! An den aufgegebenen Eichendorff-Gedichten kaut er ewig, auch wenn wir sie mit Schumann melodisch zu festigen versuchen. Eine zufällig aufgeschnappte Zeile der ›Die 3 Besoffskis‹ hingegen kann er akkurat repetieren! Und tut es auch! Teletubbies (neue TV-Serie) lehnt er ab, unter seiner acht Jahre gereiften Alterswürde, außer eben wenn Papa den Tubbie macht. (Tags darauf leide ich aber unter Kriegstanzverletzung: Muskelkater.)

Hier nun aber, Leser, will ich einen wichtigen Punkt vor Ihr geneigtes Lesebrillchen tragen: Da alles Neue wesentlich veraltet, wird schon in kurzer Zeit kein Mensch mehr wissen, wovon ich hier Zeugnis ablege. Und das ist gut so, da es sich bei Dingen wie den ›Teletubbies‹ um unbedeutsamste Wechselwindelchen im tosenden Gewoge der ewig ratternden Mentalitätengeschichte (oder wie man dies Gefurze nennen soll) handelt, wohlgemerkt: durchaus auch wert, bemerkt und vermerkt zu werden, ansonsten aber zermalmen die vier Fernsehaffen alsbald gründlich in den rasch auftreibenden Müllbergen unserer modernen Gesellschaft. Ich will sie daher mit Hilfe dieses zeichneri-

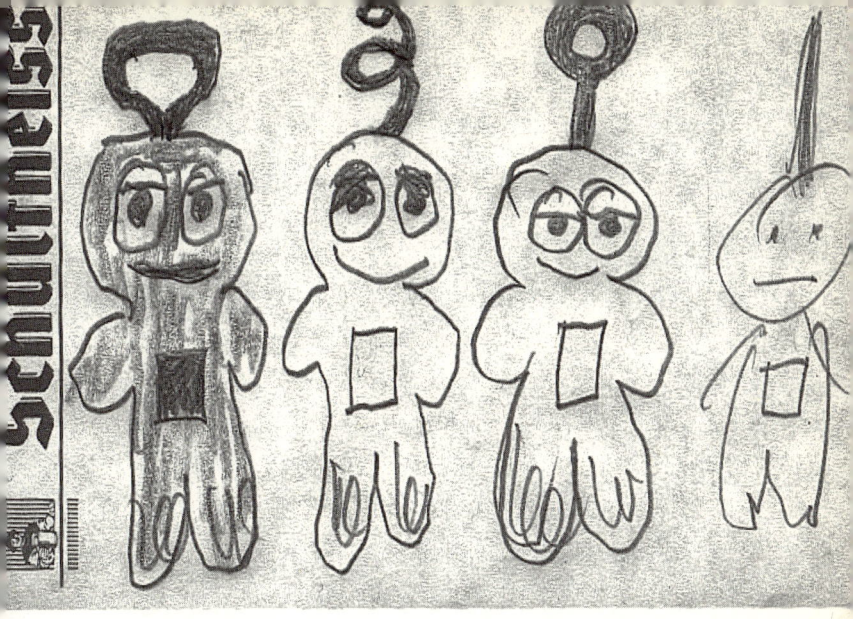

schen Arschtrittes für einen historischen Moment noch kraft meiner verbürgten Tüchtigkeiten in die Hochkultur aufnehmen und dergestalt geläutert, Leser, ein letztes mal in Ihr zerzaustes Gedächtnis umbetten.

In ›Roth's Bierstuben‹ »zieht« unlängst einer »seinen Schirokko im zweiten bis neunzig!« Wer wüßte danächst noch zu sagen, was solches bedeuten soll?

Neulich auf einem Kindergeburtstag mit Verkleiden kamen zwei Papas als eben kommentierte ›Teletubbies‹, und zwar einer als Tinkywinky oder wie der heißt (blau, mit oben Flaschenöffner drauf, erster von links) und einer als Lala oder wie das heißt (gelb, mit oben Korkenzieher drauf, zweiter von links). Ich nicht, ich mache nur die fortgeschrittene Nulldreier-›Kindl‹-Flaschennummer als Rumpeldi-Pumpel (grau/blau, mit oben Bierfalsche drauf, dazu extra enge Langeunterwäsche). Zwei Mamas gingen als Domina! (Allerdings entschärft.) Ein Kind als Scherge! Eins als Neger; auf Nachfrage meinerseits aber als »Afroeuropäer«. Eins als Schildkröte. Dies bedauerliche Nachfahr fiel ständig hinten über! Der Panzer war zu schwer. Hatten die latent bösartigen Eltern zuviel Draht im feuchten Pappmaché vergautscht. So fiel dieser Ehesegen in Unwucht immer wieder

auf den Rücken, mußte ständig wieder aufgestellt werden. Wollte das Ding aber partout nicht abschnallen. Versuchte mit der Rückenlage das Gewissen der Eltern schlecht zu machen, nach Nietzsches Rezeptur, sich Vorteil durch Leiden und Mitleiden zu verschaffen.
Sterbende Schildkröte: Erinnerte mich an meine sterbenskranke Mutter. Dazu später.

Mein liebes Weib beobachtete gestern nacht sogar eine Waberlohe um meine Schlafstätte! Es ist dies ja eigentlich ein flackerndes Feuer um Brünnhildens Bettstatt, nun also auch solches Phänomen des Nachts und ganz ohne mein Bemühen um mich herum! In Wien las ich an einem Geschäft etwas von: »Hochleistungsbetten«, aber dies Wunder hier geht offensichtlich allein von mir aus.
Nun hatte ich mich, sonst strickt und einzig dem Biere anhängig, am Abend zuvor von Inge-Wirtin zu vermessenem Schnapsverzehr anstiften lassen (sie zählt zu den Abfüllsadistinnen); ich nehme also an, daß meine Fahne (eher schon Standarte!) auf geheimnisvolle Weise zu lumineszieren oder durch chemische Reaktion mit meinen derzeit doch sehr üppigen Hormonausschüttungen sogar zu fluoreszieren begann.
Die pompöse Haube meiner während des Träumens immer arg ausgehärteten Rute soll währenddessen neuerdings auch leicht grünlich

phosphoresziert haben! (gr. chroma-soma = Farb-körper!) Wie still moderne Baumstämme im tiefen Nachtwald. Hu, hu!
Frau aber entzaubert dies neuerliche Mysterium sofort wieder und rät zu sorgfältigerer Intimwäsche. Wie banal alles ist!

18.12.99, Blauer Affe; Frühschoppen mit Kramer. Ich ging hin, um Bescheid zu sagen, daß ich nicht kommen kann. Während der Ausnahmesitzung leuchtete plötzlich eine merkwürdige These auf: Intempestive Trinker seien, unserer Erfahrung nach, immer auch nebulöse Taster! – Stimmt! (Einhellig!)
Dann notierte ich noch auf einem Bierdeckel: »Weltraumtapete«, vermag aber jetzt den Kontext nicht mehr zu rekonstruieren, konstruiere also neuen: Da ich auf die Frage nach meinen Weihnachtswünschen immer spielverderberisch antworte, ich hätte schon alles und bräuchte auch gar nichts weiter, werde ich morgen eine solche Weltraumtapete wünschen. Der Schnulzenputzi wird sie schon zu tuschen oder sonstwie herzustellen wissen, und braucht so auch nicht wegen mir sein sparschwein'sches Vermögen anzurühren, da es so etwas wie Weltraumtapete, vermute ich, gar nicht zu kaufen gibt.
22.12.99 Der Weihnachtsmann ist ein Mann, der den Wein achtet! Die Erde ist nicht mehr wüste, sondern wieder mit Weinbergen ausgeziert. Aber andauerndes Glöckchengeklinge schlägt mir, klingelingeling, auf's Gemüt. Frau stellt überall Bunte-Teller-Freßminen auf. Ein Weihnachtsweltschmerz nagt mir kariöse Stellen ins Dekorum. (Ich badete es gegen Abend mit einigem Erfolg warm in Glühwein, nicht das Dekorum, das Gemüt. Dekorum trinkt nicht!)
Heute äußerst umlautere Stimmung: blöde, ängstlich, äußerst übellaunig! (Mit ö, ä, äu und ü!) Bei Luther nur Umlaut ö: »Ein furchtsam, blöds, verzagts, zurknyrsset Gewissen«. Diz, ach!, izt noch viel schlümmer! Ein solch zurknyrsset Gewissen nämlich versucht neuerdings und immer öfter meine belebte Umwelt auf mich zu pflanzen. Und es gelingt ihr!: Zähe Bezweifelung der Menge alkoholischer Erfrischungsgetränke (dabei saufe ich sowieso nur Bier! – Naja …), die man selbst für richtig hält. Ewiges Nörgeln am (keuschen, formal tadellosen!) Kontakt zu fremden Damen. Auch Kneipen-Inge und Kramer-Freund werden, vorerst noch gemäßigt, bezetert. Das aber bedeutet: Stück um Stück wird neue Bastion sturmreif geschossen und genommen, sobald die vorigen Trümmer nur noch rauchen. Die Ehe ist, wie derzeit alle beharrlichen Reste des Sozialen, ein Umerzie-

hungslager. Mein liebes, gutmeinendes Weib aber kann nur bedingt dafür; die sozialpädagogischen Weltverbesserungsanstalten der siebziger, achziger Jahre hängen insbesondere den Damen fest in den Krallenknöchelchen, auch flankierendes Kontrollwesen verziert das allgemein Mitmenschliche, überall Erziehermäuse, UN-Beobachter, Sozialarbeiter, Frauenversteher, apodiktische Fremdenversteher, von moralischer Entrüstung geschwellte Würdeknallköppe, Pädagogen, Andragogen. (Dabei ist eine fein temperierte Agogik, in der Musik etwa, sowas von erfreulich!)

Und dann die sprachsanitären Auflagen, die man bei Strafe anhaltender Ächtung allenthalben zu erfüllen hat! (Neger, Zigeuner, diese schönen, einst im schlechten wie guten Sinne gebrauchten Worte sind nun allein böse gemacht; dahingegen dieser bigotte Ersatzquark mit Afroörni und Sintibert verordnet! Also nee! Und was machen wir mit Carl Einsteins großartiger ›Negerplastik‹? Und anstatt Regen muß man jetzt Flüssige sagen, o Göttle!)

Und man guckt sich nun auch schon um, bevor man öffentlich Thesen auflegt! Wie früher.

Moderne Ehen tragen die Ringe unter den Augen.

In der Gaststätte dünkt mich recht felsenfest: Trinker, erudierte zumal, die letzten Menschen, die reden! – Und nicht kommunizieren!

Ein solch alteuropäisch studierter Trinker betrat die Gaststätte und verlangt, selten genug: »Martinus!«
»Sie meinen ›Martini‹?«
»Nein, Herr Ober, wenn ich zwei will, werde ich es sagen!«

Alle wollen alt werden, aber keiner will alt werden.

Ein anderer sprach: »Ich denke niemals nach, da ich auf alles gefaßt bin.« (Henscheid hätte noch ein ›sowieso‹ hinzugepackt und damit, wie immer, klug getan. Er ist nämlich der Beste!)

Entzückender Kurzdialog in ›Roth's Gaststuben‹: »Haustrunk ist erbärmlich.«
»Stimmt nicht.«
»Doch! Du holtst dir'n Tennisarm mit'n Bierschleppen.«

Also dann müßte man aus krankengymnastischen Gründen daheim-
lich Destillate schlürfen? Wäre auch sehr ungesund, aber manch einer
zieht eben die exklusiven Formen schubweisen Selbstmordes, allein
und zu Hause, den geselligen vor. Dazu Wunschmusik.
Gebt starkes Getränk denen, die am Umkommen sind, und den Wein
den betrübten Seelen, / daß sie trinken, und ihres Elends vergessen,
und ihres Unglücks nicht mehr gedenken. (Spr 31, 6.7)

Dahingegen lepröses Küchenkurzdrama daheim:
Frau: »Warum trinkst du?«
Mann: »Weil ich es mir wert bin!«
Frau: »Wie wert?«
Mann: »Bis ich platze!«
(Nebenbemerkung zum Heil meiner hochheiligen Familie: Das hier
geschilderte Familienidyll hat wieder mit der Wirklichkeit nichts ge-
mein! Der Dialog fand so nämlich bei Familie Kramer statt!
Hat mich aber dermaßen entzückt, daß ich ihn hier zu uns, den Ka-
pielskis, hinübertransloziere. Und die Ähnlichkeiten sind nicht mal
zufällig!
Dafür sei mir, von beider Sippen Seite, gern auch der Sockenschuß
vergönnt!)

Die Seele aber der Zügellosen ist ein durchlöchertes Faß, woraus die
Unglücklichen mit einem Siebe schlaflos Stund um Stund Vollbier
schöpfen.

24.12.99. Den Wein achten! O ja! Daher tranken wir, als junge Menschen noch, mit gehäckselten Südfrüchten verfeinerte Tütenglüh-
weine zu Weihnachten. O je!
Nun aber trinken wir, der engste Familienkreis, Vater, Mutter und
Sohn, Weihnachten Bier auf törichte, nämlich diese Art: Wir kaufen
jene Zehn-Liter-Partyfäßchen (vulgo: Dosen) im Getränkegroßmarkt,
benutzen aber keinesfalls diese extra noch mal Kosten verursachende,
aber ganz unfähige Plastikzapfe, sondern öffnen die Leichtmetallfäs-
ser mit unserem an der Wand befestigten, elektrischen Dosenöffner;
man muß eben nur sehr darauf achten, daß die bombastische Bierdose
am Ende einer elektrischen Aufschlitzungsrunde nicht nach unten
wegsackt; ist schon öfter passiert (alle Menschen, außer Damen, sind
mangelhaft!) und man wischt dann den halben Heiligen Abend lang

Bier auf und zankt über das üblich Maß hinaus um jedes darüber hinaus neu einbrechende Übel wie geisteskrank. Nein!

Also Hilfestellung einnehmen und die Großdose schön von unten mit etwas Küchenkrepp, ›Zewa-Wisch-und-weg!‹ oder Küchenhandtuch sichern! Beim dritten Mal klappt alles hervorragend und beim dritten Mal ist auch schon alles fertig: Drei oben offene Trinkgefäße: Eine Superdose Hasseröder Premiumpils light für die Mama, eine Superdose Berliner Kindl Malz für den Erstgeborenen, Schnulzenputzi, und eine besonders humpige Dickdose entweder Wolters brut oder Urkrostitzer Doppelbock für mich (ego et pater unum sumus).

Und nun kommt's, der Knüller, meine Erfindung: Ich hole im Baumarkt vorher zweimal drei schlichte, hölzerne Schubladengriffe und klebe diese mit Sekundenkleber (hält hervorragend!) seitlich an die Dosen, so daß wir nach alter Sitte Brauchtum pflegen und mit drei richtigen Superhumpen im Kerzenscheine umeinander stehen und die Gigaseidel mit Schmackes aufeinanderzuprosten lassen, um derart den Gipfel des Festes, die schöne Bescherung, festlich zu erklimmen.

In der Woche zuvor sind der Schnulzenputzi und ich aber schon nach Würmse, Kreis Banse, in die Lüneburger Heide gereist, wo der tüchtige Sohn meines alten Arbeitskollegen Günter Bause Gänse in korrekter Weise auf Wiesen mästet. Diese sind aber beizeiten, in den Stunden unmittelbar vor unserer Ankunft bereits geschlachtet und

hängen in der Kühlhalle, wo wir handelseinig einige Schnäpse einnehmen, nachdem wir eine mit dem Zollstock ausgesucht haben (zu
oft kaufte man töricht Tiere, die nicht in den Ofen paßten), und dann
gucken wir noch eine Weile zu, wie riesige Kübel mit Schlacht-
abfällen, also eigentlich nur die Köpfe und Beine der Gänse, an die
Schweine verfüttert werden. Es scheint ihnen ein Festschmaus zu
sein, grinsend zerknurpseln sie die knorpeligen Gänsereste, was in
summa ein eigentümlich Geräusch macht, etwa so, wie wenn zwölf
Personen Schweineohren mit Möhreneintopf essen und zufällig alle
gemeinsam gerade die lecken Ohrenknorpel knurpseln. (In China hat
man Beizen, Marinaden und Weichmacher entwickelt, die während
zweier Wochen selbst Entenfüße kauweich und lecker machen.)
Zurück in unsere Wohnstube: Der Baum nadelt und brennt, aber die
Bescherung ist glimpflich abgelaufen. Geschenke abladen: Sohnemann wurde mit ›Playstation‹ und ›Ninja‹-Burg ruhiggestellt, zählt
gerade seine ›Gogos‹.

Besitzt davon 124 hübsche Stücke. Sind so Plastiktrüffel von lupen-
kleiner Niedlichkeit, 3,5 Gramm, 2,5 cm hoch, viel Formen, viel Far-
ben, ein taxonomisch, genealogisch ausgeklügeltes Subsystem. Vier
Stück kosten bunt verpackt zwei Mark. (Und auf solch eine Fabrikan-
tenidee muß man kommen!) Nun besitzt Sohni für 62 Mark ein knap-

pes Pfund Gegenstände aus Plastik. (Und ich möchte wissen, woher er die Münze dazu hat?) Ein wahrer Herr Simsalabimsel! Und er bescheißt draußen, auf für mich sehr hoffnungsfrohe Weise, tüchtig die Fremdjören. Der zwölfköpfigen Bubu-Familie zockt er das Sozi ab und trägt es heim in die schwer arbeitende Inländerfamilie. Papa stolz! Denn: Papa ist big Steuerzahlonkel! (Mißgunst!) Ansonsten gilt für Plastiktrüffel gleiches, wie für Teletubbies: Kurzer, bunter Hagel. (Schmilzt schnell weg.)

Dennoch: Gelebte Utopie an Geld! Was beim Gesellen Silvio, dem anarchistischen Freigeld-Zinstheoretiker, und beim Papenfuß, Dichter und Wirt, im Prenzlauer Berg mit dem Knochengeld nicht so richtig geklappert hat, das läuft hier wie geschmiert ums Haus herum: die Jören haben die Gogo-Währung! Funktionstüchtiges Kindergeld. Geht flinker als der Euro. Da rechnen die um: Papas Füller mit Platinspitzchen bringt 12 Gogos. Mamas enteignete güldene Visa-Card = 34 Gogos; gesperrt = 10. (Ich trage also Hoffnung, daß der Junge wider das Übel der Jugend, wohl ein gut entwickeltes Preisgefühl aber kein Gefühl für Wert zu besitzen, gefeit ist. Er handhabt das Gemenge aus Wertkonservativität und Modernität überhaupt sehr virtuos; heute etwa erklärte er seiner Mutter, es sei ihm egal, ob sie Mann oder Frau sei, Hauptsache, sie sei seine Mama!)

Also: Schnulzenputzi heult nicht, sitzt in Bergen zerknüllten Weihnachtspapiers und taxiert Pokémonkarten und Gogos auf ominöse Tauschwerte hin. Ich tradiere derweil das Wissen der Alten: »Junge, bei Halma gibts kein Elfmeter!« Dazu betrachte ich anerkennend die aufgerollte Weltraumtapete. Enorm! – Zwei Meter Rauhfaser mit Sternen, Ufos, Hexenbesen, Raumschiffen und »Dunkler Materie« (sic!) versehen. Große Feststimmung!

(Also: Hefe-Rufe nach ›Erdinger‹! Ich brannte vor Durst im Scheine der Lichter und senkte mir hinter den Kulissen, bei Küchenverrichtungen, eben einige sentimentale Fläschchen Rotwein in's Gemüt. Dazu durfte ich, meinerseits natürlich nur, ausnahmsweise auch paar Kurze zuppen (drei Gänsefettzermalmer der Firma Underberg). Der Transport der relativ schweren Biere in ausreichender Menge für diesen Katarakt an Feiertagen bleibt ja nun mal leider bis auf die traditionellen Großdosen ausgeschlossen. Aber, bittebitte, Weihnachten halte ich nicht anders aus! Versteht das denn keiner!?)

Nein: Frau wünscht mit furchtbarem Redefluß doofen Mann nüchtern, will plötzlich kein besoffenes Genie mehr. Und sagt nun auch gar nichts mehr. Ich strafe durch Schenken von Stofftier in Präsentei zu Weihnachten und Schmollen an Bettkante, dabei bin ich ja auch längst schon kein grunzender Deckfredi mehr! Mit 48. – Obwohl …! Dann versöhnliches Gänsebratenkauen; die Gans ist au point (diesmal kein Schmorklumpen!) und die Gans ist für mich mit Äpfeln, für Mutti mit Kastanien und für Schnulzenputzi mit Cocktailwürstchen und Smarties gefüllt (gleiches Recht für alle!), der Grünkohl ist nach altem Brauch in reichlich zwei Großohm Gänsefett mit Zwiebel »zwei mal zwei plus viermal« aufgewärmt, dem Vater seine ›Spezialklöße mit Estragon‹ dampfen handballgroß in Kruken aus Speckstein und der Vater (vulgo: icke och) hat bereits die anderen drei Humpen mit den anderen drei Griffen beklebt, und dann essen wir die Gans immer schon am 24. Dezember abends, weil man an den folgenden Tagen seine Ruhe hat und bis Silvester ungestört Fernsehn gucken kann.

Sollte aber die zweite Lage Superseidel nicht genügen, stehen zur Not noch etliche Kartons Rotwein bereit und eine Sechserpalette Tütenglühwein steht, wenn alle Stricke reißen, auch zur Verfügung.

Also alles gut: Sippe hockt im Kral um gebrannte Opfertierreste, glotzt anteilnehmend ins Fern- und Kerzenlicht, verdaut. Ich darf einen Schnaps! Dann hockt sich jeder in sein Eckchen.

Erkläre Sohni nach Nikolaus die Dreiheiligkeit wie folgt: Kreismittelpunkt: Gott. Radius: Jesus. Peripherie: Hl. Geist.

Aber: Im Focus zu sitzen ist nicht klug, nur gerade so nahe dran, daß einem die Köstlichkeiten seiner Strahlung zuströmen.

Man könnte es sein lassen, hat es schon sein lassen, läßt es aber lieber nicht sein, man braucht ein Fortlaufen hinaus in die Welt, man braucht seine slawischen Abende, sein Bolschoi, diese unsystematische Verausgabung, Zermürbung und Verblödung bei Vollmond und Bier, dies Sich-blamieren, Sich-immun-machen, sonst hätte man ja längst einen gefräßigen Krebs in Fleisch und Gemüte. Man braucht die transper-sonalen Zustände, um der besseren Eigenbeobachtung und Aufmerksamkeit auf das böse Leben willen, es ist dies ein Ausguck zweiter Ordnung, man erkennt sich als Hirnblase mit Suchttrieb nur mit luzidester Betäubung, man schafft nur so seine Eigendetermination – qua fremdstofflicher Außendetermination und auch nur so eine gründliche Disidentifikation (wie Dirk Baecker soziologisch sprechen würde). Denn diese muß hin und wieder sein, damit es

einem hinterher mal wieder schlicht anders geht (›besser‹ muß gar nicht sein).

Dies hat seinen Preis; es sind ein jedes Mal Anleihen auf den Tod, und auf die Liebe, die eine Frau für einen empfindet und die man allzu auszehrend wieder und wieder strapaziös und ausbeuterisch mit Blutegeln (besser: Bieregeln) besetzt, nur um selbst ein wenig zu heilen.

Das Zermürbendste aber am Suff bleibt ein selbstgemachtes, vom Außen gemachtes: furchtsames, verzagtes, zerknirschtes (»zurknyrsset«) Gewissen und falsche Buße (attritio). Ich armer, stinkender Madensack! Dünnlippig, verschlossen die Wohnstatt durchstreifend. Verzehrt von Langeweile UND Ungeduld! So macht sich das Leben gegen den vorgekosteten Tod geltend.

Dazu, Leser, male Dir nun weitgründelndes Dauerkopfschütteln eines verzweifelten Weibes aus.

Die biogenetische Sozialkatastrophe geht allgemein so (Kurzversion): Das Weib hat ausreichend Samenpakete hervorgekitzelt und empfangen; Aufgabe, Arterhaltung, ist erledigt, Brüste hängen, weil diese ehemals vor dem Stillen immer zehn Minuten abgekocht werden mußten. Erektion aber ist das Problem des Weibes nicht; der Mann sucht neues Hobby, sieht gleichwohl überall resches Bindegewebe in knappen Stoffen beben. Ein Steiß schöner als der andere!

Alles Votzen, außer Mutti! (Hier schreiben wir sie mal zwickelmäßi-
gerweise mit V.)

Inge-Wirtin 1: »Ich verrate euch die Idealmaße des Mannes: 80 / 30 /
40!«
»Wieso? Weshalb? Warum?«
»Alter / Dollar in Mio. / aktuelle Fiebergrade in Celsius.«
Haha. – Wir alten, armen, kranken, einsamen, impotenten Wirtshaus-
männer lachen gequält, die Weiber aber quietschen hoffnungsvoll auf
und klatschen sich auf's dralle Schenkelfleisch.
Inge-Wirtin 2: Meine Gäste stehen voll hinter – und vor mir!

Musik, o, Musik! Als ordentlicher, (äußerlich) aufgeräumter Mensch
liebt man Haydn, ›Armida‹, alles, – das Cellokonzert, das champa-
gnöse in C-Dur; wenn ich's höre: ich wäre fähig das Instrument zu
bespringen, das Cello zu sodomieren! – So kokett: der dritte Satz!
Das ordentlichste überhaupt: seine Klavierkonzerte, ich könnte in den
Flügel springen, baden darin, die Saiten flicken! Wie harmlos, heraus-
geputzt kommt es daher, das vierte (Hob. XVIII)! – Aber dann!
Und dann noch: Oje! Als trauriger Mensch: Stabat Mater von Pergo-
lesi (Scholl, Bonney: an hohen Tagen; Jacobs, Hennig: an beladenen).
Als tottrauriger Mordbube, also jetzt, Weihnachten: Gesualdo! »Ahi,
che a pensarlo solo, / Il duol m'ancide e l‹ alma fugge a volo!« (Ach,
schon bei diesem Gedanken / Tötet mich der Schmerz, und die Seele
enteilt mir im Fluge.)
Als gottesfürchtig wackeres Kirchglied und auch sonst schätzt man
über alle Maßen: Heinrich Schütz. – Natürlich! Du Freund! Du Bruder im Geiste! Höchster! Die Venezianischen Gesänge – jede Note
ist mir ein Träne wert! Und wenn da die Knaben vor den Tenören
des Chores behutsam anheben die wundersamen Verse 11 und 12 aus
1. Mos 49 zu künden: »Er wird sein Füllen an den Weinstock binden
und seiner Eselin Sohn an den edlen Reben. Er wird sein Kleid in
Wein waschen und seinen Mantel in Weinbeerblut. / Seine Augen sind
rötlicher denn Wein und seine Zähne weißer denn Milch.« O Gott,
dann ist's um mich geschehen, und ich lüpfe direkt eine für alle Fälle
unter Verputz gehaltene Weinbeerenauslese.
Nick Cave noch: Muddy Water. Und Schluß! Aus! – Ein zuviel an
Musik ist von Übel.

Wenn in eine Familie ein Schriftsteller geboren wird, ist sie komplett am Ende: Mein Vadder verstorben; hatten wir schon. Bin Dreiviertelwaise. Fast plusquamperfektes Familienleben. Meene Mutter sieht aus wie 'ne haushochbetagte Schildkröte in Rückenlage, sitzt in so einem Schleudersitz mit Rädern im katholischen Pflegeheim. Mund offen, Schleimmonster drin, wird alle Minute aufgehustet, trocknet aber sofort wieder und bildet oben drauf Haut. Also fegt hin und wieder ein Zivildienstfredi vorbei und sprüht mit so einem Ft-ft-Zerstäuber etwas isotonisches Wässerchen hinein in den Mutterschlund. Dann feuert der Ersatzdiensthelfer, bekennender Vegetarier, immer auch paar Schüsse auf die mitgebrachten Blümskes und die Zimmerlinde in der näheren Kulisse ab, es soll gemütlich sein, und hegt somit was er gewöhnlich frißt. Dann rauscht Schwester Walburga herbei, zieht Gummihandschuh an, senkt den Arm bis zur Armbanduhr schlundwärts und entnimmt Muttern einen derartigen Schleimpeter – uih! Hab ich sofort schlechtes Gewissen, weil ich sie ekelig finde: Mutti bäh! Und der Ersatzdienstmann scheitelt ihr sogar täglich die Kacke! Könnte ich nicht. Bei ein paar anderen, besten Freunden, Freundin, hätte ich es vielleicht gekonnt? Frau, klar! Schnulzenputzi ausmisten, sowieso! Vor den Eltern aber hat man eine entwicklungshilfreiche Ekelbarriere errichtet. Also Wäscheklammer druff und ab durch den Ekel mit gelbe Handschuh? Kann man jemals noch diese Demut aufbieten?
Zu Hause aber wieder der liebe Sohn, füllt verdünnten Korn in Nasenzerstäuber und pumpt der Mutter heimlich Küstennebel in die Krötenluke. Da kommt Leben in ihr Auge! Derweil rinnt von rechts oben galaktischer Nährschleim aus Plastesack durch feines Schläuchchen direkt in ein Kunstloch im Mutterbauch. Zivildiener hebt das Deckchen: »Sehen Sie sich das ruhig mal an, Herr Kapielski! Kaum entzündet!« – Um Himmels willen! Wie Operation-Gucken im Quäl-Fernsehn. Ich darf das eitrige Wundmal meiner Mater dolorosa betrachten, mach es aber nicht, mir wird übel, ich reiße das Auge gen Himmel, bin feige und gehe auch nicht oft hin ins Heim, leide an einer Sophienheim-Phobie.
Ansonsten ändert sich auch nichts, weder vierteljährlich, noch halbjährlich, noch fünfjährlich. Um das zu überprüfen verlängere ich die Besuchsabstände. Ich sitze dann verwundert da; weil: sie ist der erste mir persönlich bekannte unsterbliche Mensch! Jawohl. Bis siebzig hatte sie verlängerte Lebenserwartung, danach verlängerte Todeserwartung, neuerdings fristlos verlängert. Sie sieht unter all den Dar-

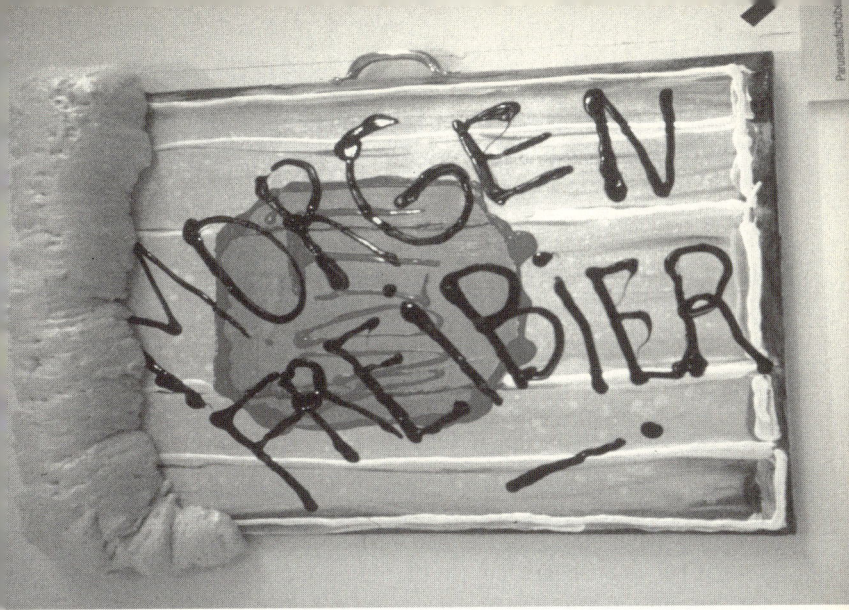

niederliegenden am hinfälligsten aus, stirbt aber nicht. Grippewelle, knall, autsch, bumm! halbes Heim leergefegt! – Außer Mutti. Wie kommt sowas? Vermutung: Sie war Krankenschwester, ist gegen jeden machbaren Keim gewappnet, hat Kriegstyphus und jede Pest überstanden, tüchtig gequalmt, immer nobel ›Lord extra‹, und hat geradeso wie der Vater, der einst 23 komplette Ernten wegrauchte, zum Schluß auch gesoffen und dann noch ständig zwischen amerikanischen Schwuchteln rumgehangen, also wahrscheinlich auch gekifft und Poppers und so. Ergo: Mutter totalimprägniert, Morbus immortalis!

Der Preis dafür: Sie kann nicht mitteilen, wie das so ist, die Unsterblichkeit. Und sie auch nicht richtig genießen.

Ob sie mich versteht, weiß ich auch nicht. Ich verkündigte ihr heute mein Lebenskredo, auf die Gefahr hin, daß sie es versteht oder nicht versteht: »Muttern! Gegen Erfahrungen muß man sich wehren, Einsichten muß man leugnen, Schmerz klar abhaken!« Da bekam ich den Hä?-Wo-bin-ich-hier?-Blick, wurde fortgehustet und eines Schnarchens gewürdigt. Man vermutete zu ihren Gunsten nun ein vor sich hin qualmendes Träumchen und hält Pfötchen wie Aschenbecher.

28.12.99. Überall Kranke um mich, wie Gemischter Salat: Galerist raus aus dem Gefängnis, rein ins Heim für angefaulte Zuckerkranke.

Die Zehen kandiert, müssen ab, die Zuckerstückchen kommen zu den Milchzähnchen zur schlechten Erinnerung in die Schatulle. Nach Jahren massiver Lebensart wird nun Heilig Abend ein Diät-Gänsekeulchen gelutscht. Und dann wieder ab in die Gefäß-Sportgruppe: Röhregucken.

Verleger zwei raucht sich auch noch an die Krücken. Aber unsere Gefäßsportgruppe hält sich wenigstens noch. Prost!

Die Getränke sind frei! / Wer kann 's uns verbieten? / Sie fliegen vorbei / wie nächtliche ... Riten oder was?« Inge-Wirtin wurde von mir zu Weihnachten mit einem selbstgebastelten »Morgen Freibier!«-Gemälde (mit Griff zum Wegschmeißen) beschenkt, damit sie vermittelst Parusieaufschub immer volle Kirche hat (einige Deppen kommen nun jeden Tag zum Freibier und werden solange auf morgen verwiesen, bis sie begreifen und sich fortan grundsätzlich auf morgen freuen). Inge-Wirtin war aber heute, trotz vollen Hauses, nicht sehr gut ›drauf‹. Sie wünscht sich zu ihrem, im nun neuen, ersten Jahrtausendjahr anberaumten Geburtstag: den TOD! Wir haben selbstverständlich protestiert! Marschieren aber auch ziemlich angekränkelt ein. Und aus.

Dann wurde unter den Langzeitarbeitslosen die Ferienfrage erörtert. Einer will, oder möchte, im Sommer Lehrer und im Winter Maurer sein. Gegen Ende wurde wieder eine Niveauabsenkung vorgenommen (hier auch schon expressis verbis ›Nivea-Absenkung‹ genannt), indem jemand aus dem Nichts heraus, ungefragt »Peniscellin gegen Vagina pectoris« verschrieb. Haha.

30.12.99. Heute machte ich, als jemand, der das Anrufen haßt (außer angesoffen), gedehnte Überallanrufe: »Kinder, wir haben noch von Weihnachten einen Wischeimer voll Gänseschmalz übrig, möchtet ihr ein Kümmchen?«

Freund Frieder: »Ich bin zu dick!«

Plummy: »Ich bin zu dick.«

Dickhoff: »Trinke Selters, luftgetrocknet.«

Icke: »Mensch, Kinners, ich weiß doch auch, daß ich sterben muß! Aber ich glaube es einfach nicht! Also was soll das? Prost Neujahr, Euer Verzerrungsberechtigter!«

Da fliegen jetzt wieder einige Bekannte wohin, weil es hier zu dunkel und kalt sei. Ohne Winter möchte ich nicht leben!

Anormales Silvestergeknalle. Der Druck nimmt zu. Dampfablassen mit extra viel Sprengstoff. Besondere TV-Hysterie wegen des neuen Jahrtausends. Aber es ist alles schon so hochgereizt, daß keine Steigerung an Glückseligkeit mehr gelingen will, obgleich die TV-Vorturner sich abmühen wie die Affen.

Nicht die Überbrückung oder die Überquerung, sondern die Überwindung oder gar Überschreitung eines Flusses will verkraftet werden. Dann allerdings darf man seine wunden Läufe und das entzündete Gehänge in von Schilfen gesäumten, kühlenden Sümpfen und Moosen baden.

VII.

Schädelwumme

Januar 2000 – März 2000

Es kann vor Nacht leicht anders werden,
Als es am frühen Morgen war;
Dieweil ich leb' auf dieser Erden,
Leb' ich in steter Todsgefahr.
Mein Gott, ich bitt' durch Christi Blut:
Mach's mir mit meinem Ende gut.
Es geht die Zeit zur Ewigkeit.
bukolisches Epitaph

Wer seine Hand an den Pflug legt und siehet zurück,
der ist nicht geschickt zum Reich Gottes!

1.1.2000, Neujahr, zehn Uhr früh: nachdrückliches Telefon! Man ist elend, bettlägerig und nicht willens, geht dann doch pflichtschuldig ran und ahnt ja auch schon: »Herr Kapielski, Ihre Mutter liegt im Sterben.« Das tat sie bereits sechzehn Monate und man kennt meine Unsterblichkeitsvermutung, gut, aber ich eilte hin, und es stimmte auf drastische Weise. Man kennt sich dort aus, in Altenpflegeheimen, sie wissen, wann es ernst wird. So, und dann sitzt de so da, mit Händchenhalten bis spät nachmittags, und dann stirbt sie auch.
Nobles Datum! (Und was SEIN weiser Rat bedacht, / Dem kann die Welt und Menschenmacht nun doch nicht widerstreben!)

Es wird der bleiche Todt mit seiner kalten Hand
Dir endlich mit der Zeit um deine Brüste streichen.
Diß und noch mehr als diß muß endlich untergehn!
Dein Hertze kann allein zu aller Zeit bestehn,
Dieweil es Natur aus Diamant gemacht.

Damit sie, wenn sie stirbt, sterbe, lebte sie wie eine, die weiß, daß sie niemals sterben muß. Damit er (der Vater: preußisch, tapfer, ungeschminkte Art; ehedem Kommunist, starker Raucher (Ernte 23) und

Weinbrand), wenn er stirbt, lebe, lebte er wie einer, der weiß, daß er sterben muß. So gehen uns Väter und Mütter gegenstrebig dahin. (Ein Imhoff'sches Motiv transponierend.)

Totsein ist, soweit mir bekannt, nicht schlimm, ging mir auch zufriedenstellend, als ich noch nicht da war, wird es also, vermute ich, wieder so sein. Aber STERBEN: ist entsetzlich! Wenn man nicht pünktlich und unverzüglich umkippt. So ein Sich-sträuben und Röcheln! O weh! Darauf war ich nicht gefaßt! Ich bin nun, nachdem ich diese ersten, amtlichen Bestattungsgänge hinter mir hatte, gleich auch gründlich krank geworden. Ziemlich fühllos, keene Trauer, aber fassungslos und Halsschmerzen und komischerweise Augenentzündung. Vielleicht ein Heulersatz? So eine richtig dumpfe Bestätigung dieser idiotenhaften Psychosoma-These? – Ach, das kann doch alles nicht wahr sein!

7.1.00. Erinnere mich heute an meine erste Ölung im vergangenen Jahrtausend: Bier und Doornkaat im Gletscher, Berlin-Britz. Weit davor, unter zehn, war ich von der unfaßbaren Vorstellung verzaubert, ich könnte es vielleicht schaffen Ende 1999, mit 48, mit Weib, Kind und Kohle die Schwelle zum nächsten Jahrtausend in beachtlichem Fahrzeug zu überqueren. Es hat geklappt! – Aber wie?! Wenn ich die Ein-

zelheiten gewußt hätte, wäre ich ein ganz tristes Karl-Heinzelmänn-
chen geblieben und, versorgungsmental damals ja noch ganz gut drauf,
so zwischen 17 und 18, im besten Wixalter, lieber anämisch verpufft.

Wie ist das Gemütsklima temperiert, Mauvaisvivant? –: Abartig! Immer das Schlimmste erwarten, und auf das Beste braucht man nicht
mal mehr gefaßt sein.

Heute chauffierte mich Weib zur Bahn. Fast Frontalzusammenstoß
mit einer auf uns zu jagenden, obereiligen brandenburgischen Hausfrau in Opel, blau. Weib und jene Hausfrau, wie alle anderen Autofahrer, mit ihren menschlichen Unzulänglichkeiten, sausen mit unfaßbaren Geschwindigkeiten auf einem wenige Meter breiten Asphalt-
streifen aufeinander zu, dürftig geschieden von auf die Straße
gemalten Strichen. Das ist so irrsinnig und würde, als neue Erfindung,
nie und nimmer genehmigt werden. Ich setze mich an kein Steuer
mehr! (Gelöbnis) Mußte aber von der Bahn in ein Flugzeug umsteigen. Lebensungefährlich gibt's nicht.

Dekorationsmusik, -kunst, -literatur, -politik, -medizin, -soziologie,
-philosophie, -küche, -sprache usw. Es haut alles hin! Mit -design
variiert ebenso.

Eine Woche nach Vorbild Freund Butzmanns wieder Straight edge,
Neujahrsfasten: Don't drink, don't smoke (sowieso nicht), don't fuck
around (schön wär's ja, als Ausnahme! Enthaltsamkeit ist das Vergnügen an Dingen, die wir nicht mehr kriegen. Bin doch schon längst
kein rumgrunzender Deckfredi mehr. Mit 48! Obwohl, obwohl – –)

Bis dreißig kann man, und muß man vielleicht auch, alles aufnehmen,
hinrennen, mitmachen. Kultur, Betriebsnudel. Danach muß man aus-
wählen. Ich gehe nicht in's Theater und nach Kreta. Im Kino umzin-
geln mich allzu viele, fremde Menschen aufdringlichen Benehmens.
Was bleibt? –: Hier und manchmal da regelmäßiges Nichtigkeiten
treiben. Oder Treibkeiten nichten. Oder Kebsnichten trietzen. Oder
Fernsehn gucken. Oder nüschte.

Muß man zwangsläufig einer Generation angehören? Die Idee dieser
Einordnung ist etwas zu gewöhnlich, zu jugendbeilagenorientiert.
Eine Alterserscheinung. Senile Bettflucht, verkehrtrum.

Irrsinn war auch folgendes: Als ich beim Klausner Biernatzki, in
Hamburg, in Karl-Karmers-Trinkhalle oder wie diese grandiose
Baude hieß, vor drei Jahren Lesung hatte, stand ich etwas blöd und
verloren zwischen all den jungen Menschen herum und wunderte

mich nur, als ein völlig verlebtes Pärchen aus einer der sich mir voranquälenden Generationen ohne jegliches Gästelistengezeter Eintritt zahlte und die Halle betrat, und es sich dann später herausstellte, daß diese zum Paar gehörende und sichtbar unter die Lasten des Lebens gebückte Dame mit verfallener (aber immer noch anmutigster!) Schönheit, meine, sogar zwei Jahre jüngere, erste Freundin und Liebe meines Lebens gewesen war! O Gott, junger Mann! Wie betrachtetest du dich da des Nachts und trunken im halbblinden Spiegel deiner dir zugewiesenen Reeperbahn-Absteige.

Die ewige Seligkeit ist vor Gott, alles andere aber muß vor mir sein. Prost!« (Friedrich Wilhelm I. unter Hinzufügung eines Wohlseinswunsches meinerseits.)

Ach, die späte Jugendzeit! Immer auch die sich wiederholende Verdampfung von Liebeswucht, und ewig unabgegoltene Sehnsüchte: Zwischen Mann und Frau keimt ernsthafter Drang. Die Frau zögert. Der Mann sülzt ihr jedoch fernmündlich hinterher. Die Frau läßt mit Wonne fernmündlich hinter sich hersülzen, hat jedoch alten Anhang und zieht alten Anhang tränenlang hinter sich her. Der Mann zaudert daraufhin. Der Mann ist noch ein wenig misogyn von früher, ein wenig geschädigt von vormaligen bösen Frauen mit altem Anhang, die diesem tränenlang und zähe anhingen; er dürfte jedoch niemals zaudern und zaudert aber! Also hält sich der alte Annex im Hause der Frau, obwohl Frau komplett fällig ist für neuen Mann! Die Frau aber hofft wider ihr Zögern auf die Keckheit des neuen Mannes (moi!); da wäre sie alten Anhang los und hätte doch gleich einen neuen! Dem Manne aber dämmert's schlecht, der hockt sich grämlich zu älteren Männern ans Bier und erkundigt sich: »Was eigentlich will die Frau, Männer? Was will das Weib?«
Die Alten vom Bier aber schweigen bedeutungsvoll und denken an ihre, andere und anderer Frauen.
Die Frau denkt nun, der Mann will mich nicht mehr, der Mann ist doof, obgleich nicht übel. Der Mann denkt gleich von der Frau. Doppelproblemchen dehnen sich und Mißverstand allenthalben.
Da aber rät einer der älteren Männer vom Bier dem jungen Manne zum Studium der Tagebücher eines Verführers des weitgerühmten Dänen. Und er liest zwei Dutzend Monde lang und die Frau wartet vergeblich zwei Jahre am Telefon!

Und endlich begreift der Mann! Macht sich rar für ein weiteres Jahr, läßt Frau zappeln und dröhnt dann herbei: »So, Weib! Laß uns nun endlich Mann und Frau sein! Die Sache ist überfällig!«

Die Frau aber zeigt den Vogel! Und der Mann steht da wie im Walde: »Was soll der Quatsch!? Warum denn nicht?«

»Das weißt du doch selber am besten, du Dummerchen!« sagt die Frau.

Aber der Mann weiß gar nichts und schleicht sich. Um ihn herum: Schutt und Asche. Und die Frau geht wieder zurück zum alten Anhang und der Mann wieder zu den alten Männern vom Bier und wird nun selbst ein solcher. Alles ist hin! Und noch viel mehr: Alter Anhang der verlorenen Frau findet neue, jüngere, schönere Frau (was sonst!), während sowohl verlorene und verlassene Frau als auch einsamer neuer alter Mann vom Bier endlos einzeln herumirren, wie nach Kriegseinwirkungen. (Mit zusammengepreßten Lippen ertragener Lebensverzicht.)

So kann es kommen, daß einem gottbegnadeten Geschöpf Leben und Menschenwelt nur in Gestalt der Niederlage bekannt wird.

Das tut weh: Ohne Besonderes, Außergewöhnliches gewollt zu haben, wären doch in der Jugend ein paar winzige, zufällige Gegebenheiten, ein bestimmtes Mädchen, ein Tag anders, ein wenig mehr Geld vielleicht –: Vollendung an Glückseligkeit gewesen! Heute, da man alles hat und mehr beeinflussen und haben kann, betrachtet man es, wenn überhaupt, mit schaler Halbzufriedenheit. (Plusquamperfekte Eierpampe.)

Komische Erinnerung: 1965 tranken wir fröhlich verdunkelt rosa Schaumwein mit Mädels und knutschten uns die Plomben raus. Hosianna! Dann Britzer Parks und Blütenduft; ich wurde ›Hippie‹ und Freund Erwin ›Rocker‹. Solch Glücksempfinden und Lebensläufigkeit gab es nie wieder!

Am 15.9.65, einen Tag vor meinem 14. Geburtstag, rückten wir in schiefer Schlachtordnung bei vorgeglühter Beat-Schuppen-Gemütslage auf das Konzert der ›Rolling Stones‹ in der Berliner ›Waldbühne‹ vor. (Eintritt: DM 6,-) Wir latschten wie die Gottgleichen in Schlaghosen durch das Spalier der Penner von den Schattenplätzen eines klassisch vergeigten Lebens. Vorn flogen ein paar morsche Bänke durch die Luft. Dann erzwang die Staatsmacht das Ende der Vorstel-

lung. Daraufhin wurde nun alles noch gründlicher zerhackt. Gefühle
größter Befreiung: nach den Halbstarken waren wir nun die Vollstar-
ken! (Als Brian Jones starb, wandte ich mich allerdings und mit aller
Entschiedenheit anderen Formationen zu. Gottseidank!)

Im gleichen Jahre, 1965, landete France Gall mit ›Poupée de cire,
poupée de son‹, komponiert von Serge Gainsbourg, auf Platz eins
beim Euroschlagerschnu oder wie das heißt; das schmucke Liedchen
jedoch will mir immer noch und noch schmecken! War auch süß, die
Gall! Und der Gainsbourg ein großer, großer Compositeur!

Schwermutsvoll und dumpfig hallt Geläute. Meine Kindheit ist
durchzogen von düstrer Unheimlichkeit, von Tränen und Trümmern,
von vager Furcht und einer Atmosphäre der Erschöpfung, wie sie
nach Kriegen die müden und mehr noch besiegten Völker übermannt
und auf die Nachgeborenen abfärbt. Schon im Leib meiner Mutter
war ich angesteckt von den Verheerungen und Ängsten an den Seelen
meiner Eltern, geschuldet dem Terror der Nationalsozialisten an meinem Vater, dem Terror der alliierten Bombardierungen an meiner
Mutter, dann dem Terror der Stalinisten an beiden. Bei Fahrten durch
die sowjetisch besetzte Ostzone hatte mein Vater, der ausgestoßene,
abtrünnige Kommunist, wie in den Jahren zuvor mit allem zu rechnen! Seine Angst steckt mir als unsinnig diffuse Bangigkeit vor jeder
Reise noch heute im Gemüt. Haschisch bekommt mir nicht, weil es

die gewohnte Grundstimmung der Psyche so grell in's Licht setzt, daß mir allzu drastisch sich erschließt, daß mein innerstes Wesen von Wehmut und Grauen durchtränkt ist. So gab mir die tapfere, kluge Mutter (der Vater blieb Atheist, hielt aber die Taufe für gutartig) den Taufspruch aus dem 2. Kor 4, 8 mit in die Welt: »Wir haben allenthalben Trübsal, aber wir ängsten uns nicht; uns ist bange, aber wir verzagen nicht!«

Hör zu, Schnulli«, sage ich heute dem Sohne, »wie gefällt dir das hier: ›Leise zieht durch mein Gemüt liebliches Geläute.‹ – Nu?«
»Schön.«
»Warum?«
Der Schnulzenputz faßt sich mit der Rechten an's Herz und sagt mir: »Das schwungt so!«
Sein Gemüt, so scheint's, ist heil und heiter!

Freund Imhoff schreibt mir Trost zur Seite: »Lieber Thomas! Was betrübst Du Dich, meine Seele? Wenn ich meine Küche nicht hätte, würde ich die Strapazen auch nicht durchstehen. Und ich koche nur für mich, den einsamen Mann. Du dagegen darfst mit Gespons und Leibesfrucht speisen. Achte das als das Höchste! Mir garen gerade Gerstengraupen, die ich zu Tafelspitz, bei dem Sellerie schwimmt, auf den Teller gebe. Vor meinem Fenster weiden die Amseln Efeubeeren.«
Ich lief gleich hinaus und kaufte ein gutes Stück Rindfleisch und kochte mit reichlich Knochen und Wurzelwerk gleiches; die Familie aber, ich nahm's erst nicht so recht ernst, hat sich nun mit allerlei moralisch verbrämten Schwüren entschieden ins Vegetarische verpflichtet. Abgeschieden von den Nächsten speise ich einsam mein Rind.

Keine Beunruhigung! Ich weiß, mit nun fast fünfzig, meine Malaisen, die ja von großer Wahrhaftigkeit und himmlische Prüfungen sind (ich nehme sie als solche), gestärkt zu wenden. Ich bekoche dann jetzt auch sogar verstärkt die Familie mit Hülsenfrucht und Zerealien und verrichte auch sonst mit Demut das Gewöhnliche: Mit Besen, Staubsauger und Perborat-Silikat gehe ich gleichsam der gnostischen Weltsicht, Tag und Nacht versöhnend, an den Kragen, Dreck beseitigend und die totale Differenz aufhebend.
Die Imhoff'schen Föhlen, zwei Töchter, scheinen ja recht ausgewach-

sen zu sein und gelungen. Der Vater verfaßte der zweitgeborenen Tochter eine Schrift: Splendor globi. Darum kann man ihn freilich beneiden!

Wie wohl meine Namenserbse gedeihen wird? Neun Jahre währt sein Leben, stabiles Gemüt, solide Grundbildung, man wird ihn wohl noch an etlichen Klippen vorbeilotsen müssen, aber seine Anlagen sind gut. Ich sehe den Unvorhersehbarkeiten gelassen entgegen. Man kann nicht viel mehr tun, als mit Liebe und Güte ihm beizustehen und sein Können und Wissen zu stärken. (Durch große Portionen Arete, Paideia und gebutterte Haferbreis!)

Ist womöglich alles sowieso prästabiliert? Oder voller Kontingenz? Imhoffs Logik des Plans stiftet einstweilen Verwirrung.

Der Vorrang des Augenblicks läßt das mörderische Wegrasen aller Ereignisse in die Vergangenheit vergessen. Und immer öder zieht die Erde um die Sonne.

Stille Post. Etwas Unsterblichkeit gibt es nur als Spur in einem anderen, ebenso vergänglichen, weil lückenhaften und sterblichen Gedächtnis, und falls dieses Gedächtnis Spuren von Spuren in einem weiteren hinterläßt und das so weitergeht, bis endlich auch sie, die letzten Spuren, gelöscht oder verwischt sind.

Lagebericht (zur Verlängerung unseres Familienlebens ins Weltgeschichtliche):

Eltern: tot. Erbte nichts als mich.

Frau: gerade noch abgekriegt. Wird grämlich. Bemüht sich: »Du« (also ich) »wärst ganz nett und erträglich, wenn du nicht so wärst, wie du bist!« Dazu ein unfaßbares, schreckliches (weibliches) Gedächtnis!

Kirchenhochzeit: Ja. Ich: weil müde. (Quest for certainty) Falsche Schwüre? –: Nein! An der Loyalität eines Kapielski zu zweifeln, ist nicht statthaft! Frau: weil gutherzig, treu und neugierig. Kann also nur enttäuscht sein, so, wie ich mich kenne. War noch die wilde Liebe das Licht, so nun die besiegelte Ehe des Stromes Rechnung.

Kind: unecht. Bin lediglich Beziehungsbeflüchtigter. Er fängt an, es mich öfters wissen zu lassen.

Jugend allgemein: Was du nicht willst, das man dir tu, das füge allen anderen zu!

Auto: gehört Frau, ist Golf, alt. (Arbeite und spare für neues Wesen namens Lupo.)

Wohnung: dito. Auch klein. Gehe manchmal nur in die Kneipe, damit sich die anderen Familienmitglieder auch mal an die Wand lehnen können. Sie würdigen dies jedoch nicht. (Also steht Umzug an. Mietonkel: c'est moi!)

Geld: noch vier Jahre Sinekure (›C 3‹), danach warme Kleidung auf Vorrat.

Heimat: zerfällt.

Gesundheit: ebenso; seit der ersten Ölung zuviel Gefäßkampfsport, Zahnlücken, Krampfadern! Sogar welche im Arsch. (Soll nichts Ungewöhnliches sein.) Dazu psychosomatisch bedingte Halitose (vulgo: Fahne), um die Menschheit gehörig auf Abstand zu halten.

Ein Geist von meiner Dimension zeigt auch Plaisier an solchem Irrwitz:

A. Wartezimmer:

Mann kommt furchtbar gekrümmt aus dem Sprechzimmer, Kopf bis an die Knie: »Aua, aua!«

Entsetzen im Wartezimmer! –: »Was ist passiert?«

»Arzt sagt, ich soll meine Hämorrhoiden im Auge behalten.«

Hähä.

B. Eheprobleme:
»Ick gloob meine Olle is dot.«
»Wie kommsd'n da drauf?«
»Ficken is wie immer, aber die Küche sieht aus!« – Höhö.

Wiedergutmachungsgrünzeug. Was macht ihr am Wochenende? –:
Wir reden nicht miteinander, aber mit extra lang!

Verschickung: Das Geschickliche im Geschick ist, daß es sich in die
je eigene Schickung schickt. (M.H.-Variationen)

Sieben Hauptsünden:
   1) Hoffart (befluche eine Zunahme von Deppen und Durchgeknall-
   ten um mich herum und bin mir unsicher: Ob's nicht an mir liegt?);
   2) Geiz (sparsam, mache bisweilen große Notgroschenaugen, war
   arm, bin reich, werde arm sein; dann aber auch spendabel);
   3) Unkeuschheit (verpustete Alterssexualität, gedanklicher Mißbrauch an siebzehnjährigen Nutten);
   4) Neid (muß nur selten gedrosselt werden);
   5) Unmäßigkeit (Bier, Bücher, Musik);
   6) Zorn (täglich, aber harmlos –: Regulierung des Blutdrucks);
   7) Trägheit (tiefste Wesensart).

Vier himmelschreiende Sünden:

1) Totschlag (noch nie);

2) Sodomie (war mir nie vergönnt);

3) Unterdrückung der Armen, Witwen und Waisen (habe mit der Bekämpfung dieser Sünde meine besten Jahre verschleudert, um nun zu wissen: Da braucht es keines Hinunterdrückens, daß viele sich tief in den Schlick stellen!);

4) Vorenthaltung des gerechten Lohnes (Herr, wo waren die mir zugedachten Lohnabhängigen, denen ich je hätte Lohn vorenthalten können?)

Relatives Gut. Zu meiner Jugendzeit wurden Autos sehr sportlich geklaut. Es bedurfte auch einer handwerklichen Tüchtigkeit. Und alles war mit viel Spannung verbunden. Zum Schluß blieb sogar ein schlechtes Gewissen über, und man hegte sehr wohl gewisse deontische Bedenken. Ja, man provozierte diese qua Sündenakt! Insofern war Autoklauen während der sechziger Jahre in West-Berlin weniger Mode als Ananke, wie Benn sagen würde.

Man schlich sehr geheimdienstlich gebückt nachts auf Parkplätzen umher und suchte eine unabgeschlossene Fahrertür, was Tage dauern konnte. Fabrikat war nicht nur deshalb Nebensache; man hatte einfach noch nicht dieses blödsinnige Markenbewußtsein und heutige

Anspruchsdenken. Dann kroch man da rein und schiß sich fast in die Hose, wenn man während ewiger Kabelfummelei in den Lichtkegel eines Parkplatzsuchers geriet. Und dann fuhr man zwei Ecken, kaufte einen Blumenstrauß oder 0,7 l Apfelkorn und stellte die Chaise, im Falle sie einer Frau anhing, mit Blümskens, andernfalls mit Pulle und Entschuldigungszettel, am vormaligen Platze ab.

Anschließend feierte man etwas, wozu man, in der gelösten Stimmung überstandener Mutprobe, Fragen der Schuld und des Eigentums diskutierte und den Quatsch fortan eben sein ließ. Deshalb schlossen einige Moralisten auch grundsätzlich ihr Auto nicht ab; sie förderten damit die ethische Katharsis der Halbstarken jener komischen Jahre auf klug demutsvolle Weise.

Alles hat sich sehr verändert. Der moderne Moralist jagt blutdurstig (zum Teil von Planstellen aus!) seinen wohlgehegten Wildbestand an mannigfaltiger Sünde (Frauentrietzen, Fleischessen usw.) und schließt sein Auto gründlich ab.

Auch das Autoklauen ist professioneller und beachtlich regietheatralischer, auch kaltblütiger geworden. (Man könnte es fast Performance nennen, wenn's nicht ein gar so blödes Vokälbchen wär'.) Nämlich: heute streifen Fachleute mit Wunschzettel, sagen wir mal: Mercedes soundso, ein wenig durch gute Viertel, Zehlendorf, Pankow, bis was passendes auffällt. Dann: Garage merken, ausbaldowern, wann Mercedesonkel gewöhnlich eintrifft. Einfahrt wird mit Müllbeutel versperrt. Mercedesonkel kommt an, steigt wütend aus und hievt Müll beiseite. Indes steigt böser Onkel ein, Schlüssel steckt, Motor läuft und ab: Knall, autsch, bumm! Autobahn, Taiga, Tundra – weg!

Immerhin: Diese Leute haben noch Einfälle und belasten sich – fast sola-gratia-mäßig – nicht so mit Fragen nach Schuld und Sühne. Und was Kultur betrifft, kann man ja nicht genug multiplizieren.

Reise nach Bamberg. Ich nahm den Zug nach Süden, stieg Lichtenfels aus und wanderte auf den Keltenstein hinauf und am Hang entlang auf halbe Höhe hinab zur Neumann'schen Kirche nach Vierzehnheiligen hin. Mich hatten im Katholischen diese Kruzifixe in den Gasthöfen immer fasziniert. Man liegt im Hotelbett und betrachtet sie mit Ehrfurcht und Verwunderung, wie sonst nur das eigne Gemächt. Und sie sollen auch wirken, wenn man nicht dran glaubt.

Um die Kirche herum stehen diese Nissenhütten, wo Devotionalien

an die Pilger verkauft werden. Ich dachte: So, jetzt kaufst du dir auch mal so ein Kruzifix! Und ich trat etwas gehemmt vor diese Stände. Vor einem nun befand sich so ein ganz besonders vertrauenerweckendes, geräumiges, fränkisches Gesicht, und ich sagte zum Tandler, ich würde mich da interessieren für so ein Kruzifix.

Verkaufsgespräch: »Mit oder ohne Corpus?« (Eine regionale Spezialität dort. Ohne Corpus: Es fehlt dann tatsächlich der Körper; nur die abgetrennten Füße, Hände und die Dornenkrone sind blutend am Kreuze befestigt.)

Also ich: »Mit Corpus!«

Und er zeigt mir ein schönes, sehr doloroses Stück.

»Ja gut, sehr schön, was kostet das?«

»180 Mark.«

»Mein Gott! – 180 Mark?«

Und nun sah mich der Devotionalienhändler besorgt an: »Hier, mein Herr, Handarbeit, geschnitzter Corpus! Das hat seinen Preis.«

Na gut. Ich dachte: Das machst du jetzt, du wirst hier nicht um ein Kruzifix feilschen und knickern! (Und der Herr hat's dir gegeben, und nun wird's dieser Herr hier eben kriegen. Und er kriegte die 180 Moppen!) Und er nahm die Moppen. Und nun folgte der erste Hammer: Da schlägt mir dieser Bauer, diese profane Sau, das Kruzifix in einen Bogen Bildzeitungspapier, als sei's ein Bückling vom Marktstand!

Zu Hause packe ich das aus und denke schon, irgendwas stimmt nicht. Das liegt so leicht in der Hand. Und ich kratzte so bißl am heiligen Holze, man tut's aus Ehrfurcht sehr behutsam, aber da ist das kein Schnitzwerk, da ist das Plastik! Vollplaste! Da war das so eine erzhalunkische Sündersau, dieser Seligenverkäufer!

Aber: von welch katholisch menschlicher Wahrhaftigkeit das Ganze! Bei Adam und Eva geht's ja schon los, dann Kain und Abel, eine Untat folgt der nächsten, das Annageln, ein Katarakt an Schandtat und Halunkenfrevel zieht sich bis in's Detail durch die Menscheitsgeschichte, und der Mensch hält all der Anfechtung kaum stand und mein Kruzifix aus Kunststoff ist mir Zeugnis für seine, des Menschen, wesenhaft tiefe Verderbtheit.

Es gab für brot- und aussichtslos fertigstudierte Philosophen, Ethnologen usw. immer gewisse Fluchtberufswege, z.B. den des Katecheten. Man kann eine berufsbegleitende Ausbildung zum Religionslehrer machen und verdient – dem Herrn sei Dank! – von Anfang an ein ausreichendes Gehalt und sitzt später in festem Berufe, kann Familien ernähren und in Ruhe eine Altersversorgung erwarten.

Jetzt hörte ich von einem Bekannten, der ein Chemiestudium mit Promotion in einem unzeitgemäßen Gebiet, also ohne Ausblick nach vorn, abgeschlossen hatte, er wolle sich zum Polizisten umschulen lassen.

Ich fragte, wie denn so etwas möglich sei?

Der Berliner Polizei, berichtete er, mangele es neuerdings an gesetzteren Mitarbeitern in gewissen Sparten des inneren Dienstes, sie werbe daher in ganz außerordentlicher Weise um solide Seiteneinsteiger, gewisse Stellen zu besetzen, für die es an gereiftem Nachwuchs mangele. Wochen später berichtete der Bekannte, er sei abgelehnt worden.

Was! Warum?

Weil er ein allzu gutes Ergebnis bei den vorangehenden Intelligenztests erzielt habe.

Ich staunte! – Wie das?

Man habe, wurde mir zuteil, dies so begründet: Bei der hiesigen Polizei nämlich hätte man die Erfahrung gemacht, daß allzu intelligente Aspiranten sich im Berufsalltag eines Polizisten schnell langweilen würden, schließlich größtenteils kündigten, womit die enormen Kosten für die Umschulung solcher Intelligenzler schon als sichere Verluste, letztlich für den Steuerzahler, von vornherein in den Sand gesetzt seien. Man hätte eben so sein Erfahrungen ... Und Mathematiker etwa würde man erst gar nicht zur Aufnahmeprüfung zulassen, da diese gänzlich »unberechenbar« seien!

Der Bekannte ist derweil als Angestellter in einer Haftanstalt untergekommen, wo man ihn mit der Beaufsichtigung von Häftlingen betraut hat. Man deute das, wie man will!

Verspätetes Frühjahrsfasten nach altem Brauch: Gesundheitswochen, passives Wasch- und Legerecht wahrnehmen. Eine Woche fasten, drei weitere keine Bierchen. Und? –: Man vermufft völlig an Schlafanzug inmitten lauwarmen Bettengeknautsches. Und unten, neben der Liegestelle stehen die Noppenschluppen (auf vier pp-pp-Beinchen) in wärmflaschenrot (Berkelmanns Klapperlatschenvariante: in noch gesünder!) und wollen Ausgang. Fernseher läßt aber nicht locker, hat Anziehungskräfte auf irgendeine spukhafte Weise am Trafo oder so entwickelt und saugt sich an labilen Hirnlappen fest. Man kann aber unter beiläufiger Beobachtung des Irrsinnsprogramms auch locker noch die Fusseln zwischen den Noppen der Schluppen mit Stopfnadeln hervorpolken und einen weiteren Tag mit Sinndrift ausstatten. Man fühlt sich beängstigend gesund, die Langeweile greift zu, aber die Kräfte schwinden und das Gegenmittel fehlt.

Zufälle sind freundlich zu behandeln – sonst Wiederkehr unewig!

Am 2.2.2000 waren nun 1112 Jahre vergangen, seit das Tagesdatum letztmals komplett aus geraden Zahlen bestanden hatte. Keiner merkt es! Kein Stein, kein Tisch, kein Trinker jubelt!

Schichtenlehre zu photoanalytischen Zwecken. Unten Hyle: ungeordnete Materie, Urstoff, bloße, formbare Möglichkeit; daraus die Dinge, eher geworden als gemacht, anorganisch. (Unter ihnen, den Dingen, fühle ich mich wohl, sie sind duldsam, schweigsam, demütig, sorglos, unbeteiligt wie die Wüstenväter, und – hatten wir schon –: fotogen!) Ich unterscheide hier gern noch natürliche Dinge, wie Steine, Hagelkörner, und anthropogene, vom Menschen mit Dingen gemachte Dinge, z.B. Aktentaschen.
In diesem Gebiet knipse ich ungeniert!

Zwischen anorganisch und organisch sortiere ich die Pflanzen, noch dinghaft, doch schon lebendig. Ich wüßte gern, ob sie fühllos sind, ob sie das Wasser etwa: begehren, ob sie dürsten? Daher knipse ich sie mit einer Neugier, wie man sie für Frauen empfindet. Auch gibt es unter den Pflanzen wieder einerseits: ›natüre‹, ›wie gewachsen‹ (›Unkraut‹), und andererseits: vom Menschen arg befummelt (hängende Geraniengärten).
In diesem Felde knipse ich erotisiert!

Über den Steinen und Aktentaschen und Pflanzenkübeln wohnen die
Lebewesen, welche man Tier und Mensch nennt; ihnen eignet Leid,
Schmerz, Begierde, Tod, Angst –: das bekannte Repertoire, denn hier
siedeln wir selbst und auch die Schichtenlehrer: ArisTOTeles, Nicolai
HARTmann. Und ich. Die Untiere. (Bestia homini homo)
Den Tieren selbst, die uns schon fremd sind, obgleich wir uns, ver-
schiedener Gründe wegen dazurechnen müssen, meinen wir die Un-
wissenheit über den Tod neiden zu müssen. Sind aber unsicher: Was
weiß man schon? Selbst von Tieren? Wenn man sie fotografiert, ma-
chen sie sich lustig über einen, weswegen ich sie gern fotografiere.
Man ist leicht beschämt, aber das regelt den Austausch; nach einer
Aufnahme geht man quitt in je eigene Richtungen.
Im Tierreich knipse ich verschämt!

Und von der nur uns, den Menschen, vorbehaltenen höheren Sphäre,
der Seele, wissen wir doch schon jänüscht! (Und vielleicht besitzen ja
nur die Tiere eine! Und Pflanzen?! Für Gustav Theodor Fechner etwa
sind sogar alle Dinge beseelt! –: Man lese nach im Büchlein vom
Leben nach dem Tode, Dresden 1836) Und noch da oben drüber erst,
wo ›Nous‹ sein soll: Geist und – ach Gott! – auch noch GOtt! Monas
Monadum. Davon kann man nun, als einer aus der zweiten Etage darunter, prinzipiell nichts wissen, auch wie es darüber ja womöglich

weitergeht, denn wer weiß: Vielleicht ist drei Treppen über uns gerade erst eine vieler metaphysischer Kellerkammern frei geworden und könnte aber nur von ganz, ganz außen besichtigt bzw. beglaubigt bzw. geglaubt werden.

Und fotografieren läßt sich in diesen Himmelsgewölben gar nichts! (Obgleich es im Bereich Seelefotografie Versuche mit belichteten Aureolen, Gloriolen und dergleichen Kapriolen gibt.)

Für einen Heiligenschein müssen am Hinterkopf zwei Bohrungen vorgenommen werden, für Flügel zwei am Rücken. Damit erhöht sich die Anzahl an Körperöffnungen bei weiblichen Engeln um vier auf elf, bei männlichen auf zehn.

Sieben Uhr aufstehen. Schnulzenputzi zum Schulgang rüsten, pünktlicher Abflug mit Mutter im Auto oder ohne mit S-Bahn. Dann dieses hier schreiben, bis gegen zwei, drei Uhr, und gnadenlose Vollbremsung. Sonst abends kein Einschlafen, Nervosität, Gedankenrumor. Die durchfieberten Nächte sind durchaus ertragreich, Einfälle zappeln in vollen Netzen, aber nach drei Tagen Schlaflosigkeit stellt sich die depressive Weltsicht ein, der man so und so ausreichend anhängt. Also nachmittags: Stopp! Dann Sediermittel Zeitung. Lesen. Drei Halbe, Tagesschau und früh ins Bett.

Der Schichtenlehre Aristoteles' oder Hartmanns oder mir folgend, stehen mir also Aktentaschen, Grünzeugs und Vieh zwischen Hyle und Nous irgenwie nahe, und ich neide, daß sie der Hyle im Grunde doch näherstehen als ich. Gravitation, Geduld, Demut, Schmerzlosigkeit werden nach unten hin zunehmend mächtiger. Dementsprechend müßte es nach oben hin, Richtung Geist und Gott – wir wissen es nicht, können aber umkehrschlüssig folgern –: müßte es, proportional zum Verschwinden alles Stofflichen, nach oben hin geradezu schreckenerregend bodenloser, haltloser, trügerischer, rastloser, jähzorniger, launischer und schmerzensreicher werden! Der ›Himmel‹: ein Irrenhaus aus Luft. Der Geist wird dort an der unerschöpflich flimmernden Fülle des Absolut-nichts-mehr-da irrsinnig! Während die Materie im Einen des Alls selig verblödet und verlöscht wie Asche zu Rauch.

Wo Masse ist, wird's leicht; wo nichts ist, wird's schwierig.

Der wahrhaft um Erlösung betende muß sich also zur Erde neigen, muß sich beherzt in den Schlick der Ursuppe, in die »verdammte, gesamte Scheiße« (Dieter Roth) werfen, die der Weise ›Nirwana‹ nennt; er darf nicht zum Himmel streben, den der Törichte ›All‹ nennt, und wo gar nichts ist!

Schwere Übungen: Schwereübungen, Hängen lassen, beim Liegen die Schwerkraft stärken, im Schlaf den Vortrab suchen auf Erlösung. Ur- und Biersuppe, ultimative Eierpampe. (Eingeschlafene Füße sind der triftigste, weil banalste Beweis sowohl für den hier gewiesenen rechten Weg der Schwere als auch, im Falle ihres Wiederaufweckens, für die Plagen einer törichten Umkehr und Wiederauferstehung.)

Auf seiner Himmelsreise besichtigt Henoch ein komfortables Gefängnis für gefallene Engel. Wie kam es zum Fall? –: Da die Göttersöhne (Engel und vom dritten Sohn Adams, Seth, herstammend) verbotenerweise mit Menschentöchtern (vom Brudermörder Kain abstammend) Kinder zeugten, und diese Kinder Riesen wurden, die das Böse in die Welt brachten und ALLES auffraßen, wurden zunächst diese von Gott beseitigt, und dann nahm er die Göttersöhne (bzw. Engel) in komfortable Schutzhaft, sperrte sie ein für immer, so daß sie zu gefallenen, abgestürzten Engeln wurden. Die Menschen aber wurden alle zur Strafe, wegen einiger weniger Menschtöchter, von da ab höchstens hundertzwanzig Jahre alt. (Gen 6, 1-4)

Was macht Gott hier wieder? Das ist verrückt! Wenn jemand zu stra-
fen wäre, dann doch ausschließlich die lüsternen Göttersöhne. Die
Menschentöchter werden sich nicht sonderlich gesträubt haben, hätten Göttersöhnen aber den Akt auch nie verweigern dürfen. Nun straft
Gott zwar ein wenig die Söhne, nicht aber die Bräute, sondern mit ihnen die gesamte Menschheit durch eine Begrenzung ihrer Lebenszeit!
Seltsam? –: Nein! Denn siehe da: alles war doch wieder gut so! Man
kann doch froh sein, daß es so passiert ist, denn: Die gefallenen Engel
lagern nun ewig betrübt und gelangweilt unsterblich auf Watte. Wir
aber lungern hier, mit den übrigen Bräuten, alle allerhöchstens hundertzwanzig Jahre betrübt (?) herum. Und dann ist, gottlob! –: Feierabend! Hoffe ich.

Der Vögel Flug heute einmal beschleunigt mit Catha edulis. O!
Wie sieht man plötzlich im Bestande der Familie: Biomuscheln,
Speckschnecken, Fäkalerotinnen, -athletinnen, -akrobatinnen. – Potz
Schwengel!

Kommen mir heute, durch Klaus Theuerkauf, der die ganze Schwäbi-
sche Kunde Uhlands auswendig weiß, die blutspalterischen Zeilen
unter:
»Da faßt er erst sein Schwert mit Macht,
Er schwingt es auf des Reiters Kopf,
Haut durch bis auf den Sattelknopf,
Haut auch den Sattel noch zu Stücken
Und tief noch in des Pferdes Rücken;
Zur Rechten sieht man wie zur Linken,
Einen halben Türken heruntersinken.«
Ich hatte den Balladenstoff vom dritten, Rotbart'schen Kreuzzug dann
zunächst ohne »halben« repetiert, bis Theologe Gärtner darauf hin-
wies, daß die Sache ohne »halben« Unfug sei, und man einen Halben
auch sowieso nie auslassen sollte.
Seltsam symmetrische Mordmythen. Ebenso in Lukans Pharsalia, da
in Buch III zwei Geschosse in einem Augenblick daherflogen und fuhren einem Krieger »... zugleich durch Brust und Rücken; in Leibes-
mitte trafen sich die Spitzen, und stockend schwankte das Blut, aus
welcher Wunde es fließen sollte, bis ein roter Strom auf einmal beide
Lanzen aus dem Körper spülte, das Leben in zwei Hälften schied und
teils der einen, teils der anderen Wunde Tödlichkeit verlieh.«

Auch gut: »Das Feuer des Herrn war so in meinen Füßen und um mich her, daß ich meine Schuhe nicht mehr anzuziehen brauchte.« (George Fox, Quäker) Sieht man auch öfters: Viele Irre sogar im Winter spärlich bekleidet, barfuß. Sie scheinen nicht zu frieren!

Oder aber Höllenfahrt: Ein Mann kommt in den Orkus, erwartet Fegefeuer, wird aber in eine eiskalte Halle geführt, wo tausende Sünder bis zu den Knien barfuß in einer ausgekühlten, schlickigen Scheiße stehen. Nun, er denkt sich, das wird sich anstelle der erwarteten ewigen Verbrennungen doch einigermaßen ertragen lassen. Nach zehn langen Minuten auf eiskalten Füßen brüllt oben ein Teufel durch eine Luke, wodurch regelmäßig auch frische Fäkalien, Spucke, Schleim, Kotze usw. zugeführt, aber eben auch Kommandos nach untern in die Kodderhalle gebrüllt werden: »Die Pause ist um, Frevler! Alle sofort wieder Kopfstand!«

Oder aber Himmelfahrt: Streichquartett kommt in den Himmel. Man sagt ihnen, daß sie spielen könnten, soviel sie wollten. Nur eines sei verboten: »Treten sie niemals auf diese kleinen weißen Wölkchen, die hier überall herumliegen!«
Eines Tages bringt die erste Violine ein potthäßliches Weib mit.
»Wer ist das denn?«
»Meine Frau.«
»Was?«
»Ja. Ich bin auf so ein weißes Wölkchen getreten.«
Wenig später stellen das Cello und die zweite Geige auch häßliche Bräute vor. Die Bratsche aber bleibt wachsam, und kommt eines Tages mit einem hocherotischen, wunderschönen Weib zur Probe.
»Wer ist das denn?«
 »Meine Frau.
»Was?«
»Ja. Sie ist auf so ein kleines, weißes Wölkchen getreten.«
(P.S.: Beethoven war Bratscher am Bonner Hoforchester.)

Musen grapschen. Ich stöberte mein Leben lang nach einer Cellistin. Fixe Idee: Du brauchst eine Cellistin, du brauchst eine Maria Magdalena Wiesmaier! (Die du Pré lieber nicht! Zu überspannt.) Nun nenne ich eine Schwimmlehrerin mein eigen. Dazu ein Beihaspel gratis. Sie

ist darüber hinaus eine mäßige Blockflötistin, er ein Pauker vor dem
Herrn! Einer Cellistin bedarf es nun nicht mehr!

Oh, the pleasure of the plains!
Happy nymphs and happy swains,
Harmless, merry, free and gay,
Dance and sport the hours away.

Das englische Verb: to sport –: sich tummeln, vergnügen, zerstreuen
und scherzen (Wurzeln: altfr. se desporter, lat. deportare).
Als Substantiv: eine stinkende, obszöne Angelegenheit. Und Sport ist
ja nicht nur der Bruder der Arbeit, er ist ja auch der Bastard des Krieges: als Sportskanone. Dazu eine verkappte Hundezüchtermentalität.
Wo früher so eine Zuchtfummelei am soldatisch sportlichen Mann
und seiner Mutterkuh inmitten manierlich folgsamer Kinderschar
stattfand, da ist das eugenisch-chemische Programm jetzt in die
hormonelle Werbefotografie und ihre realen Ausleger gerutscht. Gen-
fummelei, Kälberzucht, kein Wachstum mehr unter zwei Meter,
Korbballmaß.
Die Wirklichkeit aber: Man geht vergnügt spazieren und dann kommen einem derart Gequälte (Jogger) entgegen und schleppen ihre ge-
plagten Körper einer vorgeblichen Gesundheit entgegen, und es ist
doch nur die banal, mit Efeu bewachsene Urnenstelle (›Urnenhain‹),

weil sich die Lüge konzentrisch um den Tod wickelt. (Der Tod besitzt von allen Lebendigkeiten die allergrößte Kondition; sein Werk allein ist unsterblich!)

Des Dauerlaufens Beweggrund ist die Todesangst. Auch diese idiotenhaft ewigen Aktivitäten: Surfbrett rein, Surfbrett raus, Segel hoch, Segel runter, mit dem Rad zum Schwimmen, zu Fuß zurück (Polnisches Triathlon).

Manchmal kommen sie ja beim vergnügten Waldspaziergang, die Todesflüchtlinge, von hinten und überholen einen. Und sind nicht mal besonders schneller. Dann schaust du entgeistert diesen schlaffen Ärschen nach, wie sie ewig brauchen um außer Sicht zu gelangen.

(Dabei ist es doch so:

Ein Gems auf dem Stein,

Ein Vogel im Flug,

Ein Mädel, das klug.

Kein Bursch holt die ein!)

Es umgibt uns der lichte Wald, worin die scheuen Tierchen sich tummeln, von Wipfeln hoch scherzet und jauchzet die Schar der zierlichen Vögel, und vor dir schnauft ein Arsch nach Nirgendwo, und derart befremdlich grell gekleidet, mit solch einer brutal optischen Anknallerei durch's schlichte Gehölz gellend, daß es einem peinlich ist, derselben Gattung anzugehören.

Sport hat auch diesen unvornehmen, canaillenhaften Ehrgeiz, das Strebhafte, Bemühte, die unablässige Geschäftigkeit und die Angeberei. Von der ganzen Konkurrenz und der Heulerei beim Erreichen eines nur zweiten Platzes ganz zu schweigen. Überhaupt keine Gelassenheit, kein otium. Alles was einmal zu recht als sublim, vornehm, maßvoll galt, verwirft der Mensch im Wahne seiner olympischen Räude. Dieser skeptische Instinkt wider eine deppenhafte Angelegenheit und die sich selbst im Beharren auf Muße sichere Verachtung gegen diesen Dauergalopp sind nur noch relikthaft vorhanden. (Wie gesunde Instinkte überhaupt!) Die meisten vergötzen diesen Sport und nehmen Maßstäbe an, die sie nie erreichen können. Da schleppen sie folglich den ewigen Mangel mit sich herum und figurieren als Klatschmännchen hinten auf den Rängen der Sportsendungen im Fernsehn. Da verlieren sie jeden Anstand und laufen in diesen komisch geschwollenen Turnschuhen herum, die im Grunde wulstig mutierte Hausschuhe sind. So wie dieses grelle Turnzeug für mich immer mehr wie Schlafanzug aussieht.

Komischerweise werden diese Normalmenschen, mit ihren Bieren und Torten und Rolltreppen älter als diese Supersportler. Sind seltener krank. Das ist auf jener Seite die Lüge, daß sie sich ruinieren für einen Quatsch. Der Fußballer Klinsmann war meines Wissens einmal Bäcker, der Stürmer Riedle Fleischer, der Tennisspieler Becker gar nichts. Hätten sie es nicht bleiben können. Warum gibt man ihnen soviel Geld, wie sie niemals brauchen, damit sie bloß nicht mehr Bäcker, Fleischer oder gar nichts bleiben?
Stürmer! Mein Gott! Die Sprache! Manndecker! Strafraum! Boxenluder! – Boxenluder –: na, immerhin!

Die letzten Menschen, welche gemessenen Schrittes, erhobenen Hauptes, gesunden Mutes dem Ende entgegenschreiten : – wo sind die? Die sitzen mit mir Sonnabend bei Roth vor'm Bezahlfernsehn, gucken Fußball an Bier und machen erst mal grundsätzlich Pause. – Und wie sollten sie solches tun, wenn da kein Manndecker, kein umgeschulter Bäcker noch kein Garnichts nicht mehr wären? Und weit und breit kein Buxenluder mehr? Hä? – Eben! Also wollen wir ihnen ihr Geld gönnen und froh sein, daß es sie gibt!

Aber! –: Dieser Jauch! Dieser Lurchgleiche. Der fipsig, joviale Stil berufsgesunder, berufsgelaunter Sport- und Spontanansager. Also, nee! Er gilt als der beliebteste Ansager im Fernsehn. Daran kann man den Verlust eines Beurteilungsvermögens, eines heilen Gespürs im Volke ablesen, wenn die Fernsehzuschauer massenweise auf solche Sympathen hereinfallen, auf solche Edeka-Filialleitertypen (man denke sich ihn im Kittel!) und falschen Sportskumpeleien. (Ich allerdings sehe im Kittel auch ziemlich aus, wie 'n, na, sagen wir mal: ›miniMAL‹-Oberfilialleiter! – Man kann ja nix dafür.)

Und nun das komischste: Autofahren als Sport. Der schnellste Automobilchauffeur als die höchst anerkannte und belohnte Leistung unter den Ägiden des Sports.
Was Wunder? Die Beschleunigung einer ganzen Population hat im Blitzkrieg ihren Anfang genommen und ist nie wieder zum Stillstand gekommen. Die halb domestizierte Variante jagt lebensgefährlich auf einem Sofa im Heck und zwei Sesseln vorn, von Blech ummantelt, stieren Blickes, geistlos, maschinell durch die Gegend und blickt wie auf einen Bildschirm in eine Richtung auf den sinnlosen Fluchtpunkt.

Und welchen Chauffeur hätten nicht schon die Kräfte seines Motors in Versuchung geführt, das Ungeziefer der Straße, Passanten, Kinder, Radfahrer zuschanden zu fahren? Die Gesten werden roh, aber präzise. Bewegungen, die die Maschinen von ihrem Dienstpersonal verlangen, werden zum taktilen Habit ganzer Völker. Wie in der Turnerei. Nichts mehr mit Bedacht und Eleganz, nur noch reine Knöpfchendrückerei, pure Handhabung, Panzerbacke! Alles aber laut. Je länger man drüber nachdenkt, um so irrsinniger könnte man werden und verchromte Eisen stemmen, um die Fassung wiederzuerlangen. (Soweit meine heutigen Minima moralia.)

Angst. Sollte man nur vor Gott und sich selbst haben. Anderen sei sie nicht vergönnt!

26.2.00. Da sich die Familie nun entschlossen hat den Fleischverzehr abzulehnen (und die Frau heute erstmals joggen ging! – beides aber wird nicht anhalten, da bin ich mir sicher), gründe ich, so oder so, heutigen Tages: den Rindfleischklub der Reglosen!
Einige Auserwählte rief ich kurz an und sie zeigten sich, wie Männer, die seit je des Fleisches bedürfen, um recht zu gedeihen, begeistert! Wir werden während unserer Symposien verzehren: in Knochenbrühen gegarte, geschmorte Beiried- und Rindsgustostücke, Roula-

den, Tafelspitze und Rindslungenbraten, auch Hammelschlegel, Goulaschs, gespickte Gänse und Kapaune – nie aber Straußen oder Puten, bäh! – doch auch Schweinsbraten, Haxen und Pferdwurst in Schüsseln die Fülle. Ich habe mich erboten, die erste stationäre Küchenobschaft zu übernehmen und der Versammlung nächstes Wochenende ein Rostbeef au point et rosé zu schmoren.

Als zuzügliche Sorgenpauschale werde ich maßlos Bier und Wein stiften, als käm's auf Krankenschein von der Allgemeinen Ortskrankenkasse! (Welche selbst an Bauwut (Lithomania) zu leiden scheint: da man jetzt allerorten AOK-Kathedralen babylonisch in's Firmament streben sieht! Die Beiträge dazu von den Hütten, die Krankheit selbst in den Palästen! Kranke Krankenkassen : – so etwas hat es auch noch nie gegeben!)

Mich in's Kino zu bewegen, bedarf solcher Bedingungen: Es müssen Raumschiffe vorhanden sein. Das Kino gewaltig und leer; ein freies, weites Schlachtfeld, Krieg, Weltall und Nachmittagsvorstellung. Dem Rest muß ich entsagen. Denn es ist in meinem Leben auch noch etliches an Fernsehn und anderes zu erledigen! (Aber Fernsehn erträgt man eigentlich auch längst nicht mehr!)

Blixa Bargeld (mit Nick Cave) im Fernsehn. Der Mann, den ich nun lebensbegleitend ein sattes Quart Säkulum genau beobachte, will mir gut dünken: Erstmals sah ich ihn im Quartier Latin, 1980 vielleicht, im Duo als ›Einstürzende Neubauten‹ und dachte: Aus den zwee Jestalten da (zu jener Zeit waren es nur zwei) wird nüscht! Das kracht schon nächsten Monat wieder ein! Oder aus.
Was sollte ich mich irren!
Und auch die Formation des Nick Cave ist von großer Güte, das Gitarrenspiel Blixa Bargelds tadellos, ach, was sage ich – inspiriert, wie selten eines! Im raren privaten Verkehr mit ihm ist mir die Vermutung gereift, daß hinter seinem verrätselten, undurchsichtigen Gebaren schlichte Freundlichkeit sich verbirgt, vermengt mit der verzweifelt machenden Melancholie, an der wir Künstler alle sehr leiden und mit der eben jeder auf seine Weise klar kommen muß.

Ich berichte dem Schnulzenputzi, da er erklärter Clint-Eastwood-Fan, von meinen ersten Nudelwestern. Django! Anschließend hätte man alle umlegen können. Man rauchte Toscanis wie er in der rechten

Backentasche. Mit zwei Morgenmänteln simulierten wir die Morricone'sche Staubmantelmode und ich weihte ihn im langen Flur in das Showdown-Gehabe ein: Mantel-zur-Seite-schlagen, Blinzeln, Colt-ziehen (die Waffen, Colt und Revolver, stellte er) und –: Peng!

Weitere Erinnerungen an Neuköllner Kinos (heute hausen Teppich-läden oder Supermärkte drin): Unglaublich gewalttätige Hexen- und Folterfilme (bis Anfang achtzig durchaus legal, da die Zensur noch ausschließlich auf die Geschlechtsteile starrte). Die Frauen schrien bei den allerschrecklichsten Greueltaten wie auf wollüstige Spieße gepflockt, und die Mannschaft grölte beim Abschlagen unzähliger Gliedmaßen begeistert und gänzlich unerschrocken. Diese aufgegeilte Marterstimmung hat mir frühzeitig den Trug einer naturwüchsigen Bindung von Eros an Güte und Frieden amputiert.

In meiner Studentenzeit Bekanntschaft mit einer schönen Frau, von der ich nicht wissen konnte, daß sie fast täglich die Spätvorstellungen des ›Arsenal‹-Kinos zu besuchen nicht zu bremsen war.

Was blieb mir übrig? Ich saß nachts um eins zwischen mir unbegreif-lichen Menschen im Kino, die man nach zwei Wochen auch alle vom Sehen her kannte, denn sie kamen erwiesenermaßen täglich. Man sprach nie miteinander, schaute sich aber gemeinsam pakistanische Spielfilme mit französischen Untertiteln an. Da fuhr dann irgendein »Oncle Zihul Haq« zweieinhalb Stunden durch karge Landschaft, um in Dörfern haltzumachen, wo er sich jeweils zehn Minuten im Stück vermittelst französischer Untertitel mit den jeweiligen Dorfältesten über neueste Entwicklungen in familiären Angelegenheiten unter-hielt.

Ich setzte durch, daß wir wenigstens vorher noch etwas ausgingen. Ich hatte einen Rest an Kraft sammeln können: »Kino ohne Ausgehen«, rief ich, »das gibt es doch gar nicht!« Leider mußte es vorher sein; die Filme fingen ja gewöhnlich erst um zehn oder nach Mitternacht an, und ich wurde, egal wie, jeden Tag um sieben wach. Die ersten burme-sischen oder indonesischen Streifen durchstand ich noch recht wach-sam, dann besoff ich mich beim vorher Ausgehn zunehmend und döste und träumte, die karge Filmhandlung innerlich etwas illuminierend, stundenlang durch Patagonien oder die Innere Mongolei.

Da hielt dann Oncle Zihul Haq einmal unverhofft an einer Tankstelle und steckte sich den Zapfhahn in den Arsch! – Nanu? Der Tankwart und ich eilten verwirrt hinzu: »Oncle Haq! C'est pas normal!«

Daraufhin Oncle Haq: »Non! C'est super!«
Ob solchen Unfugs schreckte ich immer mal laut »Super!« brüllend
aus meinen immer absurder werdenden Filmergänzungsträumen hoch
und brach dann aber endlich alles entkräftet ab: Ich gab die Frau auf.
Sie war sehr schön. (Ihr könnt sie Euch gern im Arsenal angucken.)

Bei chez Inge: »Warum tragen Schwarze im Kino weiße Hand-
schuhe?«
»Nu? Warum?«
»Damit sie sich beim Schokoladeessen nicht in die Finger beißen.«
Haha.
Da alles immer irrwitziger wird, treiben meine Gedanken mit Aber-
witz zum Gegenstück: Weiße tragen beim Rodeln schwarze Hand-
schuhe zum Weiße-Schokolade-Essen. »Witze mit Schnee sind immer
gut«, schnalzte mir mal ein befreundeter Zulukaffer aus Südafrika zu
oder vielmehr vor!

Zu Schnee: Ein wundersamer, sehr, sehr langer, stundenlanger Film:
Michael Snow, ›La region centrale‹ (›Zentralregion‹). Wer als Kind
gern wippte und schaukelte und ihn sich jetzt dreimal ansieht, ohne
Schummeln (Rausgehen, Dösen), der kann kein schlechter Mensch
sein! Wie Freund Butzmann, der dem Snow, da er in Berlin weilte,
einmal erzählte, daß er wahrscheinlich der einzige Mensch auf der
Welt sei, der den Film dreimal (in Worten: dreimal!) gesehen hätte.
Der Künstler war gerührt, da ihn sein eigener Sohn, so Snow, nicht
mal einmal ganz gesehen habe.
(Mein einer eigener Film, ›Kurts Film‹, dauert eine Minute und Sohn
Schnulzenputzi findet ihn trotz des für ihn sensationell schnurrenden
und knurrenden und schlappernden Super-8-Projektors dennoch:
»Blöd!«)

Das Verhängnis des Branntweines am Leib des gotländischen Volkes«
– Unter diesem Titel, auf schwedisch allerdings, sah ich einmal etwas
Unglaubliches nachmittags im schwedischen Hotelfernsehn. Eine so-
zialdemokratische, sozialpädagogische Sozialmarinade, wie sie nur
vom dauernden Heringssalat zum Frühstück her erklärlich ist.

Kinder, insbesonders der Schnulputz, sind Hauptkampfverbündete
der über alles obsiegenden Entropie: Mühelos zieht er eine Schneise

des verkrümelten, zerknautschten, sacht beschädigten, umgegrabenen, verschmutzten, verwüsteten Lebens hinter sich auf Wegen, die er mühelos geht. Und ich verfolge ihn, in allzuweiter Schneise, mit dem Staubsauger und vergeude mein Leben bügelnd, waschend, fegend, putzend, ordnend und die Dinge in gebührende Muster setzend, da Weib mit Fortbildung (Tauchschein) beschäftigt.

Die Stammtische reden derzeit keinesfalls von Staatsstreich – wohl aber von Hybris der nimmersatten, blinden Verwalter des Staates. Also Vorsicht!

Es gelang nun doch einem speziellen Kintopp-Berater mich eindringlich auf »The Killer« von John Woo anzusetzen. (Mitnahme des Kindes redete er mir gottlob! aus.) Sämtliche jugendhaften Chinarestaurantbetreiber der Stadt hatten sich allerdings eingefunden, sie kicherten und aßen spezielles Popcorn mit Glutamat. Ein mächtiger Gong schaffte Ruhe, und ein harter Action-Splatter trieb uns gemeinsam durch Hongkong in subtilistes Entsetzen.
»Tollkühn, aller Gefahr zum Trotz, rast das Menschengeschlecht Greul und Sünd hindurch.« (Horaz)
Und Vorhang zu!
Anschließend fühlte man sich sehr erschöpft, aber große Wahrhaftigkeit war über mich gekommen, und danach ging wieder ein jeder in je sein Leben, um Luft zu holen für das beginnende Jahrtausend, von dem nun klar war, daß es nicht einfach werden würde.

Befasse mich für einen Vortrag weiter mit Musikerwitzen. Sie sind meist unsäglich doof! (Wie auch die der Naturwissenschaftler und aller sonstigen Fachidioten.) Aber:
Ein Bratscher landet mit dem Bratschenkasten im Puff.
»Ist das eine Geige, Süßer?«
»Nein, Bratsche!«
Die Nutte haut ihm eine runter: »Keiner nennt mich ungestraft Bratsche!«

1.3.00. Mein Elend mit den Zeitungen: ich erzähle gern derartigen Scheißdreck. In den lauwarmen Säurebädern der Medienmoral aber kann ich mein Gehänge schlecht baden.
Dann aber doch: saß ich heute, mittags, mit zwei Herren von der Zei-

tung bei chez Inge im Goldenen Hühnchen, zu Hause mag ich niemanden empfangen, und verhandelte, ob meine Schreibkraft der Zeit
zu verscherbeln mir genehm sei. Ich, grauer Stammgast, die zwei
Herren frisch in Berlin eingetroffen.

Aha! werden sie gedacht haben, mit Leichtigkeit genießt er hier, so
seine ein, zwei Püllkens Bier! Am Tag. Und hockt auch ständig hier.
Am Tag. Was nicht stimmt! Dienstbesprechungen tätige ich ausschließlich außer Haus, und da bleibt eigentlich nur die Gaststätte. Da
ich diese jedoch immer vorschlage und immer gut kenne, gewinne ich
mir einen Heimvorteil.

Als es nun der ›Flensburger‹ meinerseits drei waren, zahlten die Herren, welche selbst nur zaghaft jeweils »vor Hunger« coffeinhaltige
Getränke eingenommen hatten, gegen Spesenquittung 12,80 DM,
denn, o je, bei chez Inge gab es noch nicht mal eine – war mir richtig
peinlich! – einzige Schrippe mit Schorf oder sonst Berlinisches, und
so liefen sie hinaus an einen Mittagstisch und ich saß da, begrübelte
das einträchtige, nee, einträgliche, ja, aber doch auch beträchtliche
Angebot (ein Riese pro Riemen!) und versuchte mir vorzustellen,
welchen Eindruck die zween mit hinaus an die frische Luft genommen hatten und was die selber wohl so verdienten? Am Tag. Und in
welchen Gehäusen sie's verbraten? In solchen, wie chez Inge? – Niemals!

Bei Licht betrachtet, hat man es nämlich bei chez Inge am Tag gern abgedunkelt, sogar sehr gern vollverdunkelt, weshalb manche das Schwarze einfach nicht mehr sehen können und unsichtbar werden. Öffnungszeit bei chez Inge ist neun, früh; hierzu werden, je nach Weltzu- oder -abgewandtheitslaune, höchstens zwei der vier Rolladen gehißt, darunter das Thekenfenster, von dem aus die Servierkräfte im Rahmen eines schlichten Frühwarnsystems den Heinrichplatz in Augenschein nehmen können, so daß, wenn eine der Servierkräfte »Kapielski kommt!« ruft, die Gäste gefaßt auf mein Kommen anspringen können, wenn ich dann komme. Schier irrsinnig vor Jubel und angefacht vom Laserpointer eines Gastes, welchem dämlichen Point der Köter allezeit besessen hinterherspurtet, bespringt mich dann u. a. das Haustier ›Terrie‹.

Um halb zwei bedingt die Lage der Wirtschaft, im Falle guten Wetters, Sonneneinfall von rechts oben, was die Raucher zu frischen Gluten anfacht, weil dadurch zwanzigminütige Andacht über einen im Tabakrauche mächtig dampfenden Sonnenbalken auf uns kommt und die Herzen froh macht. Dann aber wird es Zeit, das Übersichtsfenster zu schließen, da nunmehr jeder Gast nur neue Last ins Haus trägt. Also wird gern sofort auch die Tür blockiert.

Schlußakt: Bei elektrischem Licht betrachten wir gegen drei Uhr nachmittags die winzig sonnenpunktierte Jalousette wie einen privaten Sternenhimmel, machen den Tag der draußen gellenden Orientalen zur Nacht inneruteraler Gesamtwonnen und »Scheiße!« –: Dann drückt irgendein blaßgesichtiger Arsch wieder die Musikbox, der ganze still gänsehäutige Astrospuk ist hin, und alle werden nun rausgeschmissen.

Dann stehen lemurenhaft blinzelnde Säufer mitten am Tage auf der Straße fassungslos umeinander und wechseln bei Besinnung eiligst ›Zum Blauen Elefanten‹ rüber. Die Besinnungslosen aber werden untergehakt und einfach mitgenommen. – Mensch! Da fällt einem doch nichts mehr zu ein!

Nun ging ich erst mal los, eine Zeit kaufen. Ich hatte sie früher wegen der Stellenanzeigen gekauft und sie hatte sich sehr verändert: sehr viel sprachgewandte Weißflächen, man hatte augenscheinlich einen hochaktuellen Designer bestallt, der vordere Teil war immerhin noch seriös unbunt; hinten aber hatte man anstelle der früheren Magazinbeilage, die ich recht gern gelesen hatte, ein grelles Gedröhne (aber harmlos) angefügt. O weh! Die werden mit ihrer auf jung gemachten Beilage an der Jugend selbst oder an einem jugendlichen Vorgesetzten oder aber einem Vorgesetzten, der sich jung fühlt, scheitern!

Berlingrüße« wünscht man von mir für genau diese bunten Zeit-Seiten; was soll ich da schreiben? Ich bin ja doch lange kein Szenetreffer, Rumrenner, Berlin-Mitte-Durchstreifer und Vernissagengänger mehr und vermag daher in Wahrheit nichts stadttypisch Hochaktuelles zu berichten. Die schon länger hier lebenden Berliner setzen sich derzeit eben alle etwas ab und reisen lieber im Kopfe durch die Hauptstadt. Insofern bin ich untauglich! Aber: ein Riese pro Riemen! Wer soll da hadern? (Und Frau tätigt schon fiktive Anschaffungen.)

Nachrichten. Hunger. Tausende Nigerianer trieb es dieser Tage zu den Überresten eines gestrandeten Wals in die Bucht von Lagos. Das Tier sei in wenigen Tagen bis auf die Knochen zerlegt worden. Am Zugang zum Strand hätten Jugendbanden Eintritt verlangt.

Gestern liebt ich Lessing,
Heute leid ich,
Morgen sterb ich:
Dennoch denk ich
Heut und morgen
Gern an gestern.
Und Lessing.

Dös Feinderl meines Freundchens ist mein Freind.

VIII.
Humboldthain

März 2000 – Dezember 2000

Passibus ambiguis fortuna errat.
Ovid

Wie wenig ist am Ende der Lebensbahn daran
gelegen, was wir erlebten, und wie unendlich
viel, was wir daraus machten.
Wilhelm von Humboldt

14.3.00. Musiktournee mit Frieder Butzmann, Oslo umsteigen. Warten. Flughafen. Wir schlendern einen Schnapsbasar längs, Edelkäm-
merchen voller Spirituosen und wir inspizieren auch die Mitbringsel-
buden (wo ich die mir aufgetragenen norwegischen ›Pokémon-
Karten‹ erwerbe; diese haben, so Sohni (Schnupu), in Deutschland
hohen Tauschwert). Komischer Betrieb, enormes Gedränge, alles im
Umbau, überall hängen Kabel, vergammelte Gesamtlage. Also raus
an eine Frischluft, was auf Airports nicht einfach ist. Aber hier kann
man ohne Durchleuchtung und EKG (Eierkontrollgriff) raus aus dem
Gebäude auf einen öd unbestimmten Vorplatz mit Bussen, Taxen,
Kofferwagen, eben typisches Flughafenmilieu, und, seltsam, ohne
EKG und Durchleuchtung umstandslos wieder reinmarschieren. Man
ist sich wohl sicher, fährt ja auch Volvo, und wartet den schicken Neu-
bau mit extra viel Sicherheit ab.

Im Flugzeug Bergen-Oslo gab es zwei erwähnenswerte Vorfälle:
1) Ein Schweinehund aus der gehobenen Klassenunterkunft, also
irgendwo vorne (man trennt diesen Bereich mit einem lächerlichen
Vorhang, der die Schweinehunde vorn von denen hinten unterschei-
den soll – ich nenne ihn deshalb fortan George-Spencer-Brown-
Schleier – und dieser möchte uns hier nämlich ein »Extra Extraklasse
nulla salus« vorgaukeln, und man soll wohl nur nicht sehen, daß sie
vorne im Grunde nichts anderes zu Fressen und zu Saufen bekommen

als wir hier hinten), also irgendeine Schweinsbacke von denen vorn hatte sein Mobiltelefon nicht ausgeschaltet, was strikt verboten ist, und nun fing es beim Landeanflug an zu jodeln. Das aber war es nicht, was mich, im Gegensatz zu allen anderen, maßlos empörte! Das Arschgesicht hatte sein Jodelteil auf, ich weiß nicht wie, BWV 147 justiert! Eine degoutante Trötversion von »Jesus bleibet meine Freude!« insultierte meins und anderer Ohren! Die Masse freilich blieb hinsichtlich dieser Schändung gleichgültig und hätte wohl nicht einmal den Komponisten raten können! Von mir aus aber, kantatenseits, hätte nun das ganze mit Dreist und Hoffart beladene Fracht-schiff telefonisch wegkippen dürfen; es wären jetzt hier mehr Arschlöcher als Gute verdampft! Und einmal muß ja der Zorn der Gerechten Kühlung am verspritzten Blute der Indolenten finden, und sollten die Gerechten selbst daran verschmachten!

Gut, sehr gut hingegen: 2) Die Einlage eines wohl leichtadligen als auch englisch dekadenten Passagiers in unseren Reihen mit den billigen Plätzen. Der nobel, aber dezent gekleidete Herr hatte vor Flugbeginn eine Kotztüte mit dreihundert Gramm italienischem Salat beladen und, nachdem er ein sehr gekonntes, flugbedingtes Erbrechen über dem Tütchen simuliert hatte, diesen Gemischten Salat dann mit bestem Appetite vor aller Augen ausgelöffelt! Daraufhin kotzten andere Passagiere sehr wirklich und der verdorbene Earl amüsierte sich köstlich! Wurde aber, genauso wie der bachwerkverfluchte 147er-Arsch, dann recht tüchtig auf schwedisch/norwegisch von anmutigster Flugbegleiterin ausgeschimpft. Wir andern neideten diese dominante Bevorzugung. »Döden är vindstilla!« (»Der Tod ist windstill!«, bekam der leichtsinnige Telefonist zu hören!) Der ruchlose Edelmann aber wurde noch geiler behandelt, da alle männlichen Fahrgäste auf seiner Seite. Die vorne hatten von der italienischen Salatnummer indes nichts mitgekriegt und glotzten jetzt vereinzelt interessiert in unser Abteil, wo eindeutig mehr los war.

Landung glückte dennoch. Butzmann erwarb und lutschte seine ›Fanta‹, die es weltweit gibt, mit polyglottem Singultus (Schluckäufchen). Allerorten bieten sie ihm seine Markenbrause mit Süßstoff feil, während ich, mit meinen drei bis fünf akzeptablen Biermarken, international den Regionalpeter abgebe, welcher kleinübliges ›Tuborg‹ aus Büchsen einnehmen muß. Daher: monoglotter Schluckakt (Deglutition).

Draußen weit und breit nichts außer Kerosingestinke, paar naturwüchsig (freilaufende), aber doch ziemlich resignierte skandinavi-
sche Nadelhölzer (weil ohne staatliche Unterstützung) und vor'm
Flughafengebäude ein paar schwindsüchtige Laubbäumchen (grindig verschorfte Zwergerlen) in Kieselbetonkübeln mit Sozialhilfean-
spruch (monatlich Mulche, Schnitt, Dung). Wir hocken auf dem Rand
eines solchen Sozialkübels und gucken Starts und Landungen mit ver-
schwiegener Erwartung eines Unfalls, bei dem wir den Absturz mit
Gleichmut vom Boden aus zu betrachten entschlossen waren. Dies
menschliche Vergnügen gründelt in Fliegestrapaze: Von Bergen nach
Oslo trägt einen der nagelneue Airbus halbwegs sorgenfrei bis hier-
her, von Oslo nach Berlin aber gibt es zwei Stunden lang Angstma-
che, da man in einen brüllend zwielichtigen Linienbus mit Flügeln,
fleckigen Polstern und draußen zwei dünnen Propellerchen dran umgeladen wird. Die Stewardessen haben Augenringe wie sonst was!
Irgendein Absturz jetzt, noch ohne unsere Teilnahme, würde ihn, den
Absturz nachher, für uns statistisch unwahrscheinlicher machen. (Obwohl, man säuft sich in diesen Brummern schicksalsgemeinschaftlich
derart den Bammel weg, daß es für die Verwandten am Zielflughafen
auch so einem Absturz gleichkommt.)
Das Starten der von uns beobachteten anderen Flugzeuge aber klappt.
Stück um Stück heben sich die Brocken davon. Beim Landen knallen
die Tonnen quietschend zu Boden und fegen entlastet auf diese
Schläuche zu, mit denen sie von ihrer erleichterten Reisefracht
gelöscht werden.

Da sitzen wir nun so. Plötzlich: Öhö! Ich reiße den Kopp zur Butz-
mannseite, Butzmann stößt einen Verblüffungsschrei aus: Fundstück!
»Ein Fundstück!«
In einem dieser Kieselkübel an sozialhilfeempfangender Zwergerle
liegt ein kleiner, schwarzer Plastiksack, makellos, mit spezieller Pla-
stikschlinge versiegelt. Was soll man davon halten? Wir wiegen ihn in
der Hand: »Gutes Pfund!« Aber: »Was ist das?« Ein kabbalistischer
Perlenfund, einige verschusselte Brüsseler Diamanten? (Man sah sich
erst mal vorsichtig nach Sonnenbrillen um. Nichts. Auch keine Schus-
sel.)
Butzmann will Klarheit. Ich bevorzuge, in diesem Falle unerklärlich,
Unklarheit, bin auch, was Wertsachen betrifft, einstweilen bedürfnis-
loser als er. Also reißt Butzmann die, wie gesagt: doch ziemlich feste

Tüte, erst vergeblich mit den Flossen, dann mit den Schneidezähnen auf.

Und ich kriege einen solchen Schreck: Mensch! Der Butzmann! Der krümmt sich und würgt und würgt eine unentschlossene Kotze hoch und runter. Was ist denn nu los, hier in Oslo? Mensch!?

Na, alles ist Kacke! Kacke liegt handwarm in der Kacketüte! Die Kacketüte ist für skandinavisch-norwegisch saubere Hundekacke-entsorgung bestimmt. Ein nach innen gewendeter Sozialschmutz mit glänzender Oberfläche. Umgestülpte Probleme und Problemchen. Ein Klumpen Rottweilerscheiße ist drin! Sozialarbeitskacke in Entsorge-beutel. Alles durchorganisiert. Kotzbeutel, Kackebeutel, Italienischer Salat.

Gott ist ja, wie Rudolf Bultmann wußte: die Ungesichertheit des nächsten Augenblicks, die der Nichtglaubende als Daseinmüssen und der Glaubende als Daseindürfen erfährt. Auf solche Augenblicke an-gewandt: recht merkwürdig, theologisch unbrauchbar!

Meine Skandinavienvorbehalte werden beibehalten. Aber es hat hüb-sche Frauen in Bergen. Sie trinken ein köstliches Leitungswasser, welches die Felsen freigebig ausschwitzen und so laufen sie unge-heuer gesund umher mit festen, großen Brüsten und Steißen, die wir gern und gründlich begreifen durften, da norwegische Männchen schneller besoffen als deutsche.

Humboldt –: der schönste aller mir bekannten Namen! Humboldt! Humboldt! Humboldt!

Auf die Frage, was er wohl einmal studieren möchte, antwortet der Schnulzenputzi am heutigen Sommertage bestimmt: »Fachingenieur für Englisch!«
Nun gut, er entfaltet zunehmend rechenfeste, sachbezogene Charaktereigenschaften, und es will uns, aufgrund reichlicher Erfahrung, anmuten, daß er sich tauglich erweisen wird, einmal einen robusten und guten Menschen der Tat darzustellen, da er doch heute bereits als solider Legobaumeister und Schwertschnitzer gelten darf. Die Musen lenkten ihn bis dato beharrlich an subtilen Musikinstrumenten vorbei auf die Pauke hin und versahen ihn mit einem starken, knappen Pinselstrich. Allerdings widerstrebt mir die frühe Festlegung und so mahne ich ihn fürsorgend: »Mein Junge! Bedenke: Weltfremdheit kann auch eine Ehre sein, wenn die Welt danach ist. Und das Leben kann bei einer unpraktischen Wissenschaft besser aufgehoben sein als bei kluger Geschäftstüchtigkeit. Ansonsten gehe deiner Wege, sei praktisch und verfeinere deine engeneering ability! Dein dich liebender Geniemensch und Umstandskommissarius Kabolski!«

Das Kind muß kreativ beschäftigt werden und soll auch ein wenig des Irrsinns seines Vaters auf dem Aspera-ad-astra-Pfad durchs Leben teilhaftig werden.
(Es kann während doofer Momente immer von Nutzen sein, daß sie, die Schufte und Schurken, einen zwölf Sekunden lang für blöd halten, währenddessen man sich alles gut überlegt – und ganz schnell verduftet!)
Sage zum Bub: »Da die Mutter heute nicht da ist und du ja kein Fleisch mehr essen magst, kochen wir heute mit UHU! – Aber was?«
Sagt Bubi: »SaUHUhn.« – (Einen Hauch Genialisches, das hat er doch von mir!)
Nach langem Tüfteln fällt uns SaUHUhn mit RUHkUla-Salat ein. Und ich schwindelte noch eine BlUHUtorange ins Kompott hinterher. Also kaufte ich zwei Tuben UHU, zwei halbe Grillhühner, etwas Grünzeug als Gesundmacher und zwei bunte Plastikbecher Nach-

tisch. Aufgetragen wurden: links Messer, rechts Gabel, oben kleiner Löffel nebst kleine Tube UHU-Alleskleber.

Fleischproblem löste der Schnulzenputz mit eleganter These: Hühnchen nämlich sei kein Fleisch! Im Anschluß an das Dessert kaute er noch etwas UHU, damit à la carte alles paßte. Ich tat es ihm nach. (Blieb mir nichts anderes übrig! Ich hatte den Quatsch auch eingefädelt. Also kaute man, wie früher, gemeinsam stieren Blickes etwas Alleskleber hart. Und es lachten die Hühner. Oder das wenige, das von ihnen übrig geblieben war, griente müd und leichenbitter.)

Anderntags: Eisbein. Jau! Da beide Herren, Burschi und ich, weiter allein zuhaus, will ein solches ich uns zurüsten. (Mutti ißt auswärts beruflich Gemischten Salat oder fährt wieder die Nudelschiene.) Auch will der halb abtrünnige Pflanzenköstling, da Mama fern, Eisbein aber immer schon gern von ihm verzehrt wurde, sich und mir zuliebe kurze Fleischstrecke einlegen: »Probehalber!«

Wir besorgen ein verabredetes und vom gestrigen Eisbeinessen übriggebliebenes Ungetüm für vier Personen aus ›Roth's Gaststuben‹ und haben schöne Erlebnisse mit ihm: Wir dekorieren Teller mit Erbspüree, Sauerkraut und Salzkartoffeln, streußeln Petersilie. Wir lassen Riesen-Eisbein, welches auf zwei Litern Schweinsbrühe in großer Tupper-Schale ruht, acht Minuten auf große Karusselfahrt in Mikrowelle gehen. Wir heben erhitzten Brocken zum Tranchieren vorsichtig mit zweizackiger Fleischspezialforke aus brodelnder Brühe. Wir, also ich, lassen das Beinchen aus Versehen aus halbem Meter Höhe vom Gabelchen zurück in die Tupper-Brühschüssel flutschen.

Aua! Erschrockene Schweinsbrühe spritzt furchtbar wütend umher! Der Erstgeborene sieht schlimm aus; andererseits glüht, anläßlich solch doofer Momente, immer eine ihm wesenhaft innewohnende Verzückung auf. (Für mich immer Zeitpunkte der Erleuchtung: Wer hätte noch nie, mitten aus der werktätigen Plage unversehens seinem staunenden Kinde ins Gesicht schauend, im gleichen Augenblick gesehen, daß alles, was ist, gut ist?)

Wir (also ich) putzen Küche, Kind und Papa (damit Mama nichts merkt), ziehen uns um und gehen: Auswärtsessen spielen, mit Pizza und Pasta. Wie die Mutti, auswärts, über's Weiche auf die vernünftige Nudelschiene, Rolle rückwärts. Danach Burschi, nunmehr wegen tomatöser Pastapünktchen überall, nochmal abduschen und ins Bett bugsieren. (Lieto fine!)

282

Mir fiel eben schlagartig auf, daß ich ein, trotz aller Umzieherei seit etwa zwanzig Jahren rechts auf meinem Schreibtisch liegendes, sechzig Zentimeter langes Holzlineal heute zum ersten mal in seinem und meinem Leben benutzt habe: und zwar zum Rückenkratzen! Zum Linieren ist es zu lang, benutze ich eher ein linker Hand aufbewahrtes Geodreieck.

Also: Darf man so mit Fremdem umgehen? Wenn's Dinge sind? Oder Tiere? Die Deutschen fressen ja jedes Jahr etwa zweihundert Millionen Hühner. Mit dieser Auskunft versuchte mir neulich am Hermannplatz ein Tierschützer den Vegetariernachweis abzuringen. Aber ich fresse weiterhin meinen Schweinebraten. Denn fünfzig Millionen zusätzliche Hühnchen verfüttern die Tierlieben neben anderen Millionen Kaninchen, Schweinen, Rindern, Straußen und Fischlein an ihre Katzen und Hunde. Im nahegelegenen ›Tierbedarf‹ sieht es aus und stinkt es wie in einer Abdeckerei und ein Viech wird schon dort an das andere verfüttert! In hochmoralisch gemeinter Kompensationsabsicht gönnen wir dafür den Forschern ihre paar Ratten und Mäuschen nicht mehr, damit wir ansonsten und in der Hausdesinfektion, beim Vernichten von Läusen, Fliegen, Viren und beim Pflanzenquälen um so ungehemmter... Ach, Mensch! – Vergiß es! Denn es gibt nun mal nicht nur Rothenburg ob der Tauber, sondern auch noch Rotenburg ob der Wümme! So ist das eben.

Der unnütze Streit, ob das Fleischessen recht sei, hat sich oft bei einem Rinderbraten entschieden. Gestern zermürbte ich den vegetarischen Wahn meiner Familie mit sechs Rinderrouladen, die ich androhte, samt und sonders selbst zu verzehren, wenn nicht dem ältesten indogermanischen Opfertiere unmittelbar die ihm gebührende Verehrung zuteil würde. (Man ließ sie ihm zuteil werden und mir blieben drei!)

Tierschutz gilt weniger den aussterbenden Tieren; es ist dies eher die Leidenschaft anämischer, lebensverachtender, also aussterbender Völker. Menschen, die es, selbstvermessen und grämlich wegen unserer bösen Welt (in Mitteleuropa!), nicht mehr vertretbar finden, Kinder zu bekommen, stellen sich aufopfernd vor Bäume und jegliches Stinktierchen. Dabei gibt es durchaus Zivilisationen, die sich ohne Bäume und vermittelst Verzehr von Stinktieren, nie aber ohne Nachkommen durchschlagen.

Das deutsche Volk ist überlebensmüde, ethisch indifferent in übelster Weise, somit eben auch zunehmend geschäftsuntüchtig und indolent wie insolent, dabei aber leider auch geistig blutarm wie nie – selbst im Kleinen! (Außer beim ›Elchtest‹ und in ›Schumi‹-Belangen.) Die durch imposante Fertiltität sich breitmachende Trägheit der derbsten Schichten wird alles nicht besser machen. (Der Staat verpflichtet Kinder zum Besuch der Schule, welche leider allzu oft mit einer Schere nichts anzufangen wissen, nie einen Buntstift besaßen, keine Uhrzeit lesen noch auch nur die Schuhe binden könnten! Daß sie ohne gefrühstückt zu haben, wenn überhaupt regelmäßig, kommen, versteht sich von selbst. Daß sie vor Schulbeginn aber bereits zwei Stunden vor Bildschirmen hockten, ebenso. Und es kümmert keinen! Den Staat, der sich der allgemeinen Schulpflicht rühmt, schon gar nicht.) Die Dummheit aber wird bald auch legitimiert sein, die Vornehmen infolge solcher Ansichten abzuschaffen, vielleicht sogar umzulegen! Ich sehe schwarz! Denn in diesen Fragen ist die Ächtung des Schächtens (der Vornehmen) bei den Moralisten immer einstweilen aufgehoben.
Aber ach, mein Gott! Auch wir »verfeinern« ja neuerdings unsere »Tütensuppen« (Loescher) im Niedergang nur noch mit Fliegen und feiner Aromat-Streuwürze von Knorr!

Weltwerdung einer Pferdeseele. Hegel schreibt seinem Freunde Niet-

hammer 1806, nach der Schlacht bei Jena und Auerstädt, er habe die »Weltseele (...) zu Pferde sitzend« gesehen. Napoleon nämlich, in Jena. Als ich dies neulich lese und auf's Klo muß, entdecke ich, daß auch ich, eigentlich schon seit längerer Zeit, nun aber plötzlich ganz klar, links vor mir, die Weltseele zu Pferde sitzend erkenne! In der eigenen Wohnung! Als Wiederholung des einst tragischen Kaisers in gegenwartsnaher Farceform. Er hat einen Dreispitz auf, sitzt gerade auf silbrig geharnischtem Rosse und über ihm schwebt eine Magnetseifenwolke. Rundherum Kaiserwetter!
(Und Seele, nicht Geist!)
Soviel Transzendenz ist heute noch möglich, als gnädige Herabschickung erbaulichen Kleinkrams nämlich. Den man auch noch knipsen muß, damit der Glaube nicht ganz unanschaulich bleibt und auch anderen offenbar werde.

Die Phänomenologie der Geistlosigkeit kann jetzt an die Stelle der psychologischen Erklärungen oder auch der abstrakten Erörterungen über die Begründung des Unwissens treten. Oder umgekehrt.
Weil ja die sinnliche Gewißheit unmittelbar als reichste Erkenntnis erscheint, für welche im Raume, worin sie sich ausbreitet, keine Grenze zu finden ist. Na ja. Ist wohl Quatsch, aber soviel Kondeszendenz muß schon noch sein.

Habe Felix Hess' Froschmusik »Frogs 3« auf Vinyl an Brieffreund Hans Imhoff, Froschfreund und seiner Natur nach König, geschickt. Diese Froschmusik ist unter edelmütigstem Nichts-hinzutun und Frosch-Frosch-seinlassen auch auf zwei Musikkassetten zu greifen; es handelt sich um Aufnahmen verschiedener australischer Frosch-populationen. Herrlich! Ein englischer Sphärengesang, das Gemüts-klima wohlig temperierend!

Aber dann lese ich letzthin in der Zeitung von der Klage einer Mieter-gemeinschaft wider den jährlichen Brunftgesang eines Froschvölk-chens im Teich nahe beim Hause: Es sei dies Ruhestörung! Solches wurde abgewiesen, da der Froschgesang, so das Gericht, Naturwerk sei und als solches zu dulden. Nächtens, nach dem Urteil im Namen des Volkes, goß das Volk unserer in Dauertrance vollmotorisiert da-hinratternden Vollheloten verstohlen Dieselöl in diesen Tümpel einer kleinen Froschwelt – und alles war gut, ruhig und tot.

Ach, und heute regnet und regnet es, und es ist kalt und auch sehr still um's Haus. Alles Getier ringsum trauert mit mir.

Ich erhielt einen Exkursionsbericht, dem ich entnehme, daß mein Brieffreund Imhoff ein erlesenes Grüppchen um sich schart, das bei Speis und Trank in Vereinszimmern verspukter Gasthäuser von eu-charistischen Kalksteingaben aus Eierkochern Zeugnis ablegt!

Zitat: »Auf Grund einer fahrtechnischen Fehlleistung kam die Gruppe in ihrer Gänze erst deutlich später als geplant in Glauburg-Stockheim an. Nach einer kurzen gemeinsamen Wanderung erreichte man das erste Ziel, den Brüderbrunnen, der von weitem zwar wirkte, als sei er bereits versiegt, von nahem jedoch einen dünnen Strahl klaren Was-sers erkennen ließ. Dieses Wasser sollte den Teilnehmern Kraft für das ganze Unternehmen schenken. Der Dichter, Hans Imhoff, über-reichte an diesem Ort jedem (in der Reihenfolge seiner Würdigkeit aus dessen Sicht) ein Stück Kalkstein, das er zu Hause aus seinem Eierkochtopf gewonnen hatte, um auf die niedere Qualität des Was-sers, das wir gewöhnlich trinken, hinzuweisen.«

Das ist schön! Was aber seid ihr für ein kryptosoteriologisches Häuf-lein, mit Meister schleichend durch Wald und Flur!?

Ostereiersuchen auswärts an der Ostsee? Wo Widerstreben zu Reisen nicht ermutigen kann, da hege ich tiefes Verständnis. Ich finde nichts am Reisen – es sei denn eine solche Ausfahrt wäre dienstlich erfor-

derlich! Dann ist sie kurz, man hat zu tun, begegnet umstandslos
fremden Menschen und wird noch bezahlt dafür. (Dienstreise A) Man
will mich nun nötigen, ›Urlaub‹ zu machen, den ich nicht benötige,
›Familienurlaub‹ sogar, der mir allerdings zupaß käme, den ich aber
nur dann auszukosten mich in der Lage sähe, wenn ihn der Rumpf der
Familie, Frau und Kind, ohne mich und ganz wo's beliebt allein ver-
brächte.

Wir bewohnen nun zur Miete das zweite Stockwerk eines übersicht-
lichen Hauses über und in einem Garten, der von Frau Lösch (Parterre) laubenkolonial geleitet als auch verziert oder eher kärglich gehalten und aus meiner Sicht doch ziemlich bemißwirtschaftet wird,
und um uns dröhnen alltags motorisierte Rasenmäher jeder Größen-
ordnung und Antriebsart. Sonst herrscht Ruhe und die Luft ist gut.
Wald und Feld sind nicht fern. Die Vögel jubilieren! Hier wären wir
früher gern hergereist! Heut müssen wir zum Zwecke einer jährlichen
Sommerfrische von hier fortreisen, um steten Reisefortschritt zu ge-
währleisten, der sich an einer irgendwie lebensqualitativen Differenz
aus Wohnort und Reiseziel ermessen läßt; ich weiß nicht wie, aber
man weiß wie.

Ich bin in letzter Zeit sehr schreibverdrossen; ich bade im lauen Wasser einer ›Sinnkrise‹ (dämlichs Wort!), stehe aber wohl eher trüb in schlickigen Weiten und schmücke mir den Weltschmerz mit gelegentlichem, jeckem Gelaber ad otium. Die hölzernen (oder steinernen?) Wände des Komikers sind derzeit mit Pessimismus tapeziert. Sommer und Hitze sind mir seit je zuwider.

Gartenarbeit da unten würde mir gut tun! Ich bin jedoch nicht befugt; die Lösch schützt und hegt ihr botanisches Unwesen. Noch besser aber wäre Friedhofsgärtnerei, täglich sechs Stunden: Graben, Roden, das Schwerste. Daran sollte man genesen. Ich bringe aber die Kraft nicht auf, meine dumm machende Verbeamtung zu kündigen, geschweige denn, bei der Friedhofsverwaltung anzufragen. Die werden mich ja doch bestenfalls an die Gärtnerei eines Irrenhauses weiterempfehlen.

Ich hatte im letzten Jahr ein neues Buch angesetzt; wenn das Schreiben nach Plan mit manischem Anschub auf die Bahnen präzisen Taumels gerät, dann will mir einiges gelingen! Soviel zur Frage, ob ich gut sei. – Ich bin's!

So aber, unten Füße im Schlick, oben klamme Finger, würge ich mir Blödsinn ab und lasse es also lieber sein! (Deshalb soviel einstweilen!)

Man wird immer wieder mal um eine Bewertung angesprochen. (Kunst, Buch) Mein Gott! Ich weiß schon, was mir behagt und was nicht. Und bezweifele aber im Grundsatz jede Begründung. (Axiomenergie – nein Danke!) Exegetisches Tun stimmt mich betrübt, weil's im Grunde fluchhaft feuilletonistisch ausarten müßte und das verabscheue ich. Und eine Hermeneutik Auerbach'scher Qualität will mir nicht gelingen, der Aufwand wäre enorm, das Ergebnis trotzdem unsicher.

Das Beurteilen von Büchern will leichter gelingen als das von Kunst. Was mir an Kunst gefällt, weiß ich genau. Nur nicht, warum. Bei Büchern schon.

Denn so wie jeweils die Mischung in den immerschwankenden Körperteilen ist, so widerfährt den Menschen die Erkenntnis.« –: Parmenides las ich wieder mit Gewinn, obgleich ich immer schnell geneigt bin, eine gewisse geräteturnerische Gedankenakrobatik (Reck) darin zu bespötteln. (Hegel: Stufenbarren; Heidegger: Pferd und

Bock; Baudrillard: Hechtrolle am Schwebebalken.) Vermittelst Heraklit kann man noch mehr spinnen und rumwackeln, weswegen ich ihn (an den Ringen) gegenüber dem Reckturner bevorzuge.

Früher war ich irgend, ich weiß nicht: wie?, aber hallo! –: vermögender! Nun ist ja die Mark in der Ehe sowieso nur noch dreißig Pfennige wert, und die viel Geld haben, verbrauchen viel Geld!
Um die allgemein laue Neugierde meiner Studenten (siehe oben: allgemeine Lageeinschätzung) zu schüren, las ich, als Introduktion zu Imhoffs Texten, neulich aus seinem Euphorion-Verlagsverzeichnis vor, da sie, die Studierenden, bei Geldangelegenheiten gewöhnlich wieder einmal aufhorchen und immer grundsätzlich interessant finden, was teuer ist! Diese Stelle kam besonders gut an: »Zum Preis von DM 41.400,– ist es unter Umständen möglich, die berüchtigten sogenannten seltenen Bücher des Spiritus Generalis Francofurtiensis zu erwerben.«
So wollte mir der Einsatz des ersten der 36 chinesischen Strategeme gelingen: man tian guo hai –: Den Kaiser täuschen, damit er das Meer überquert! Es gelang partiell.

Besitzen muß ich beinahe nichts! Meine Bibliothek wird, wenn ich nicht mehr bin, wohlfeil zerstreut werden oder Frau und Kind werden daraus künftig Broschüren nutzen, um das Kippeln unserer schwedisch konfektionierten Tische und Stühle zu vereiteln.

Sei mir willkommen, Bruder im Geiste! Imhoff bietet postalisch das Du an, obgleich wir uns noch nie sahen und also auch ohne daß wir je einen Scheffel Salz miteinander aßen! (Nach altem Brauch ist dieser Scheffel Vorbedingung zu solidem Du.) Es ist mir eine Ehre sondergleichen!
(Mit Hochachtung wurden demgemäß eine Hand voll Etüden und Variationen nach Imhoff'schen Motiven wie Saaten unter diese Fugen gestreut.)

Ich war ja neulich auch, das vergaß ich anläßlich meines Anfalls von Kulturpessimismus zu protokollieren, dienstlich nach Frankfurt am Main gereist! Ein kurioser Ausflug: Kurz vor Hanau ließ sich ein des Lebens müder (oder des ewigen sicher gewordener) Mensch von unserem Zug guillotinieren! Welch Fanal! Es gelang diesem Weltschmerzler oder Weltbezwinger also, den Zeitlauf der Passagiere dieses Zuges über eine lächerliche Stunde zu stauen, einige waren darob aber auch wie irre, daß man schon dachte, die Aktion könnte sich für den Verstorbenen nun doch gelohnt haben. Anschließend aber lief der Irrsinn weiter wie gewohnt.

Den Zugführer aber hatte es psychisch derart demoliert, daß ausgerechnet ich ihn mit Schnäpsen sedieren durfte! Nach einer Vollbremsung nämlich erschien wenige Minuten später ein Mann, von vorn kommend, aschfahl im Speisewagen, und ich erkannte sofort die Lage und stellte Nordhäuser Doppelkorn vor diesem auf. Es schlossen sich dann noch andere Passagiere generös an und trösteten das Elend mit Kurzen bis ein eilig eingeflogener Rettungspsychologe der Deutschen Bundesbahn (sic!) das Elendsbesäufnis voller Neid über meine intuitiv gelungenen psychosanitären Maßnahmen barsch unterband und dann auch ein frisch mitgebrachter Ersatzmann den ganzen Troß aus den tragischen Momenten des Seins zurück in den Stupor gewöhnlichen Werdens chauffierte. Alles sehr routiniert, eine Verschwörung zwischen Bundesbahn und Freitod.

Der vormalige Lokführer wurde recht beschädigt in Frankfurt ausgeladen, wo alle Mitreisenden erst mal verschämt sich umschauten und den wulstigen Bug unseres Rennzugs nach Blutspuren absuchten. Aber nichts! Der Überfahrene habe, so ein Schaffner, sich flachgelegt und so dumm nicht gehandelt: Die präzise Enthauptung scheint dem theatralischen Aufklatschen an Weisheit überlegen.

Dann im Taxi Lagebericht Frankfurt: Autostau allerorten, da wahnwitziger Gründe wegen Bombendrohung an der Konstablerwache stattgefunden hatte. Ick gloob ick spinne!

Dann jage ich hinein in ein spitzwinkliges, modernes Tortenstück, Herberge einiger moderner Kunst und dort warten schon etwa siebzig Personen auf meine Führung, Grund dieser Reise. Ich schwenke nun generell in jedem Kunsthaus, sofern Alternative besteht, in die Alte Abteilung und nun aber war es die Neue und da zertrümmerte ich nach allem erlebten Kriegsgeschehen und nach gehabter Schnapsstärkung im Verein mit unwillig gerade getötethabendem Eisenbahner mit harschen Worten den umherhängenden neumodischen Quatsch. Das hätten Sie erleben sollen! (Ich lade jedoch grundsätzlich nicht ein zu meinen Auftritten; so ist, wer kommt, selbst schuld!)

(Unterbrechung: Mußte gerade Wespe schonend aus meinem Ichfeld entfernen.)

Anschließend zog man ins ›Fichtekränzi‹, wo es sehr schön war! Wo ich auch Johann Gottlieb Fichtens gedachte und gehabtes Erleben aus der Sicht radikalsten Idealismus reflektierte, was sehr entlastet, auch beim Bemessen genehmigten Apfelweins.

Übermut zwackt mich! Im Hintergrund brät hier, unter Seufzern der Madrigale Gesualdos (der sein Eheweib meuchelte!), in den Gefilden, wo ich als The Big Boss (vulgo Papa) gelte, ein Vogel, da Vogel angeblich wieder kein Fleisch. (»Sippschaft, ihr habt 'n Vogel!«)
So ganz nebenbei wünscht sich der Beihaspel heute einen Computer! Er nennt sogar Zahlen; diesen ist zu entnehmen, daß er das Gerät für den Einsatz von Computerspielen vorsieht. Die Mutter unterstützt den Wunsch, da sie verstärkte Aufstiegschancen wähnt. Ich sehe ihn lieber auf Bäume klettern, bin aber sowenig in der Lage ihm sein Ansinnen zu verweigern wie ihm zu gehorchen.

Ein Ethnologe, seinerzeit ›Völkerkundler‹, präsentiert eine Zeichnung, die der Silhouette einer vollbusig Steißstarken ähnelt und behauptet, dies sei eine Schrift aus der Südsee. (Irian Yaja) –: Nie und nimmer! Diese Schaftler des Völkerwissens sind allzu ausdeutend und sogar erfinderisch, bis heute! Das macht sie aber auch amüsant; ich denke etwa an Franz von Wendrin, der auch auf Grund solcher Entzifferungen 1924 das Paradies und unsere Vorgeschichte in Mecklenburg-Vorpommern zu verorten wußte; bei Tribsees ist er sicher, daß es Troja, bei Peene, daß es Pison gewesen! Usf.
Der zuverlässigste Test aber bringt gleiches Ergebnis: Ich lege dem Burschi das Blatt vor, und die Zeichnung betrachtend, entschied er sofort: »Keine Schrift!«
»Was dann?«
»Eine dicke Mama! –: Als Verzierung.«

Zum Zeugnis Hegel'schen Menschtums und Geschickes im Umgang mit bekanntermaßen einzig der Verzögerung verpflichteter Hochschulverwaltung lege ich noch die Geschichte einer umstandslosen Promotion, nach Vollmanns Romanführer, bei:
»Als Jean Paul im Jahre 1817 von den Studenten nach Heidelberg eingeladen war, Hegel lehrte damals dort, haben die beiden sich an einem Freitagabend wundervoll zusammen betrunken (Hegel hatte das in der Jugend gelernt, Jean Paul erst im Mannesalter) und Hein-

rich Voß, Kollege Hegels in Heidelberg, erzählt, daß um Mitternacht dann Hegel, auf Jean Paul deutend, gesagt habe: der muß Doktor der Philosophie werden; Hegel sei richtig ausgelassen gewesen, schreibt Voß. Am Dienstag habe Hegel dann einen Punschabend gegeben, mit Pudding und Arrak, und man habe Voß gesagt, er solle die Fakultät zusammenrufen; das geschah am Donnerstag. Eins der Mitglieder sei gegen Jean Paul gewesen, der sei kein Christ und trinke zuviel, beides habe Hegel sofort widerlegt; Freitag war die Urkunde fertig, Jean Paul Doktor, und dann, so Voß, hätten sie alle wieder richtig gefeiert.«

Mir will hier wieder etwas kränklich scheinen: An den deutschen Hochschulen stellen sich Damen vor, Männer haben von vornherein wenig Aussicht, die klugen lassen es also gleich sein, die frühestens mit fünfunddreißig promoviert und vierzig habilitiert und selbstverständlich kinderlos und ebenso verständlich rein akademisch belesene Geschöpfe, vom Bios suspendiert und somit auch oft ziemlich dämlich sind. Nach einem etwa zwei Jahre dauernden Verfahren werden sie dann eingestellt. So haben wir denn kluge Männer, die keine Familien ernähren und gut verdienende Frauen, die keine Kinder kriegen können. Wie sollen wir da Konstantinopel wiedererobern?

Frankfurter Schulfeste. Legendär die rauschenden Feste im engsten Kreise der Frankfurter Schule. Unermüdliche Feierer nach Büroschluß waren insbesondere Max Horkheimer (fünfter von links) und Theodor Wiesengrund Adorno (zweiter von links), weit weniger, seltsamerweise, Herbert Marcuse (trotz ›Triebstruktur und Gesellschaft‹) und Jürgen Habermas, ein doch ausgewiesener Theoretiker des ›kommunikativen Handelns‹, aber auch ein den Kollegen damals sich allzu jung gerierender, also suspekter Fetenhirsch. Horkheimer, Hauptinitiator der Feste, unterzog solchermaßen feiernd, nicht nur theoretisch, in ›Eclipse of Reason‹, sondern auch praktisch, in Gestalt der Party, der Materialisierung von Mensch und Natur, einer scharfen, weil gelebten Kritik. In der Zueignung von Adornos ›Minima Moralia‹ an den Freund und Fetenteufel Horkheimer kommt qua »Reflexion beschädigten Lebens« am Ende Dank und Hoffnung in Betrachtung der Dinge dergestalt auf, daß sie »vom Standpunkt der Erlösung« sich darstellten.

Und noch eine schöne Post, fast von mir in die Welt gejagt:
»Sehr geehrter Herr Dr. Schnuchel,
ich bitte sie diese Brille, die ich hier mitschicke, erneut zu fertigen oder wie folgt zu modifizieren:
1. Der untere Rand möge 2 mm höher ansetzen. Links und rechts kann je ein halber Millimeter schmaler gebaut werden.
2. Mein Nasenansatz liegt tief; die Brille sollte also 1,5 Millimeter höher sitzen.«
Spinnst du? Die alte genügt!

Heute gab's interessante Nachrichten: Mao Tsetungs Enkel Xinyu ist Schlagersänger! Auch richtig mit CD und so, und er hat aber Schwierigkeiten eine Frau zu finden, »die seinen Ansprüchen genügt«! Wenn man das alles geahnt hätte! Aber man hat es ja geahnt. Bei all diesem Scheiß: man wird es immer geahnt gehabt haben.
Dann: US-Präsident Clintons Katze ›Socks‹ erhält täglich 200 Briefe und hat ein eigenes Pressebüro im White House. Sie, die Katze, führt von dort aus gerade einen Feuilletonkrieg mit dem Köter (sic!) von Georg Bush, welche Töle, nicht Bush!, einen Bestseller geschrieben hat. Die Katze ›Socks‹ hatte diesen übel rezensiert, daher dieser Zwist unter den Tieren und ihren meschuggen Herrschaften.
Jetzt die schlechte Nachricht: Im All wurde eine All=koholwolke von

unglaublichem Ausmaß entdeckt: Sie birgt eine Sextillion Liter reinsten, höchstgrädigsten Doppelkorns. Jeder Mensch könnte, wenn er nur herankäme, vermittelst dieser Wolke eine Billion Jahre lang täglich eine Billion Liter alkoholisch verfeinertes Bier trinken! Gott würfelt nicht, Gott braut und brennt.

Daher hier nun einige wenige Sequenzen aus meiner großen *Brauereikorrespondenz* (A bis E):

(A) Sehr geehrter Herr Horenburg, Sie gaben mir beim EDIMO (Treffen der Braunschweiger Honoratioren am Ersten DIenstag des MOnats, T.K.) Ihre Karte; daher wage ich, Sie mit einem Anliegen zu behelligen: ich rief letztlich bei ›Wolters‹ an, weil ich mit meinen Studenten eine Brauereibesichtigung unternehmen wollte. Das hat nicht nur durstige Gründe; wir hatten bereits einige literarische Bierkuriosa in Augenschein genommen, planen eine Exkursion nach Bamberg, der Kirchen und Braukünste wegen.
Nun aber sagte mir eine Dame bei ›Wolters‹ am Telephon, man könne der regen Nachfrage wegen Besichtigungen nur mit den Großkunden (Gaststätten usw.) verabreden. Da staunt der wahre Großkunde und muß nun auf seine EDIMO-Beziehungen setzen!
Sodann: Lieber Herr Horenburg, könnten Sie mir behilflich sein, diese Wolter'sche Klippe zu umschiffen? Wen rufe ich an? Wer öffnet mir die ehernen Wolter'schen Tore?

(B) Sehr geehrte Damen und Herren der Herrenhäuser Brauerei! Ich hatte ja nun mit Herrn Middendorf – ich hoffe ich erinnere und schreibe das richtig? – ferngesprochen und er hat mir großmütig eine Ladung ›Herrenhäuser‹ zugesagt. Das freut mich sehr! Ich erzähle es überall und man staunt! Man war auch so großzügig, mir in diesem Jahr Preisgelder zu spendieren: in Euro – aber unter uns gesagt, ehrt mich das mit dem Bierdeputat noch viel mehr und scheint mir – wer weiß was noch passiert! – auch irgendwie sogar stabiler!
Ich hatte verabredet, daß die Ladung in mein Kabuff zu Braunschweig verbracht werden soll, damit ich meine treuste Studentenschaft hinreichend bewirten kann. Ich mache aber sicherheitshalber noch eine Skizze.

(C) Lieber, verehrter Herr H.! Noch einmal großen, herzlichen Dank für Ihre Einladung zur Besichtigung der Wolters'schen Anlagen und ganz besonderen Dank für Ihre interessanten Worte voll feinster Gastfreundschaft! Alle Dabeigewesenen waren beeindruckt! Für junge Menschen ist es auch eine folgenreiche Erfahrung, jemanden kennenzulernen, der etwas Bedeutendes macht und dabei zu bemerken, daß man mit solchen Menschen reden kann, und Erfolg eben keine Sache des Forderns und Einklagens, sondern des beherzten Machens ist. Da waren Sie, verehrter Herr H., exemplarisch vortrefflich!

Leider führte nun eine doch unter den Studenten nicht unübliche Schludrigkeit dazu, daß einige, die fest zugesagt hatten, einfach nicht kamen. Dies war mir sehr unangenehm. Diese grämen sich nun aber umso mehr, da sie von den Teilnehmern erfuhren, wie schön dieser Tag verlaufen war, und ich habe auch nicht versäumt, diesen Hinterherbleibern klar zu machen, daß man so, bittesehr, im Leben nichts werden kann! Ansonsten trinkt, da können Sie sicher sein, hier keiner mehr ›Fernsehbier‹!

(D) Ich war nun natürlich schon in Lübeck, ging alles so schnell und ich bin nicht mal über Humbug gefahren, sondern über ein Ostkaff mit bösen Menschen am Bahnhof. Deshalb fahre ich nächstes mal auf jeden Fall über Humbug und dann wird sich Zeit genommen! Und in

Lübeck war es so prima, lief es gut mit Vorlesen, und die Stadt ist schön, ein neblig, feuchtes Altertümchen, da hätte man also gut dort zusammengrogen können. In Braunschweig hingegen wird mir von mal zu mal das Lethargische einer Kunstschule auffälliger. Alles zieht sich. Man wird – unabwendbar! – faul, zäh, doof, träge, müde, auch blöd und beamtenarschig. Die Studenten in ihrer Weise ebenso. Neulich hatte ich einem Oberwolters nun endlich die Führung abgerungen, und dann hatten die dort für 30 angemeldete Personen gekocht und Fässer aufgemacht, daß sich die Balken bogen, und ein wunderbar referierender Oberoberwolters und auch der Chef von't Janze sogar waren persönlich da und 30 hatten sich mit Eid und so eingetragen in eine Liste und 15 kamen, davon acht Handwerker! Kollege Kummer hatte dann auch noch den bei ihm lernenden, hier aber angemeldeten Futzis verboten teilzunehmen: »Entweder Kunst oder Saufen!« (Welch schreckliche Alternative!) Und die kuschten! Dabei gehört beides zusammen und der Chef war doch da, um über eine Aufrüstung der Wolter'schen Kunstförderung zu plaudern! Was macht das für einen Eindruck? Was soll das alles? Nun, es ist diese oben bemerkte, betriebsbedingte Blödigkeit. Und nicht ein Teilnehmer mußte etwa Huckepack nach Hause befördert werden. Mit Argusaugen wachte ich darüber, daß sich keiner überhob, da ich doch einmal Verantwortung trage für das Wohlergehen und die unbeschadete Übergabe meiner Schützlinge an die Ihren und dann mochte ich nicht noch mehr ungünstigen Eindruck hinterlassen. Euer Kabolski.

(E) Mit großem Entsetzen höre ich nun vom lieben Freunde Knusti, daß Du durchaus hättest teilnehmen können an einer Brauereibesichtigung im Braunschweigischen, die er und ich mitmachten, und daß Du ganz nahe warst, und dann sieht man sich nicht! Das ist furchtbar! Sowas darf nicht wieder vorkommen! Jedenfalls müßte ich Dich mal wieder in Augenschein nehmen und examinieren, ob alles in Ordnung ist. Und dann würdest Du wohl ein wenig geherzt werden müssen! Jawohl! Mit allen Schikanen! Themenwechsel: Ölschinken ist längst verkauft. Die Zeit-Kolumne macht mich reich und verzweifelt: Sie nehmen immer die falschen Fotos und kürzen alles, was Brisanz hat. Der hintere Magazinteil möchte, wohl aus Untergangsängsten, mit aller Gewalt jugendlich, für große Kids (scheiß Wort) (und natürlich auch – Auflage! – junggebliebene Kids) sein und so tobt sich denn ein, natürlich immer wieder von ganz oben gedämpftes Tekkno-

Design, ganz agenturmäßig à la Schnulz & Friends aus. Es ist zum Weglaufen. Ich werde kündigen.

Hinzu kommt: mein liebes Eheweib, welches anfänglich die neue Einkunft freudig begrüßte und auch bereits sehr vorgreifend verplante, spie dann Feuer und Flammen über mich aus, wollte sich viele Wochen nicht besänftigen lassen, und gewann Widerwillen und Ekel gegen meine Schriften, da sie unser Eheleben zu sehr desavouiert empfand. Dabei spinne ich doch bloß! Und damit es jeder merkt, behaupte ich sogar, sie sei Schwimmlehrerin …
(Ende der *Brauereikorrespondenz*)

Und habe auch sofort gekündigt! Als Beamter nach C-3 kann man ja so heroisch törichte Dinge veranstalten wie: Pizza bestellen und nicht essen! Bier bestellen und andere um guten Lohn für sich austrinken lassen. Dazu und dadurch vollstarke Gefühle mit Untermischung einiger Lustbarkeiten. Alles auch, mit fast fünfzig, schon ein wenig grillen- und greisenhaft! Ja, jeck jeradezu!

Gut, daß ich nicht alles wegschmeiße: Alte Briefe machen ja vor Glück traurig!

Heute signierte ich wieder Plastiktüten von ›Zweitausendeins‹ mit meinem Konterfei drauf. Ich sehe zwar irgendwie wohl gar nicht so aus, aber ich legitimiere das Tütchen mit dickem Filzstift, indem ich, wenn gewünscht, meinen Namen drunter setze. Da wir alle doch heimliche Freunde und Liebhaber der Plastiktüte sind, erwirbt sich das Stück beharrlich einigen Kultstatus. (Und ist auch von außerordentlicher Qualität in Material und Aufdruck.) Überhaupt betreibt der Verlag seine Geschäfte sehr geschickt, und man erzeigt ihm freudig Gunst. Da wird mit Eifer und Emsigkeit mir zum Ruhme (mit Tüte und allem Dummidranni) Höchstes bestrebt! Die Kiste brummt! Ich aber renne mit meinem Tütenbildnis hier absichtlich in der Gegend rum und keiner unter der einheimischen Bevölkerung will was bemerken. Scheiß Volk!

2.7.00. Leukerbad, Schweiz. Literaturkurort. Werde jetzt durch alle Literaturfestivals gereicht. Österreich, Schweiz immer sehr komfortabel. Irrsinn: an einem Tag reist man von Berlin, Flug bis Zürich, Zug bis in ein Gebilde namens Goppenstein. Ich hatte einen frühen Zug

genommen, denn ich wollte dort zwei Stunden Schweiz erleben; das
Kaff besteht aber nur aus einer Schlucht mit Bahnhof und einer Verla-
derampe für Autos, die stündlich verladen in einem finstren Dolmen-
schlund (dem man angeblich noch im Mittelalter am Ort heraus-
masturbierte Samenopfer darbrachte!) verschwinden; es gab aber
doch immerhin eine in den Fels gehauene, zwergenhafte Bahnhofs-
gaststube. Da saß man so zu dritt nebst Dienstkraft eng umeinander
und tat so, als sei es das Normalste von der Welt, hier nachmittags eng
umeinanderzusitzen, Bier zu trinken und die ›Blick‹-Zeitung zu lesen.
Dann kam endlich der Bus, der uns, die inzwischen noch eingetroffe-
nen Literaten und also auch mich, immer höher und höher bis in die
südwestlichen Alpen hob. Beklommene Schluchtenfahrt über Höl-
lentälern mit Luftverdünnung.

Prachthotel, so etwas habe ich noch nicht bewohnt! Nobel! Mein Ho-
telzimmer hatte keine Nummer, sondern hieß, ich vergaß es ständig,
»Humagne« (irgend ein vornehmes Weinsörtchen)! Maitre Kapielski-
Humagne schreitet vielmals täglich in weißem Bademantel, den man
allen Gästen neben Schirm, Remueur (Sektquirl) und Frotteelatschen
kostenlos zur Verfügung stellt, durch die Wandelhallen des Fünfster-
nehotels ›Les Sources des Alpes‹ zu den hauseigenen Thermen. Dort
liegen in beheizten Metallschränken riesige, bäderblaue Frottee-

handtücher bereit und mit fünfen setze ich mich in die Sauna, eines unter den Arsch, eins unter die Füßchen, eins zum Abtupfen, eins zum Abtrocknen, eins zum Mitnachhausenehmen? (– NEIN!)
Anschließend läßt man sich in einem wohltemperiert brodelnden Missionarskochtopf die Testikel von unten massieren, was nach drei Tagen brünstig macht, und nach vier Tagen ist man gesund wie ein Hengstfohlen und alles geht einem derart auf den Wecker, daß man dieses Alles kurz und klein schlagen möchte. Man verzeihe mir, wertes Gästehaus, mein befremdliches, mir selbst unerklärliches Ansinnen, die Herberge ist erstklassig, ich würde sofort wieder einchecken!, und man ist ja vom Hause gewiß auch sogar automatisch versichert für bzw. gegen einen solchen Tobsuchtsanfall.

Also schonte ich das Anwesen und zog mir auswärts suicide Anwandelungen zu: Ich fahre Sonntag früh vor neun – nur so, aus Daffke! – mit der Seilbahn senkrecht zweitausend Meter hoch und kriege unterwegs sofort so was von Ohnmachtsanflügen! – Herr im Himmel, was wohnst Du hoch!
(Übrigens sagen sie hier Hühnerhaut statt Gänsehaut. Und ein kleines Bierchen nennt sich: Herrgöttli! »Ein Herrgöttli, bitte!« – Mon Dieu!)
Mit weichen Knien ducke ich mich während der wahnsinnigen Himmelfahrt in der straßenbahngroßen Gondel, hängend an bleistiftdickem Drähtchen, unter den Fensterrand, um bloß jede Aussicht zu vermeiden und mache Atemübungen. Als wir unvermutet über einen Seilträger holpern, will mir der Verstand aussetzten! Der Gondelpilot versucht mich, seinen sehkranken Gast, mit der infernalen Weissagung zu beruhigen, daß die Fahrt nur noch fünf Minuten dauern werde.
Oben krauche ich, allen befremdeten Blicken zum Trotze, auf allen vieren am Abgrund aus der Gondel; man muß über ein Gitterrost, durch das man zweitausend Meter nach unten sehen kann, in die Bergstation rübereiern! Im Hause fasse ich mich etwas. Was nun? – Zu Fuß hinab: undenkbar! Unmöglich: auf allen vieren diesen völlig irrsinnigen Wanderpfad an Abgründen entlang! – Also warten auf Talfahrt am Drähtchen.
Und da schaue ich doch kurz noch in die rückwärts gelegene, ganz baumlose Hochlandschaft, stelle fest, daß hier oben, zweitausend Meter über uns, Tag und Nacht ein riesiger See mit aller Kraft seiner Schwere lauert, um sich auf uns dort unten Wohnende hinabzustürzen

und gelobe für den Fall einer gelungenen Abfahrt den Besuch des
katholischen Sonntagsgottesdienstes und nehme nun sofort die nächste Gondel wieder runter.

Man hatte, als Flachländer, diese Hänge ringsum gar nicht recht einschätzen können. Unten ist mir nun auch alles eher blümerant und mit
hochgezogenen Schultern glinzt man mit Unbehagen diese Monster-
hänge hoch. Dieser riesige See da oben! Es ist unfaßbar. Ein See ruht
doch nur insofern, als ihm erlaubt ist, den tiefstmöglichen Trog zu bewohnen.
Beschloß nun nach Überleben der Bergfahrt in Gondel erst umstands-
und kirchlos Kneipe aufzusuchen, hielt dann aber lieber Gelöbnis (für
den Fall der endgültigen Rettung) und setzte mich mit in die vollen
Reihen. Enttäuschung: beim katholischen Ritus ist alles unter Ponti-
fikalamt ödes Aufstehen und Hinsetzen, durch die umständliche Ob-
lateneinnahme unnütz auf über eine Stunde gedehnt. Der evangelische Gottesdienst ist strukturierter, argumentativer, im katholischen
fehlt die kompakte Predigt, somit auch die wahre Einschätzung des
Priesters. Der evangelische Liedvorrat ist insgesamt auch kräftiger,
das zinzendorfsche Kampflied mir lieber als hier diese brummboria-
nischen Gesänge.

Dann nachmittags Lesung. Literaturprobst Hettche bringt einen Es-
say, wir können folgen, und es scharwenzeln auch viele um ihn
herum, er genießt es, sofern oben Beulen dran (man neidet regel-
recht!); dann probt die Mora hier Abkömmliches aus dem Alltag einer
kühlen Prenzlauerbergbauwohnung, man hört gar nicht richtig hin,
hockt matt in der Mittagshitze auf Alpweide unter albernen Sonnen-
schirmchen; plötzlich aber klatscht sie, die Mora, sehr gekonnt, sehr
resolut, zu unser aller Überraschung mittendrin ein stechendes Insekt
vom blassen Oberärmchen. Donnerwetter! Alles hellwach! Verhaut
die – sub rosa – etwa auch gerne Männer? Na, man will es sich gar
nicht vorstellen. (Warum? – Weil unschicklich!)
So. Nun trug ich noch meinen Leib unter den kleinen Schatten des
Leseschirmchens und machte zum Abschluß wieder den ulkigen Erzählonkel und zog das sedierte Publikum noch mal etwas aus der dünnen Bergluft auf die Geschichten des Flachlands runter (Finnland). Es
lief aber nicht so richtig: das Volk döste auch mir weg.
Und ich lauschte wie verdoppelt meinen Worten beim Vorlabern. Da

man durch diese jetzt ständigen Leseaufführungen zu abartigen Wiederholungen genötigt wird, gibt es doofe Entfremdungseffekte: verlallte Versprecherchen, innerer Zweifel und völlig abwegige Gedanken während (!) des mechanisierten Vorlallens: (z.B.: Warum lebt man überhaupt noch weiter? Und pustet's nicht einfach aus, das kleine Lebenslicht? – Ja, weil man eben nur wissen möchte, was morgen im Briefkasten liegt und wer zum Stammtisch kommt. Und es ist auch Endspiel: morgen! – Nur darum lebt man noch weiter!) Diese inneren Ablenkungen errät oder bemerkt wohl keiner, aber nach außen hin schwillt mir weithin sichtbar eine schwitzende, rote Omme, worüber Fliegen taumeln.

Frage anschließend auch eine Jungschriftstellerin, hübsch, man würde sie sofort in allerhand Lustbarkeiten imaginieren können, ob mit dem Gelehrten und Derrida-Übersetzer Michael Wetzel verwandt? Den kennt die nicht mal! (Soll Hettche sie nehmen.)

Gestern Massenlesung in einem abgelassenen Leuker'schen Schwimmbecken, auch heiß! – aber schattig, weil nachts. Ein ausrangiertes, von der Jugend wiederentdecktes Badehaus, jetzt mit Cocktails befeuert. Schunkelstimmung, Bude voll! Man dröhnte heiter durch's Kachelbad. Erster vor mir (hasse Nachtschicht und hatte mich auf den zweiten Platz nach vorne gedrängelt) Hans Manz. Der Mann ist famos! Luftgetrocknete schweizer Art und ein sowohl soignierter, älterer als auch etwas zerzauster Herr. Wir verzogen uns in die Kulisse und gaben uns gegenseitig Lagen aus bis nichts mehr ging.

Fußball-EM 2000: Italien kann Holland nicht besiegen, aber Holland kann gegen Italien verlieren. Und daher macht Frankreich für den Teller (1. Preis) das Runde ins Eckige. Dazu Gewitter und kurze Sendepause während der zweiten Halbzeit. Wütende Schädelwumme an Bildröhre.

Heimreise: Fresse am Zürcher Flughafen ›Klöten‹ (oder sowas vulgäres; bis vor kurzem kannte ich das Gewicht meines Gemächts nicht! Wenn ich also nun meine Eier in der hohlen Hand wiege, weiß ich, daß ich damit mein Leben aufwiege, und es auch gut ist, bald fünfzig zu sein!) keine Klöten, sondern sowas vulgäres wie Bottroper Schlachteplatte, also Bratwurst rot/weiß (Ketchup plus Majo) in einem eher auf's Asiatische abzielenden Schnellfreß für Besserverdienende. Teller sah also ein wenig aus wie die Halsschnittfläche des Holofernes (was übrigens »nach Wunsch Glück habend« bedeutet!) auf dem Splatter-Gemälde ›Judith‹ von Johann Liss in London. (Gibt noch woanders welche davon; kam wohl vom Thema nicht weg.) Rundum, dazu passend, alles in gedämpfter Rotbuche, und, wie üblich auf Flughäfen, alles luftdicht, eine sich ständig umwälzende, etwas gefilterte, immer gleiche Luft in der ungewöhnliche Duftmoleküle herummendeln und sich neuartige Viren ausdenken.

Draußen, durchs Fenster, sieht alles wie von Fischli/Weiss hübsch fotographiert aus. Dann Gewitter und Verspätung. Ein ganzer Luftbus voller Chinesen wird vorerst nach Amsterdam umgeladen und rast aufgeregt immer hin und her, da keiner ihnen erklärt, was los ist. Und auch ich vermag es leider nicht.

Was machen wir denn nun in Klöten? – Also, jetzt werden erst mal die übrigen Franken über die Hand geblasen! Ich schalte von Speise- auf Getränkeröhre und versaufe die restlichen Schweizer Reichtümer restlos.

Der ›Euro‹, die mir und sonst kaum einem Nachdenker und Plebejer sowieso nicht geheuere Währung, ist eindeutig eine Flughafenidee (Airportidee); der Typus Mensch, Marke Anleger, der hier häufig rumhetzt und die Lästigkeiten des ständigen Geldumtauschens abzuschütteln wünscht, auch die Macht dazu hat, nicht aber die Risiken, wird's durchsetzen. Als nächstes ersehnt man dann die völlige Abschaffung der Sprachenvielfalt. Noch sagen sie es uns Deppen auf deutsch und französisch. Die Chinesen müssen so klar kommen, und einmal »Passengers, please!« wird künftig genügen müssen, und ist natürlich auch mondäner. (Der letzte Satz beinhaltet fünf Üs und ein Ä!)

Später, im Flugzeug, kommt ein Schüttelreim von Christiane Seiffert, der hochbegabten, aber keinem bekannten Dichterin, auf mich:
Sie nannte ihre linke Titte ›Latour‹
Und dachte, das wäre schon Literatur.
(Müßte man eigentlich in Melchior Lechters St.-George-Schrift setzen.)
Also solche Freimütigkeit obliegt wohl fortan nur den Frauen! Ich wollte bei Kramer auch ein Buch von ihr herausgeben, in der *Uschi*-Reihe, aber man fürchtet sich sehr vor unbekannten Hochbegabten.

Geldexperimente: Freund Kramer, in solchen Dingen allen voran, hatte zwei Jahre lang die eher seltenen deutschen Fünfmarkscheine gesammelt, die vierundachtzig Sammelscheinchen alle etwas gebügelt und wie einen Abreißblock sauber und bündig an einer Schmalseite mit einem speziellem Buchbinderleim verklebt. Der so gebundene Stapel Fünfer hatte beachtliche Dicke! Nachdem wir tüchtig gefeiert und er vom Block weg – ritsch, ratsch! – fünfunddreißig Mark mit sieben Scheinchen bezahlt hatte, kam, von der am Geldfetisch zermergelten Servierkraft alarmiert, eine viertel Stunde später die Polizei. Und fand es auch nur halb komisch. Bei Geld hört der Spaß auf! Das Kneipenpublikum aber grölte und verhaute sich derb die Schenkel. Man wünschte, nachdem sich die Ordnungskräfte entfernt hatten, ungehemmt: künftig vom Sozialamt mit solchen Blöcken versorgt zu werden! Die Reichen zahlen bei Zwielicht mit der Chicagorolle oder Tags über mit ihren Kreditkärtchen, die Armen aber Tag und Nacht fortan vom Block. Die Reichen reichen sich die Hände, die Armen fortan die Arme. Ein Saturnalienjux.

Im ›Kleinen Griechen‹, halb Kneipe mit Ofen, halb Grieche mit Zithermusik, fing Kramer im Jahre darauf an, die lästigen Fünfpfennigstücke abzuschaffen, indem er sie konsequent hinter sich, auf dem schmalen Sims des rundumlaufenden Holzpaneels ablegte. Wenig später machten fast alle Gäste mit und es bildeten sich durchgehende

Reihen ›Sechser‹ und später sogar kleine Säulen. Und niemand klaute. Die restlose Beseitigung des Sechsers wäre in kurzer Zeit erfolgt, aber da hielt es der vor schierer Geldmenge trunkene Wirt eines Tages nicht mehr aus, fegte die Sechser die Wand entlang weg in eine Plastiktüte und zählte zitternd in drei Stunden 462 DM in Gestalt von 462 Zwanzigerhäufchen plus 35 Pfennig. Die Gäste zürnten ob solcher Ungeduld, aber es folgte ein versöhnlicher Abend mit Freibier und Gefühlen allerseits größten Euergetentums. Ein jeder Gast und Laufkunde wurde opulent verköstigt. Die Freigiebigkeit obsiegte an diesem einen Tag und man soff sich satt an selbstinduzierter Demut qua Armut.

Aber man bedenke: Armut macht Demut, Demut macht Beförderung, Beförderung macht reich, reich macht Hoffart, Hoffart macht Krieg, Krieg macht Armut.

Da Mißtrauen – allerdings unaffektiertes! – gegen menschliche Kräfte in allen Stücken das sicherste Zeichen von Geistesstärke ist, bin ich ein jedes Mal über die zähe Bezweifelung meiner ordentlichen Taschengeldauszahlung durch meinen mir zur Erziehung anheimgegebenen Gläubiger, den Schuldenputzi, amüsiert.

Langsam schießt einem das Blut in den Gipfel! Heute hoher Zorn über die Geldinstitute, denen es in den letzten fünfundzwanzig Jahren gelungen ist, sämtliche Geldströme in mehreren Schleifen zunächst durch ihre verfluchten Frankfurter Turbinen zu schleusen – zu einem einzigen Zwecke: sich selbst zu bereichern! Man sollte vor dem Bundesverfassungsgericht die Wiederherstellung umstandlosen Barverkehrs unter den Menschen einklagen. Ein Wiederaufleben der Kassen, Zahlstellen und Überweisungsschalter würde auch der Wirtschaft jenseits der Banken wohltun.

Musiker (Richtung: Jazz, Krach, kleine Harfen-Mucke und so, bei Teufelsgeigern bin ich mir unsicher) sind notabene der letzte Berufsstand, der auf Barzahlung sofort nach dem Auftritt besteht, und dann geht's mit den Bündeln, Säckeln und Gesang: in's nächste Restaurant!)

Im ›Yorckschlößchen‹, wo der traditionsbewußte Westberliner immer auch gern einkehrt, um den Beschaulichkeiten des alten Westteils der Stadt eine Bierträne nachzusinnen und es eine ordentliche Küche gibt, bestellte ich, der Faule, letztendlich nur noch zur Benutzung des Löffels bereite: ›Flußkrebse an Dipp‹ und sowat unüberlegt Komischet. Unfaßbar, was kam! Gerötetes Getier, mit noch alles dran! Das Speisen glich, auch infolge des untauglichen Bestecks, einem Popeln de luxe at coram publico. Kniffliges Futter.

Ob's geschmeckt habe, fragte die in den Dienstjahren stets resch gebliebene Servierkraft?

»Das hat es! Aber beim Verzehr verbrauchte ich jetzt mehr Kalorien (Brot- und Arbeitseinheiten an Krebsmeßgrößen), als ich eigentlich beabsichtigt hatte, mir zuzuführen!«

»Das ist wohl wahr!« sagte sie anteilnehmend.

»Na, da nehme ich jetzt eben noch ein helles Nährhefebier!« sprach ich begütigend.

»Kommt sofort!« versprach sie erfreut.

»Na bitte!« rief ich begeistert.

Und so sagten wir uns noch und noch einiges Blödsinniges, immer hin und her, zur Aufmunterung. Es ist herrlich im Yorkschloß!

Neueste Erfindung von mir: Der am linken Rand geschärfte Löffel; er, der Bezwinger aller Suppen, der viel mehr faßt, als jede Gabel, ersetzt alles andere Besteck, auch das Messer, denn mit der vorsichtig geschärften Kante kann man ebenso gut wie mit dem Messer Fleisch und dergleichen schneiden.

Einiges zu Softies Welt und Friedensgedusel. Wer Krieg, in Europa, für nie mehr möglich hält, führt ihn durch solche Sorglosigkeit wohl gerade herbei und will auch gar nicht bemerken, daß er etwa schon begonnen hat. Des nahen und nicht allzu fernen Ostens und Südens lange Zunge gieriger Begehrlichkeiten hängt längst, an Kampf und Entbehrung und patriarchalische, soldatische Art gewöhnt, heraus nach Europas Tand und gedeckten Tischen im gut beheizten Haus Abendland.

Auch hat der Krieg die ihm eigene List, sich zu verstellen, zu verändern, zu überraschen, unsichtbar und hinterrücks und ganz anders zu werden, als man ihn kennt und vermutet! Das Bild vom letzten großen Krieg und die elektronische Bombe verstellen den Blick auf die täglichen Gewaltdosen eines mikroskopisch, unmerkbar schwelenden Krieges wider unser Gemeinwesen vermittelst Opiat, Kriminalität und Schwächung sozialer, finanzieller und moralischer Reser-

ven. (Die Generäle machen gleichsam den Fehler, daß sie sich immer nur an den Fehlern des vorigen Krieges schulen und jede Ahnung auf Unverhofftes zu kultivieren versäumen. Es mangelt an strategischer Vorhut.)

Wer umgekehrt einen Krieg, wie im Vorfeld des Ersten Weltkrieges, für unausweichlich hält, der führt ihn ebenso sicher herbei, auch wenn er ›objektiv‹ sinnlos und unnötig wäre.

Ich erkühnte mich heute, aus Sorge um die Zukunft, zu fast anormalem Lottoeinsatz: acht Permu-Felder mit sieben Kreuzchen. (Schein sieht aus wie Soldatenfriedhof!) Nun ist aber die Lichtenrader Lottoannahmestellenstimmung (ein Wort als wie ein finnisches!) am Samstag früh ein jedes mal so heiter hoffnungsfroh, friedlich und ausgelassen, daß keine Zweifel mich rühren.

Auch gewann ich ja heute schon Kleinigkeiten! –: Der Lottowirt hatte zwei in gelbes Tuch gehüllte Studenten bestallt, die mich an ein mannshohes Glücksrad mit Knatterzunge führten, an dem ich prompt einen Treffer in Gestalt eines lottogelben Stoffbeutels mit der Aufschrift »Nie mehr ACKERN. Nur noch ERNTEN!« sowie einen Lottokuli mir mit Schwung erdrehte.

Den leinernen Beutel spannte ich, nebst anderen hübschen Stoffbeutelstücken, gezielt investierend auf Keilrahmen und gab alles um hohen Preis hinaus in die Welt der Kunst unter dem Titel: ›Beutelkunst‹, welche mir gewiß guten Gewinn eintragen wird!

Was Geld betrifft, so sind die Armen abscheulicher noch als die Reichen, da sie, mehr noch als letztere, Tag und Nacht nur von Geld, Geld, Geld reden und denken.

Meine Mutter besaß in ihrem Leben eine einzige Schallplatte; sie hatte sie sich zur Erbauung und Besserung gekauft, als es der Familie geldlich miserabel ging. Auf dieser Single sangen ein paar sich ›Travellers‹ nennende Spitzbuben mit sächsischem Idiom zur Melodie von ›El Condor Pasa‹:
»Der Pleidegei'r sitzt im Portemoneee: nüscht ist drinn: Geld is futsch: und das tut weeeh: o jäh!
Ich rauch schon geene Zigarette mehr, dut m'r leid: ich muß sparsam sein, schmerzt es och noch so sehr, hm hm.
Ob Brot, ob Butt'r, Quark und Eier, Schnaps und Bier, och Malzkaffee: das steicht so wie d'r Pleidegeier, Tach für Tach, steil in die Höh', oh happy day, oh jäh: keene müüde Mark...« usw. und verdienten sich eine Strecke lang dumm und noch dämlicher damit. Aber: man muß zugeben, daß es uns, der Familie Kapielski, am Ende dieser dämlichen Strecke auch merklich besser ging!

Und als auch ich noch so richtig bitterarm war, da waren im Westteil Berlins alle, die ich kannte, so dermaßen bedürftig, daß sie alle, auch ich, Woche für Woche Lotto spielten und Die Zeit, wegen der Stellenanzeigen, kauften. (Vor Hunger viel Zeit an Lotto.) Und Durst hatten auch alle.
Aber kein Ach! und Weh! lähmte die Unbemittelten. Mit Rufen der Entschiedenheit griffen die Mittellosen in die Speichen der plexigläsernen Lotto-Lostrommel, brachen für horrende Einsätze sogar ihre Sparbüchsen und versuchten überdies an Geldspielautomaten Gewinne für noch höhere Lotto-Einsätze zu erwirtschaften.
Wir brüllten aus den Pforten der Annahmestellen in die unbillige Welt hinaus: »Ick tu jetzt Permu tippen, daß die Heide wackelt!« Jawohl, und ich auch!
Also tippte man, mit Glaube an Vorsehung, rituell ermittelte Zahlenreihen auf Permu-Scheinen und wohnte von Freitag bis Sonntag in den Intermundien der einstweiligen Sorglosigkeit, wußte genau, was

zu tun sein würde, wenn Sechsrichtige, auch, ganz Realist, wenn Montags wieder Zweirichtige eintreffen würden.

Nämlich im Falle eines Sechsers: 1) unmittelbar anonymes Besäufnis mit Sattessen, 2) Ruhetag, 3) Anlageberatung, 4) Zeit abbestellen, da Stelle vorerst nicht mehr notwendig, 5) Lotto-Annahmestelle pachten, 6) Euerget werden (das waren antike Großzügige, reiche Allumherspender und Lohnverzichtler, die Euergeten!), 7) die Liste mit weiteren zwölf Punkten gewissenhaft erledigen.

Aber: wegen der statistisch doch vorherrschenden Zweirichtigen-Richtung kaufte man Donnerstag wieder Die Zeit, schwor auch, sie ewig zu abonnieren, falls Fortuna dies zu würdigen wisse, trennte den vorderen Teil zum Anheizen des Kachelofens vom Stellenmarkt, wo man während genauer Untersuchungen dann vor Hunger wieder »C4-Professuren im Fach Kaviar« an der Musikhochschule Bamberg ankreuzte. Und: 8) Zeit wieder bestellen.

Daß Dirigenten, außer meistenteils geldgierig, nichts als »eitle Beiwedler« (Oskar Huth) sind, haben wir immer schon vermutet. Jetzt aber möchte Barenboim, Lindenoper, mehr Geld, wahrscheinlich nur, weil Kent Nagano, DSO, noch mehr bekommen wird. Das geht natürlich nicht!

Himmelherrgott, solche Menschen könnten sich doch von ›Gema‹ allein dämlich verdienen und als kostenlose Euergeten sowas von öffentlich funkeln und glitzern als bescheidene Gönner! Aber nein! Deshalb gehe ich in dieses Haus nur noch zu René Jacobs, der wahrscheinlich auch schwer hinlangt – aber: unvergessen jene Stunden, als wir hinten, auf unseren Bedürftigenplätzen, unter Einwirkung seines Reinhard Keiser'schen ›Kroesus‹ immer an Lotto denken und jubilieren und jauchzen mußten: Triumph, Triumpf, Triumphgeschrey!

Glückliche Stunden, erfreulicher Tag,
Da ich mich mit dir vereinigen mag!
Trauriges Weinen und Schmerzen
Kehrt sich in Lachen und Scherzen.
Lydien spüret in Leiden und Freuden
Was das Verhängnis des Himmels vermag!
Glückliche Stunden, erfreulicher Tag!
Glückliche Stunden, erfreulicher Tag!

Rubbel-Lose aber machen Rubbel-Looser! Meiner Erfahrung nach.
Und die Erträge sind erbärmlich wie beim Geldspielautomaten, welcher auch noch jämmerlich macht und auf Dauer partiell pauperisiert.
Ein verlorenes Lotto-Spiel hingegen stärkt das Spielerherz und macht
es hoffnungsfroh.

Warum ich einmal meine 6-Richtige-Lottogewinnchance anderweitig
verlebt habe, muß, weil es nicht so ganz einleuchtet, etwas umständlich erklärt werden:
Es gab eine Zeit, da wußte keiner wo Unterhaching liegt, außer ich.
(Heute kennt man den Ort zumindest namentlich wegen seines ruhmreichen Fußballclubs.) Eines Tages nun gingen wir in Unterhaching
zum Chinesen am Rathaus Mittag essen. Eine Ausnahmesituation, da
wir sonst immer in den Kammerloher gingen, mittags und abends,
Schweinebraten essen. Dann liefen wir – wer ›wir‹ waren, spielt jetzt
nicht so die Rolle – zurück in das Haus in der Karwendelstraße, wo
nur wenige wohnten. Die meisten Unterhachinger wohnen woanders
und wohnen sogar in der entgegengesetzten Richtung, und dort zuhauf. Insofern war auch das eine, zweite, Ausnahmesituation, die
Wohnsituation in der Karwendelstraße. Um in die Karwendel zu
gelangen, muß man eine Straße überqueren, die Zugspitzstraße. Wir
taten dies, notgedrungen, oft.
Heuer, also damals heuer, fiel mir auf dem Weg vom Chinesen zur
Karwendelstraße eine Neuigkeit, eine amtliche Mitteilungsvitrine,
auf; ich hatte sie vorher nie bemerkt und fragte die anderen, ob sie die
schon bemerkt hätten. Man habe sie, wurde mir zuteil, seit Ewigkei-
ten längst bemerkt, ich solle bloß mal besser gucken.
Auf Grund dieser Kränkung separierte ich mich von den anderen
und stellte ich mich vor die Schautafel und las mit Sorgfalt amtliche
Mitteilungen, Grundstücke, Müll und Straßenplanungen betreffend,
währenddessen die anderen weiter Richtung Karwendel zogen. Diese
außerordentliche Schautafelentdeckung und Schautafelverzögerung
war jetzt die dritte Sondersituation in Folge!
(Ich wiederhole kurz die drei Sondersituationen: 1) überhaupt in
Unterhaching sein, 2) zum Chinesen, nicht in den Kammerloher,
3) Schautafel gucken)
Diese Kaskade ungewöhnlicher aber noch nicht unglaublicher Aus-
nahmesituationen gebar nun eine geradezu blödsinnige Mega-Son-
derausnahmesituation mit einer Wahrscheinlichkeit, die ich versucht

habe zu errechnen und die aber wegen tausender Parameter überhaupt nur annähernd zu schätzen ist und eine 1:14 (eins zu vierzehn) Millionenchance im Lotto spielend um Zehnerpotenzen toppt!

Denn als ich nun mit meiner gewöhnlichen Ausnahmesituation an der Amtsvitrine soweit fertig war, lief ich den anderen hinterher über die Zugspitzstraße und ein Auto hielt an und kurbelte das Seitenfenster herab und fragte nach dem Weg zum Unterhachinger Polizeihauptquartier. Ich bückte mich freundlich in's offene Fenster und schaute verblüfft zwei ebenso Verblüffte an! O mei! Nach langen Sekunden verlorener Fassung fand man sie wieder und glaubte endlich, was man sah: Die beiden Autofahrer sahen mit aufgerissenen Augen Kapielski und Kapielski sah mit aufgerissenen Augen: Wolfgang Glumm und sein Weib! Aus Berlin.

Du lieber Gott! Da war sie: die ›totale (Monod'sche) Koinzidenz‹! (Welche m. E. trotz aller Unwägbarkeiten determiniert sein muß und sich keinem Spuk verdankt, den die Mode jetzt Zufall zu nennen beliebt.)

Dennoch: wären wir nicht in Unterhaching gewesen, nicht ausnahmsweise zum Chinesen gegangen, hätten nicht in der Karwendel, sondern woanders Wohnung gehabt und hätte ich nicht zufällig die Schautafelverzögerung gehabt und überhaupt und sowieso, ja, dann hätte ich Wolfgang Glumm und sein Weib gar nicht pünktlich treffen können! Staunt jetzt keiner?

Man bedenke doch nur den Wust an zufälligen (kausal dennoch erklärlichen) und eben notwendigen Ereignisverkettungen auf der Glumm'schen Seite! – Hätte Glumm das eine Bier zuviel nicht getrunken, das ihn just an diesem Tage nötigte, seinen Führerschein auf dem Unterhachinger Polizeirevier zu hinterlegen – und überhaupt warum denn ausgerechnet auf dem Unterhaching'schen? Und hätte er erst noch vorher lieber noch eines im Kammerloher noch getrunken und wäre sonst was noch dazwischen gekommen, ein Ampelrot nur, also dann wären wir uns nicht begegnet! Und wären knapp aber unauffällig aneinander vorübergeschrammt. Und das: obwohl auf meiner Seite alles soweit gut eingefädelt gewesen wäre.

Die Berechnung der Wahrscheinlichkeit des an sich völlig unwahrscheinlichen Kapielski-Glumm'schen Treffens auf der Zugspitzstraße in Unterhaching – wo die zwei sich hinverfahren und verlaufen hatten! – wird ja schon allein durch die Anzahl der möglichen deutschen Polizeireviere exponentiell idiotenhaft!

Jetzt wird sich der bis hier duldsame Leser fragen, wer denn verflucht noch mal dieser Glumm sei? Sag ich nicht! Oder doch soviel: er ist ein mir beiläufig bekannter, in Berlin wohnhafter, sehr freundlicher Schlagzeuger, welchem ich im Avantgardemilieu oft begegnete und der dann bei der Formation ›Rainbirds‹, eigentlich nur als Ersatzmann von der Formation Arnold Dreyblatts ausgeborgt, den Zufall eines Hits namens ›Blue prints matters‹ oder so ähnlich miterlebte, der also auch einiges über Zufall und Wahrscheinlichkeit zu berichten haben dürfte.

Wahrscheinlich hat man im Leben einen begrenzten Vorrat an Unwahrscheinlichem. Es kann ein Lottogewinn sein, eine saubillige Hundertfünfzig-Quadratmeter-Wohnung mit abgeschliffenen Dielen, ein Erbonkel, aber auch was Übles, oder eben ein so komisches, albernes, weder einträgliches noch schädliches Kapielski-Glumm'sches Glückstreffen. Womit der Vorrat an Außnahmeirrsinn dann allerdings schon sehr erschöpft ist. Mit sechs Richtigen wird es bei mir nichts mehr. Das ist wahrscheinlich aufgebraucht. Ich will nun gar nicht klagen, denn es war sehr schön, den Glumm dort getroffen zu haben. Und man hat ja auch sehr gewinnbringend darüber nachdenken können.

15.9.00. Bereiste gestern mal wieder die Berliner Mitte. Überall nur noch überbackene Käse-Schwuchtel-Kotze! Doofes Rumhängen an Straßencafes vor Sektkelchen am späten Vormittag (Maximen: Schlafen bis zwölf, draußen sitzen!), Edeltrebe allerorten, Nachkommen verschmähende Erbfuzzis, Handygehabe. Abends wahrscheinlich noch schlimmer. Es ist zum Weglaufen.
Dann bei chez Inge in Kreuzberg: Die Kneipe ist eine Himmelsklause auf Erden und ihre dauerarbeitslosen Gäste sind ein Hort der Gelassenheit und Strategeme. Als sich jemand abfällig über die Hefesedimente im Weißbier äußert, kontert irgendein Amateurchemiker: »Hefeweizen macht glänzendes Fell!« Es ist überhaupt immer erstaunlich, welche Gespräche dort auflohen! Zwei Gäste zeigten sich überraschend sachverständig, was die neuerdings angeblich überall gedeihende Straußenzucht betrifft! Sie redeten sich derart in Furor, daß man Entschlüsse faßte, schon am folgenden Tag eine solche Zucht in Angriff zu nehmen, indem man zunächst geschickt investierend drei befruchtete Straußeneier erwerben und daheim im Bett

selbst über Nacht ausbrüten wollte. Die weitere Vermehrung würde dann aller Wahrscheinlichkeit nach problemlos sein, da man auf zwei ins weib-liche sich entwickelnde Eier statistisch ein männliches zu erwarten habe. Wirtin Inge kommentierte den Ernst des Vorhabens erfahren mit einer angetäuschten Wischgeste quer übers Antlitz in meine Richtung, leicht schielend. (Sie hält mich für vernünftig!)

Tags darauf sollte man die zwei Staußenzüchter verzankt, sich keines Blickes würdigend, wie üblich vorm Bier hocken und ins Bild-Zeitungsstudium vertieft sehen, dem man wahrscheinlich solche Projekthinweise verdankt.

Dann wurde die Dekoration einer Wurststulle mit Petersilie durch die Wirtschaft mit »Dit Auge will ock wat sehn!« begründet. Ich beschließe in Anbetracht der Gesamtlage eine Zeitschrift mit dem Titel »Schöne Trinker« aufzulegen und neben »Schöner Wohnen«, »Schneller Essen« usw. zu stellen. Kramer (Verlag) winkt ab. Auf meine Frage: »Was würdest du anders machen, wenn du noch mal auf die Welt kämst?« antwortet er, Freund Kramer: »Noch mehr saufen!« (Was drückt dich, mein Sohn?)

Draußen aber laufen im Grunde nur noch Kreuzberger Mufti-Sachen ab: Die Weiber geduckt unterm Kaftan, unablässig freßbare Lasten hin und her schleppend, oder, sofern noch jung, grobes, lautes Benehmen, dazu, diskrepant, oft bildschön. Die elegante, selbstbewußte türkische Frau in mittlerem Alter sieht man nicht. (In Konstantinopel schon!) Hier aber: jung, oft sehr schön, mit oder ohne Jaschmak und dann, zack, Gebär- und Transportwesen. Das königliche Geschlecht aber läßt Reifen quietschen, brüllt in Funkfernsprecher und eitelmeistert, daß die Schwarte kracht. Dazu viel Ahriman (»Der Arggesinnte«) und von den Deutschen gelerntes tollkühnes Ansprüchestellen, geschicktes Hantieren mit Resentiment, listenreiche Mischung aus Dreist und Opferpose. Indolenz und Insolenz.

Derzeit auch wieder nationaler Fußballirrsinn der Türken in Deutschland mit Hupen, Fahnen und Autokorso. Man vergönnt es ihnen von Herzen, den Sieg, der leider, da vergänglich, nur kurz die hehre Wallung bläht. Es sei dies aber ein Zeichen ihres Minderwertigkeitsgefühls, wie ein Freund behauptet? Eher nicht. Das fortwährende Beklagen zweitrangiger Behandlung stärkt ja auf Dauer, es dient eigenem Hochkommen, es deckt geschickt Müßigkeiten im eigenen Bestreben und rechtfertigt unbekümmertes Ansprüchestellen. Der soziale, fürsorgende Staat legt eine solche Haltung allemal nahe; dumm, wer sich da nicht dumm stellte! So sind dies moderne, taktische Listen der ›Minderheiten‹ oder ›Diskriminierten‹.
Und die Haltung wird allgemein: Studenten, die ich eindringlich frage, wie sie ihr Fortkommen denn realisieren wollten, antworten mir emphatisch, unbekümmert: Das Sozialamt werde die Dinge, die Wohnung, den Krippenplatz, das Leben schon richten. – Na, Kacke! (Und wir ehrenwerten Alten haben doch allerhöchstens wenigstens damals nur die Oma an- und abgezapft!)

Plebejischer Kolonialismus. Ein neues Phänomen in allen Erstewelt-ländern. Verhalten von klassischen Kolonialherren und Kolonialplebs ähnlich: an Kultur und Sprache des besetzten Landes uninteressiert, man bleibt unter sich, verstärkt den eigenen Patriotismus zunehmend gegen die gering geschätzte Kultur, Sittlichkeit, Gewohnheit und Konfession des besiedelten Landes. (Neulich in Stockholm, Oslo: die Gemüsetürken sehen dort exakt genauso aus, wie die in Berlin! Es ist unfaßbar, diese Starre in jedweder Umgebung!) Geld, etwas Handel stellen die einzige Verbindung dar. Vermischung verpönt. (Reinhaltung des Blutes, der Konfession.) Das Sich-breit-machen durch imposante fertile Emsigkeit.

Oder das sich breit machen durch Arroganz, Geld, Tourismus. Verabscheuungswürdig wie sich unser Pöbel in Mallorca, Polen, Thailand benimmt und glaubt, sich die Welt okkupieren zu dürfen.

Der Dichter und Gastwirt Bert Papenfuß, welcher in dieser Gemengenlage schon irgendwie zur Jan-Steen-Type brillant sich hinentwickelte, (da mir diese wichtige Bemerkung im vorigen Jahr verloren ging, diese dieses Jahr noch eimal wiedererfunden! Denn sie) brachte mich auf den Gedanken, der Doppelberufung, insbesondere der Kombination Kneipe/Kunst, nachzugehen: Der holländische Maler Jan Steen (1626 – 1679) beherrschte zwei Handwerke meisterlich: die Braukunst, deren Schöpfungen er selbst als Budiker unter das Volk brachte (und auch der Beruf des Schankwirtes erfordert ja universales Können und Meisterschaft in verschiedenen Disziplinen, vor allem in dieser selbst!) und die Malerei, und so malte er also, auf Grund seiner hybriden Erfahrungen, treffliche, nämlich geistreiche und humorvolle Saufszenen. (In Berlin kann man seine ›Lockere Gesellschaft‹ studieren, in der Alten Pinakothek die saftige ›Schlägerei zwischen Kartenspielern‹.)
Bevor der künstlerische Nachwuchs, wie heute üblich, durchweg um staatliches Geld plärrte, verdiente sich der elder artsman seinen künstlerischen Grundbedarf und sogar Überschuß nicht selten, indem er eine Kneipe unterhielt. So machte es Oswald Wiener mit seinen diversen Berliner Gasthäusern, und so macht es auch heute noch z.B. mein Freund, der Poet Husen Ciawi, indem er das ›Mr. Hu‹ in der Goltzstraße betreibt, wobei er mit den dort erwirtschafteten Geldern zum einen in mehr als hinreichender Weise autark sein und zum anderen als Kunstförderer sich hervortun kann und so prinzipiell niemals auf die Idee kommen wird, um staatliches Geld zu winseln.
Bert Papenfuß genießt in seinem mit anderen betriebenen ›Kaffee Burger‹ sogar den Luxus einer Dichtkammer! Dort sitzt er und kann wie einst Jean Paul in der Kneipe dichten. In seiner eigenen sogar! Ich neide dies mit aller mir verbliebenen Kraft! Ein solches Maß an Autarkie stünde allen Artisten sauber an!

Heute belcantiert mir der Junge wegen irgendeiner Belanglosigkeit aber sowas von Brüllarie, daß ich auch wieder denke: Mensch, es könnte ja aus dem auch ein Welterschütterer oder Schlimmeres werden! Auch die haben ja klein angefangen. – Oder wird er Sänger? Die haben ja angeblich immer schon groß angefangen. Und das heute war groß! Egal, in welche Richtung es ausschlägt.

Passibus ambiguis fortuna errat. – Schwankenden Schrittes irrt das Schicksal umher. (Ovid)

Da haben wir nun eine dicke, faule, riesengroße Stadt Berlin. Die dicke Hälfte, der Westen, die olle Hälfte, der Osten, verbacken zu einem großen Batzen Flachland. Und in der Mitte gibts ›die Mitte‹. Aber man steht nun in Berlin-Mitte und fragt sich: Was will ich eigentlich hier? Oder in Prenzlauer Berg: Was will ausgerechnet ich AUCH noch hier?

Der Westen Berlins kannte kein Zentrum; es gab davon, vom Touristenzentrum Kurfürstendamm abgesehen, viele: in Kreuzberg zwei sogar (SO 36, Chamissoplatz), in Wilmersdorf den Olivaer Platz, Savignyplatz in Charlottenburg, Schöneberg, Goltzstraße, Neukölln, Moabit, sogar Spandau war, je nach Gusto, autark bewohnbar. Man konnte in Spandau leben, Kneipe, Kino, spezielles Milieu, hatte alles, und selten nur fuhr man nach Berlin hinein. Brauchte man nicht. Kreuzberger waren Jahre nicht in Moabit oder Charlottenburg gewesen. Mußten sie nicht! Wollten sie nicht!

Im Osten war es ähnlich. Weniger öffentlich, mehr privat gestreut wurden die Bezirke bewohnt. Milieus klumpten irgendwo in Wohnungen und halböffentlich in dezentralen Tanzkaffees.

Nun aber, nach Zusammenlegung der Stadt, bildet sich ein Zentrum: Mitte, Prenzlauer Berg, etwas Friedrichshain. Von überall her zieht es nach dort und hinterläßt woanders etliche Öden.

Die Bundesrepublik, der alte Westen Deutschlands, war ähnlich gestreut besiedelt; von je eigenem Typus waren München (Schischi und Größenwahn), Hamburg (Luxus, Elend und Musik), Köln (Kunst und Kippenberger), Düsseldorf (Ratinger Hof und Kraftwerk), Frankfurt (ehedem kommunistische Außenminister), Ruhrgebiet (Helge Schneider an Stehbierhallen), war sogar Hannover (bei chez Heinz und Silke) von jeweils typischen Szenerien belebt. Das sorgte für Abwechslung in und unter Parallelwelten. Und im Osten mag es ähnlich gewesen sein. Nun aber zieht man von überall dort und sonstwo, panisch darauf bedacht, nicht als Letzter zu kommen, nach Berlin in die zentralen Gebiete. Aus München kam Rainald Goetz, Diederichsen

von Köln, von Hamburg. Die ehedem strikten Berlinmeider sind nun
auch alle hier!

Was macht man da? Als einer, der immer schon hier war?
Man wendet sich ab und geht fort an die Ränder! Man flieht gegenstrebig nach Süden!
Man steigt, zwecks Erfrischungsfahrt, in die S-Bahn und fährt zwanzig Minuten hinaus nach ›Berlin-Lichtenrade‹! Dort steigt man aus,
steht an einem semiländlichen Bahnhof ratlos vor Bahnschranken und
fragt sich: Was will ich nun aber eigentlich HIER? (Thomas Pilleus
vivens in meridies ad polum Lichtenradum) Es gibt ja im Grunde
nichts. Aber während der Fahrt ist man in das Zeitkontinuum
der frühen achtziger Jahre geglitten und gedanklich hart an etliche
Existenziale gestoßen: Um-Gestimmtheit, Hinaus-Geworfenheit, In-
Lichtenrade-sein. Purifizierte Beobachtung.
Also was haben wir denn da? Seitlich steht eine beachtliche ehema-
lige Mälzerei mit Doppelturmfassade. Sonst nichts. Die Luftqualität
ist gut, weiter hinten liegt angenehme Ruhe um einige Nissenhütten.
Sonst gibt es, Lichtenrade betreffend, nichts zu erwähnen. Es besteht
größtenteils aus schalen Einfamilienhäusern der Mittelklasse, nennt
sich auch Villengegend, was übertrieben ist. Die Haupt- und Bahnhofstraße bietet seltsam reichlich krankbeige Strickmoden sowie

Sparkassen zu Hauf, sorgt aber für Gemüt im Ort. Angenehm wenige Menschen laufen neben auffallend vielen aber harmlosen Hunden. Sonst fällt nichts auf.

Kommen wir also ohne viel Umstände auf das Wesentliche: die Kneipen, die Gaststätten dort!

Wir gehen nach links, Richtung Osten, denn das weltläufigste an Lichtenrade ist die Bahnhofstraße, und hier ist direkt am Bahnhof das erste Haus am Platze ansässig: das ›Landhaushotel Lichtenrade‹, wo es die Preiselbeermarmelade an Hirschkeule und auch Produktpräsentationen für Seniorengruppen gibt, und ich nicht empfehlen würde, einzukehren. Es ist irgendwie fad und dämlich. Man sitzt da, bekommt mit viel Flitter und Verrenkung ein dumpfes Premiumpils hingestellt und fühlt ungeheure Blödheit auf sich lasten, während im Hintergrund Rentner Forellen kauen und von draußen alle zehn Minuten ein idiotenhaftes Bahnschrankentuten hereintutet. Immerhin, der Laden hatte ein Einsehen und ist seit gestern (sic!) geschlossen! Pleite! Bedingungslose Kapitulation. (Wirt will in Mitte: »von vorne anfangen.« Soll er nur! – Wir fangen hinten an.)

Also: Dafür ist ein Muß und Knüller das auf der anderen Straßenseite befindliche und unter den Einheimischen »Nahkampfdiele« genannte minoritäre ›Bauern-Stübchen‹, wo, um atmen zu können, im Grunde nur der Wirt und allerhöchstens vierzehn Mann sowie eine Totenman-

neskiste mit hineinpassen, und wo vorwiegend ein anekdotensicherer Wirt und Rheinländer in unfaßbarer Enge heiter ausschenkt und ziemlich gute Witze erzählt: Reisevertreter fragt, als er einmal zu Hause ist, seine Frau verwundert, warum immer ein Zettel an der Wohnungstür hängt, wo »Mannheim« draufsteht. Und so.

Wer das nicht versteht muß sofort raus! (Und nächsten Absatz weiterlesen.) Denn pointenschüttere Laufkundschaft fehlt jetzt gerade noch, um das grandiose ›Bauern-Stübchen‹ vollends zu verstopfen. Ich verkehre hier sehr gern und hege maßlosesten Haß gegen mir völlig unbekannte Menschen, nur weil sie auf meinem Platz sitzen! Anderen geht es umgekehrt genauso. So aber gerät auch eine gewisse amüsante Spannung ins Alltagsgetriebe des Bauernvölkchens, dem es im Gegensatz zu draußen hier drinnen eindeutig an Raum mangelt, und weswegen es sich einen Überschuß an dort verbrachter Zeit gönnt, da es einfach den Platz halten muß!

Beachte also, Leser, gütigst folgenden Nachtrag: Meide, als Besucher Lichtenrades allerengster Diele, dort vakanten Platz, um Deiner Unversehrtheit willen! Sie legen Euch, eines Stammstuhles wegen, um! Jeden! (Sind ansonsten gutmütig.)

Anschließend laufe, Überlebender, die Bahnhofstraße, rechte Seite, weiter hoch und beachte den beachtlichen Waschsalon nebst Wein-

handel namens ›Waschsalon 49‹, wo ein mitunter auch recht wacker pokulierendes und somit sympathisches Ehepaar einen mit französischem Wein befeuerten und überhaupt auf Weinflecke spezialisierten Waschsalon als auch Weinhandel betreibt und durchaus gewillt ist, an jeden Laufkunden einen ambulanten Schnaps im Stehen auszuschenken.

Da der deutsche Unternehmergeist hier ansonsten insgesamt sehr teilnahmslos und urlaubsreif agiert, bemüht sich kurz hinterm ›Weinwaschsalon 49‹ ein recht sonderlicher Schafskäseladen auf nahöstliche Art und mit allerlei Olivenmatsch frei improvisierend als malum necessarium in entgegengesetzter Richtung und wird wohl dennoch scheitern: an obskurer Finanzgenialität in verschätzten Markt- und Hoffnungslücken.

Am Ende der Bahnhofstraße überquert man einen unnötig breiten Damm und stößt dahinter auf den alten Lichtenrader Ortskern, wo nebst Dorfteich, Kirche (in der ich sogar einmal geheiratet habe!), nebst Geflügelzüchterei und allem was sonst noch dazugehört, sich dann auch am Orte der ehemaligen Feuerwache eine neuerliche Gaststätte befindet, in der, Kunststück!, allumher Feuerwehrdevotionalien sowie eine ordentliche Portion Traberpokale als auch kuriose Wandteller aufbewahrt werden. Über der Woche bedient ein gediegen im-

posanter und graumähniger Wirt im Lederschurz, am Sonntag gelegentlich eine hübsche, junge Dame mit frisch erworbenen Computer-
kenntnissen und ostentativem Funkfernsprechverkehr. Dadurch ist ihr
eine gewisse Eloquenz zu eigen. Die strikte Abwehr eines Gastes
sanktionierte sie einmal mit dem Argument, dieser potentielle Gast
habe nur noch zwanzig unakzeptable Prozent Blut im Alkohol gehabt.
Auf dem Rückweg besichtigen wir noch eilends die durchschnittlich
gotisch backsteinerne Dorfkirche von außen; da ist sie hübscher als
innen, wo man sie doch etwas arg purifiziert hat. Ich habe dort allerdings, neben erwähnter Hochzeit, auch einmal eine andere sehr an-
rührende Gruppenkonfirmation miterleben dürfen, wo ich zwischen
allerhand Müttern und Omas tüchtig mitweinte und auch einen Wie-
dereintritt in die Evangelische Kirche erwog. Im übrigen aber plötzlich folgende Eingebung hatte: So also sähe es aus im Lande, wenn es
keine Ausländer gäbe; irgendwie sehr viel ordentlicher, gesitteter aber
nicht unbedingt ästhetischer, eher geradezu übergewichtig älter! Und
trotz aller Segnungen schimmerte im rein deutschen Volkskorpus
während der evangelischen Jugendweihe nur matter Überlebenswille
bei gleichfalls flachatmigster Gottesfurcht durch. Di bene vertant!
(Die Götter mögen es zum Guten wenden!)

Auf dem Rückweg besuchen wir nun die am Kirchhainer Damm, Ecke

Paplitzer, neben dem ›Mode apart‹ gelegene ›Bärenklause‹. Eine sehr freundliche, helle, immer blumengeschmückte, dabei bisweilen etwas arg gemöffte und getöffte, dennoch aber rundum vorteilhafte Gaststätte unter vortrefflichster Doppeldamenbewirtung; denn es stehen dort eine Wirtin Hildegard im Schichtwechsel mit der neuerdings sehr vorteilhaft rötlich getönten Servierkraft Marion (nebst einem männlichen, bisweilen arg zusammengetrunkenem Faktotum namens Herbert) dem Publikum halbtags zur Verfügung. Ich gebe ihr, der ›Bärenklause‹, den Vorzug vor einigen anderen Lichtenrader Gaststuben, denn in dem, von mir durchaus mit großer Neigung bedachten Nahkampfstüblein, ist es oft naturbedingt zu eng, um ein sorgfältiges Zeitungsstudium zu absolvieren oder der Nachdenklichkeit mit etwas Horizont zu frönen. Hier hingegen, in der ›Bärenklause‹, liest man sich mit klausnerischster Bärenruhe sowohl durch die Stollen der ›FAZ‹ als auch in die verschwipsten Sport- und Lokalteile der possierlichen Berliner ›BZ‹ hinein und fühlt die inneren Vorzüge des ehern in sich gekehrten, frohen Lichtenraders, der sich anderen Lichtenradern als Lichtenrader zu erkennen gibt, ohne viel von Lichtenrade erzählen zu müssen. (Spätestens hier nun mag der Leser, um einiges verblüffter als noch gestern, registriert haben, daß der komische Autor dieser Zeilen längst Ernst gemacht hat! Längst schon floh er die Stadt und zog in die frisch und licht beatmete Rodung Lichtenrade!)

Na, denn: Prosit! (Zum Wohlsein!)

So. Und dann geht es die Bahnhofsstraße zurück zum Bahnhof Lichtenrade, wo wir nochmals den allerorten nachlassenden deutschen Unternehmenswillen verachten, dem merkwürdigen Gespann: Olivenpeter und ›Waschsalon 49‹ aber tüchtig huldigen, dem nur halb ernst zu nehmendem ›Kaufhaus Woolworth‹ scherzhaft zuwinken, wiederum das bankrotte ›Hotel Landhaus Lichtenrade‹ rechts liegen lassen, um gleich rechts frisch in die Wünsdorfer Straße zu schwenken, wo es ein echtes Kuriosum gibt und endlich auch einmal etwas zu essen: das ›Restaurant Turmhotel‹, welches oben auch tatsächlich ein Türmlein ziert! In einem Rittersaal wird zu ehrlichen Preisen mit der Kaminzange flambiert und ›Mischgemüse‹ aufgetragen.

Es ist mir dort etwas sehr komisches (und so noch nie) untergekommen: Man kommt sich nämlich irgendwie vor, wie früher in den Ferien in Bayern! So, wie man sich früher, Ende der sechziger, in Bayerns neugebauten Gästehäusern eben wie in Bayern vorkam. Gut, soweit. Seltsamerweise kommt man sich im ›Restaurant Turmhotel Lichtenrade‹ aber auch irgendwie vor, wie im sich aufschwingenden Osten Deutschlands! Wie in den neugebauten Hotels Ostdeutschland. Ein kruder Mix. Merkwürdig! Eine solche mentale Ost-Westinterferenz ist mir so noch nicht untergekommen. Wenn das nun einst-ma-

len das gesamtdeutsche kultur-mentale Vereinigungsresultat würde, eine Mischung aus DDR und Bayrischer Hof, ja, dann müßte man auch noch um etliches nachdenklicher werden! Zum Totlachen aber wird man auf jeden Fall was haben; soviel steht fest! Hic finis fandi. (Das waren seine letzten Worte.)

Das vorletzte Abschiedsbier nimmt man nun in ›Roth's Schultheiss Stuben‹, Hilbertstraße. Diese Stuben sind derweil auch eindeutig zu meiner liebsten Lichtenrader Gaststätte auserkoren. Der an der Ecke befindliche ›Jim Beam Club‹ mag vernachlässigt werden; es verkehrt darin zu fortgeschrittener Stunde und lauter Oldiesmusik ein vollständig motorisiertes Publikum beiderlei Geschlechts und trinkt Markenwhisky und prägt aber neuerdings eine völlig affige Neigung zum ›Mediencafé‹ mit Internetanschluß und so aus.
Bevor man nun also ›Roth's Schultheiss Stuben‹ besucht, läuft man aber unbedingt noch schnell in den alten Schuster nebenan und fragt ihn irgendwas. Er spricht ein hervorragendes Ostpreußisch und man wird traurig, daß es so etwas, nämlich sowohl solche altvorderen Schuster als auch solch uralte Sprache, bald nicht mehr geben wird und geht nun gern ins ›Roth's‹, diesen Kummer zu kurieren, wo es mit dem Bier allerdings immer etwas dauern kann.

Bevor also das bestellte Bier bei ›Roths‹ ankommt, kann man getrost noch im Milieuknüller Lichtenrades, eine Art Bierbaude und Nissenhütte der unteren, durchaus aber nicht verkommenen Trinkebene Lichtenrades, im ›Treff 1‹ nämlich, ein Bier lüpfen und dazu das traurige »One too many Mornings« von Dylan aus einer achtbaren Musikbox hören.

Dann kann man zurück zu ›Roth's‹, wo, wenn man Glück hat, inzwischen das Bier fertig ist, und das trinkt man dann aus, und dann fährt man zurück in die Stadt, was unglaublich zügig geht mit der S-Bahn bis ›Yorckstraße‹, wo unten die Möglichkeit besteht, im ›Umsteiger‹ eine Art allererstes innerstädtisches Vergleichsbier zu Lichtenrade zu probieren und auf solche Weise die gehabten Erlebnisse fester ins Gedächtnis zu setzen. Parta tueri! (Erworbenes wahren!)

Oder noch verwegener: Man fährt durch ins Zentrum nach Mitte bis S-Bahnhof ›Oranienburger Tor‹ und hockt sich oben gleich in eines dieser dumpf konfektionierten Blödcafés, es gibt sie an jeder Ecke dort, und hängt sich jeck mit hinein in die pseudometropole Edeltrebe und sehnt sich aber heimlich zurück nach Lichtenradens schlichtem Lebensglück! Denn: Iuvat o meminisse beati temporis. (Es ist erfreulich, sich einer glücklichen Zeit zu erinnern!) Vive vale!

Da capo: Was brauche ich die Hackeschen Höfe? Habe ich doch den Hoeck'schen (Gaststätte Wilhelm Hoeck »HO-Eck« seit 1894, Wilmersdorfer, Ecke Zille) und den eben erwähnten Roth'schen Hafen!

Über mich, den großen Verehrer des eher – und zu recht! – traurigen Denkers Cioran, kam heuer große Freude, da ich mein Eheweib entschlossen vermelden hörte, man werde, nachdem unserem betagten Elektroherd das Feuerchen endgültig verloschen sei, nunmehr diesen erkalteten Hausfreund rasch durch einen neuen Herd mit »Cioran-Kochfeld« ersetzen und neben unseren alten Bosch-Kühlschrank setzen! »Glückwunsch, Frau! Da habe ich nichts dagegen! Da freue ich mich sogar! Cioran ist spitze!« Dennoch: Was das eigentlich sei, Cioran-Kochfeld? Es wurde mir erklärt. Ich lasse eine Übersetzung folgen: Das Cioran-Kochfeld ist ein finster verschattetes, bisweilen rotglühendes, jedenfalls aber angeblich sehr pflegeleichtes Keramikkochwunder nach Art der geheimdienstlich verschatteten Sonnenbrillen, die in der DDR einst gern von Polizeikräften aller Gattungen getragen wurden (und im Westen von Knut Lagerfeld) und die in dieser Weise nun also, zumindest optisch, der zivilen Kochkunst dienen. (Wer hier nicht mitstaunt, ja, also der soll doch hierbleiben, wenn es ihm drüben nicht paßt!) Was aber hat Cioran mit Kochfeldern zu schaffen? Man traut ihm vieles zu; der Menschhasser und Fortpflanzungsfeind soll ja sogar eine Tochter gezeugt haben, aber nach zwei Irrtumstagen steht nun ein entzauberter Herd mit ›Ceran‹-Kochfeldern da, und ich weiß nun nicht, wer oder was ›Ceran‹ ist. Es ist das Schicksal dessen, der sich zu oft freute, daß er nur noch Energie für Enttäuschung hat.

Mein Weib, heute betrachte ich sie von exterritorialer Erhebung (Balkon): ist ein verehrungswürdiges! (Sie sonnt sich unten, zart betucht, im letzten Wärmestrahl des Jahres.) Hübsch und die Liste ihrer Leistungen lang! Die Gewölbe rund, die Fesseln schmal. Ein liebes, herzfestes Weib mit dem ein Mann, der ganz nach ihrem Geschmacke sich betragen wollte, trefflich wohl fahren würde. Nun sind unsere Seelen nicht ganz gleichgestimmt – je, nun! Gleichwohl liebe ich sie! Und halte zu ihr. (Hingegen will ich's nicht verbergen, daß meine zügellose Einbildungskraft ein paarmal über glänzende Damen und Mamsells brütete, doch die Anfechtungen waren luftfeuchter Art und meine Mentula berührte nie keinen fremden Frauenfinger nicht!)

Heute Ruhetag! Die Faulheit ist, neben Bier und Fernsehn, mein zuverlässigster Ackermann. Und dann komme ich ganz hunnisch vorgeprescht: Zack!, Bumm! –: Hochleistung!
Und wieder Mittagsschläfchen.

Man weiß um meine Vergangenheit! Ich wohnte ja dort einmal im niederländischen Nimwegen ein Jahr in einer Kellerwohnung mit einer hochkomplizierten aber liebenswerten Frau (Irma).
In Folge dessen: Nichts wünschte ich mir neulich einmal mehr, als die Hymne der Holl- und Niederländer gemeinsam mit eben solchen, dort Gebürtigen und Eingeborenen, a capella, zu schmettern! (Weil sie prima sind, die Holländer! Gesellig!)
Jetzt war mir dies vergönnt! Da mir ja durch meine beruflichen Verbindungen, der Kontakt in höchste Kreise geebnet wird und ward, sangen Gijs van Tuyl und sein charmantes Eheweib, mit mir (!), in Braunschweig, anläßlich eines phantastischen Festes beim lieben Kollegen Lienhard von Monkiewitsch, die Nationalhymne aller Niederländer, ich weiß nicht wie, und ich etwas unkundig, aber wir alle gemeinsam dann dennoch recht schmetternd und ziemlich erhaben, das schöne Lied! (Kapielski wie Prinz Klaus und immer frevelhaft die Artikel ›de‹ und ›het‹ verpfuschend.)
Der Präsident und Boß unserer Hochschule, unser Chef, war dabei anwesend, soweit ich mich entsinne, und staunte. (Was ist dieser Kapielski eigentlich für ein Mensch und Mitarbeiter?) Kollegen! Wer mich, den Frühaufsteher, spät mit Wein bewirtet, muß mit holländischem Stehgreif, gesungenem Unschlitt und Brüsseler Spitzen rechnen!
Also seht euch vor!

Da ich wiederum daheim den Chef mime, der Thron jedoch oft kippelt, da die Untertanen Respekt vermissen lassen, erkläre ich meinem Sohne im geschickten Rollentausch: »Erstgeborener, du kennst meinen Chef?!«
»Jau!«
»Und du kennst deinen Chef?!«
»Hrm.«
»Chefs gegenüber haben wir uns, in jedem Falle und immer und gemäß Kapielski'scher Familienverfassung von 1848, loyal zu verhalten! (Tyrannen- und Ausnahmefälle ausgenommen.) Und wohl-

temperierte Kritik ist natürlich auch zulässig. Egal! Man muß sie nicht mögen, die Vorgesetzten, aber als Sohn und Beamter steht man loyal zu ihnen; sie sind gewählt und inkorporieren eine klare Funktion! Also steht man ihnen bei, so gut es geht. (Im Endeffekt dann stärker und entschlossener als ihre verhüllten Neider und Feinde!) Ein Kapielski, mein Junge, zeichnete sich seit jeher durch im guten Sinne preußisch-hegelianisch-universelle Treue aus! Und dies möge so bleiben!«

Das Kind staunt mich an und fragt nach, wann es denn je die Möglichkeit gehabt haben soll, mich, seinen Altvordern und Vormund, frei zu wählen? (Argumentation futsch! Aber: er, ein wahrer Freidenker! Papa stolz!)

Ein Foto in der Zeitung: Barzel, der alte, glatte Christdemokrat, er lebt noch! Und ist gegerbt worden vom Leben nach dem Amte, bärtig, weise, sieht gut aus! Als aber 1963 Barzel älter ausschaute als heute, passierte etwas schreckliches: Montag abend gab es ›Schlager der Woche‹ im Radio; ich glaube im RIAS, wohl gedacht als Nebenwaschgang anglo-amerikanischer Umerziehungsbemühungen nach Schrenk-Notzingscher Artung. Für mich jedenfalls die einzige Sendung auf allen Bändern, wo man 1963 The Sonics, Warren Smith oder einen dieser echten amerikanischen Holzdeckel ins Kinderzimmer gesendet bekam, und anschließend obendrauf noch die Kriminalhörspielserie ›Es geschah in Berlin‹.

So auch am 22. November: 12 Jahre alt, Eltern aus unerfindlichen Gründen im Kino – sowas machten die sonst nie! –, also mit Schwester Kevin allein zu Haus, aber egal: Gespannte Hochstimmung vorm doppelknopfigen Radiogesicht auf ›Schlager der Woche‹ und die Songs der Hitparade, welche man immer postalisch in Rangfolgen zwingen durfte und so wurden sie dann von hinten aufgerollt gesendet.

Was aber war nun los!? Nichts kam; es kam traurige Klassik! Sie brachten das ›War Requiem‹ von Benjamin Britten und, um Panik wegzudrücken, ein neuerliches Totenamt von Brahms, dann jenes von Mozart. Und dann endlich eine vernünftige Erklärung: Kennedy angeschossen! Später dann: J. F. K. tot!

O weh! Da kam eine Mischung aus Angst vor dem dritten Weltkrieg unter fehlender Begleitung der Eltern und noch größerer Empörung über das Absetzen unserer einzig wahren Sendung auf unser Gemüt. Das hatte bitteschön nichts miteinander zu tun! Im Gegenteil!

Währenddessen weinten auf der Nürnberger Straße die Nutten und alle starrten ängstlich aus ihren Fenstern in eine dunkel atomare Richtung. Wir jungen Menschen aber legten mit bangem Frohlocken Singles auf: »I'm your yesterday man«, »No milk today!«, »Uranium Rock«. Dringlichkeiten und Zukunft waren nunmehr erst mal unser! Jetzt aber haben wir den Salat allgemein.

Ein Mann vom Tagesspitzelchen macht Interview mit Onkel Hu und mir im Blauen Affen; also fällt ihm nur ein, die Onkels zu bösen Saufbekenntnissen anzustiften. Und ich sage Blödsinn: »Mensch, der Durs, warum glaubt das denn bei dem keiner, der säuft doch auch, der hat doch auch Durst, deshalb nennt der sich doch so, is' doch 'n freischaffender Kunsttrinkername, ›Durs‹ und ›Grünbein‹ auch, der heißt doch Dieter, der Durs, den haben wir doch vor kurzem zufällig in einer ganz schlickigen Prenzlauer Rinne liegen sehen! Den haben wir doch da gerettet, den Dieter, mit Feuerwehr uns so!«
Also da kriegt der Gazettenschreiber schon das Stielauge für seinen erspitzelten Sensationsartikel und der Stenostift zittert, und ich drehe immer noch mehr auf, weil ich nicht fassen kann, daß er nicht merkt, daß ich ihm einen Schwärmer serviere. Und Husen lacht sich die ganze Zeit scheckig. Und der stenographiert sich einen ab und merkt nichts!
Zum Schluß sage ich noch: Das Artikelchen wollen wir aber bitte erst noch vor Drucklegung sehen, bitte! Und da kommt dann am nächsten Tag diese ganze Dieter-Durs-Geschichte komplett angefaxt.
Und ich: Aua! Das kann ich dem Grünbein, den ich ja gar nicht kenne, kann ich dem nicht antun, obwohl es mich juckt. Der hat mir nichts getan, aber daß sie so einen Irrsinn kolportieren würden, und wir hätten dann da wieder so ein selber gemachtes Feuilletonstürmchen im Schnapsglas. – Nee, das geht nicht! Also faxe ich gleich zurück: Durststrecke sofort tilgen, sonst Anwalt!
Und dann dachte ich sofort nach der Stornierung: 1. Du bist ein Feigling! 2. Dem Grünbein kann man gar nicht schaden, der ist durch seine Balladen-Schiene einfach nicht zu verulken, nicht mal zu enternsten. 3. Und wahrscheinlich stimmt alles sogar wieder fast, was du dir da ausgebrödelt hast, Kabolski!
Dann erschien also ein entschärfter, saftloser Artikel. Eine Passage mit »Ich trinke doch gar nicht! Gezeichnet Kapielski«. Ich lache mich tot! Aber die andern müssen doch denken: Was ist denn das plötzlich

für ein Dumpfbeutelchen, daß er sich da so ostentativ im Wäsche-trockner verkriecht? (Interviews nur noch schriftlich!)

21.10.00. Mit Poschardt Lesung im Zürcher Theater. Nach einem halben Tag ICE bewirkt die alte, gediegene Schweizer Eisenbahn große Sentimentalität, aber auch *I*nnehalten, *C*enuß, *E*rholung (wahres ICE).
Natürlich müssen die Theater jetzt irgendwo in den entleerten Industriegebieten ›Orte‹ finden. Zum Leidwesen der Mimen und Handwerker, welche ihre Kantine im Stammhaus vermissen. (Die Kantine ist, nach meinem Dafürhalten, auch der beste Ort zumindest an allen mir bekannten Theatern. Von dort aus sollte man direkt geschaltete Überwachungskameras ins Fernsehnetz einspeisen; das ersparte uns viel blödsinnigen Theatergang und theatralischen Mist; dafür aber hätte man Posse und Ulk blödsinnig besoffener Mimen und Schranzen und Prollwitz vom feinsten frei Haus.) In Zürich ist es eine alte Schiffbaufabrik; der ganze Schrott und Rostschauder wurde bei Fuß-bodenheizung unter feinstem Parkett behutsam beibehalten.
Poschardt ein recht guter Junge (Buch ›Cool‹ inzwischen geprüft) und duzt einen älteren Menschen auch erst, wenn dieser sich geneigt zeigt, sehr anständig! So mag man sich den Beihaspel als erwachsenen jungen Mann vorstellen!
Beim Lauf zum Bahnhof bremst mich ein Bauzaun mit Plakat: »Marilyn Manson«. Irre Gestalten, augenfälliges Posterchen. Ich glaubte, es sei eine Schweizer Mucke und fand's beachtlich gruselich: »Für hier so –: Schweiz!« Von da ab kam aber ständig diese Formation auf mich und war was amerikanisches und machte wohl derzeit international Furore als böse Wiederkunft Garry Glitters; dann fiel auch eine Passage bizarrer, beachtlich außenpositionierter Selbstreflexion aus der bereits erschienen Autobiographie (!) des doch höchstens 26 Jahre alten Sängers Marilyn Manson auf: »Ich fühle mich wie jemand, dem ich nicht erlauben würde, meine Tochter zu ficken.« Wer vermag schon so aus sich heraus und in sich, von hinten neu hineintreten? Musikalisch aber bleiben die meilenweit hinter Napalm Death zurück.

Eine neue politische Bewegung ist erstanden und betreibt fast so etwas wie Widerstand qua Affirmation: ›Saufen gegen Rechts!‹ (Da dem Rechten das Zechen nicht ohne Bedeutung, eine durchaus wirkungsvolle Aktivität!) Und es ist, wie ich erst dachte, kein Jux. Die

Kneipen führen einen Zehnten an einen Fond ab. Wofür? fragte ich mich.

»Für Eckkneipen in Palästina«, wußte jemand lakonisch zu auskunften. Wo? In der Kneipe natürlich. Dort schlug auch Rias-Jürgen ein ›Rauchen gegen Gewalt!‹ vor; er hatte sich das beim Gang zum Zigarettenautomaten ersonnen; die Marke legte es auch nahe: »Wer wird denn gleich in die Luft gehen? – Greife lieber zum/zur…«

Immer drei Staubsauger, Herde usw. kaufen! Wenn einer kaputt geht, kann man den anderen immer noch beispielsweise verlieren!

Nachmittags weiteres zwerches Raisonnement: Mein Erstgeborener und höchstallerliebster persönlicher Pseudopomp, der Schnulzenputzi, ist immer noch ein großer Freund des Altbundeskanzlers Kohl, jawohl, und ich auch! Man merkt's an der Freude, die aufkommt, wenn er, der alte Kandesbunzler, wie eben gerade in den Fünf-Uhr-Nachrichten, im Fernsehn auftritt. Für uns ist der Altkanzler, trotz allem, mit dem Schmucke der Rechtschaffenheit so hoch geziert, daß es keines weiteren auswendigen Schmuckes vonnöten hat. Und das müssen wir hier nun nicht weitläufig reflektieren, da es einzig gilt, die Schar der Aasgefräßigen, Schakale und scheelsüchtigen Maden zu scheiden, die zuvor feig und kriecherisch, nunmehr aus Grün-

den eigenen Erfolges, über unseren geliebten, beleibten Leichnam gehen. So nicht, nicht wahr, mein Sohn!

Und irret euch nicht! Der Mann wird wieder hochkommen, für einen
schrecklichen Augenblick und das Gesocks hinwegputzen! Und sei's
in tausend Jahren!

Dinge passieren! Ich nenne es mal Tuborgsyndrom: Eine Bekannte
fährt vorgestern im Karree mitten in Charlottenburg und sucht Park-
platz. Kommt einer und haut ihr mit einem Totschläger die Windschutzscheibe ein; der Mann ist besoffen, jähzornig und mißversteht
irgend etwas. Kommt zufällig noch einer vorbei und zieht ein Stilett,
um der Freundin zu helfen, diesen Suffcholeriker abzuwehren. Aus
einer Kneipe gegenüber kommt nun noch eine, sie ist dort Kellnerin,
wie sich herausstellen wird, mit einer Knarre, mit einem richtigen,
echten Püster rausgewetzt und hält den Stilettmann in Schach, da sie
ihn für den Anlaß der Turbation hält. Währenddessen jagt der Sauf-
derwisch, jetzt wieder befreit, die Bekannte. Derweil haben sich am
Straßenrand die gewöhnlichen, harmlosen Volksmassen angesammelt
und schauen tatenlos den für diese Gegend unglaublichen Tumulten
zu! Die in Todesangst umherfliehende Bekannte läuft auf einen der
Zuschauer zu und brüllt ihn an: Er möge doch endlich in Gottes Namen die Polizei rufen!

Da sagt ihr dieser doch seelenruhig, er sei nur bereit die Feuerwehr zu
rufen! Da er prinzipiell keine Polizei hole und es seines Erachtens
nach immer besser sei, wenn die Streitenden die Sache unter sich aus-
machten, auch müsse er erst einmal wissen, was hier genau los sei
und nur dann könne er vielleicht nach der Feuerwehr rufen. Wenn die
Feuerwehr dann ihrerseits die Bullen holen würde, dann sei es »denen
ihr Bier«. (Dänenbier: Tuborg. – Tuborgsyndrom!) Da sich aber
Pistole und Stilett immer noch neutralisieren, haut der Säufer dem
eventuellen Feuerwehrholer mit dem Todschläger eins auf's Haupt,
da er ihn, den Beschwichtiger und Gesinnungswicht, wieder irrtüm-
lich, für einen Freund und Beschützer der Bekannten hält.

Dann endlich klärte es sich zwischen Pistole und Stilett und die zwei
stürzten sich vereint auf den Irren und holten die Feuerwehr und die
Polizei, da sie wohl rechtmäßige Waffenbesitzer waren.

Was sagt uns das? Wenn dir jemand auf die Frontscheibe haut, dann
halte ihm auch die Heckscheibe hin. Bergpredigt.

Es gereicht mir zum charakterlichen Schmucke, daß sowohl die Schläger (einst Rocker, heute Glatzen und sonstige Wahnsinnige) als auch Frauenbeauftragte (aller Amtsgattungen) mich immer gleichwie, sei's mir auch noch so rätselhaft (in dieser Gemengelage zumal!), außerordentlich mochten und schützende Hand über mich hielten oder mich wenigstens gar nicht beachteten und in Ruhe ließen.

Die Ereignisse im Fernsehleben eines Menschen häufen sich derart, daß für Realbanalitäten das Fassungsvermögen nicht mehr ausreicht.

Ein Wort an die Frau. Einer unserer liebsten Stammtischgenossinnen, tüchtige Anwältin aus solid bürgerlich unternehmerischem Hause, ist es gelungen, den Mann für's Leben, Doktor der Botanik mit Geschick zu einkömmlicher Selbständigkeit, genau hier am Stammtische zu ködern.
Die kluge Frau pirscht eben nicht in Diskotheken umher, wo sich die Blender, Schnellstecher und Knallköppe tummeln, sondern steuert straks die gediegenen, hier Hoeck'schen, Gefielde an, wo die Juwelen und Bernsteine unter den Männern geduldig einer solchen weiblichen Erscheinung harren und sich auch umstandslos wegheiraten lassen, wenn die angebahnte Legierung sich allhier auf ein, zwei Jahre als stabil erwiesen und einige schwierige Wein- und Bierproben bestanden hat. Dann aber hat es allemal die ehernsten Ehen gestiftet!
Allein, man sieht beide fortan leider nur noch selten!

Schwarzbrot für die Weißen, Weißbrot für die Schwarzen? Ich weiß: Eine Kultur schätzt das Eigene gegen das Fremde hoch. Was es am Fremden hochschätzt, nimmt es sich und macht es sich eigen. Den Rest scheidet es drastisch ab. (Auch das Punkerpärchen von nebenan tut so, um sich des schieren Punks sicher zu wähnen!) Der Grenzstreifen des Eigenen markiert den Unterschied. Alles andere verkitschter Relativismus. (Nur in der Liebe ein Verschmelzen; aber gibt es Liebe unter Gruppen, Grüppchen, Vereinen, Völkern, Kontinenten, Inseln, Städten? Liebt Dürnsricht Pickenricht? Liebt Sorge Elend? Köln Düsseldorf? Hertha Schalke? Nee. Wohl eher nicht und überhaupt nicht!)

Plummy erkühnt sich neulich zu spontaner These: Der Russe sei die vielleicht letzte Hoffnung der hellhäutigen Welt!

Boh! – Auch der agnostischen, würde ich hinzufügen. Dann sitzt die komische Kiste.

Die Russen aber, die ich täglich in der S-Bahn beäuge, da man sie massiert um den S-Bahnhof Marienfelder Chaussee ansiedelt, sind sehr konsumstark und lederjackenbewehrt auf innerdeutsches Kraftfutter fixiert und machen sich lieber und sei es noch so verblasen hinter Sonnenbrillen der Finsternis gleich und schmücken sich ablaßorientiert mit orthodoxen Stigmata. Au weia! Ansonsten sind sie aber ganz in Ordnung, trinkfest, maßvoll bis gar nicht religiös, recht ungezwungen und – und? – und im Grunde eben genauso doof wie wir.

Ich bin alt, möchte ins Kloster, traue mich aber nicht. Die Decken sollen auch sehr dünn dort sein. Und die Familie ist dagegen. Also weitermachen! Dabei ist allgemein schon genug gemacht. Es reicht! Leider können sich nur Vermögende die mir ansonsten vorschwebende Luxusstarre erlauben.

Vorweihnachtsstimmung. Von der völkischen Presse (BZ) wohl observiert: Heute zwei Nashörner, welche zum Entzücken aller Tierlieben im Zoologischen Garten alleweil stundenlang fickten. Man hat eben nur bedauerlicherweise die Rute fortretuschiert. Titten, Arsch und ein Ansatz weiblicher Scham hingegen dürfen, in weit gefaßter Fauna, in diesen Kreisen als korrekt gelten. So schrieb ich denn auch gestern meinen ersten Leserbrief überhaupt an die »BZ« (Berliner Zeitung):

»(...) Neulich brachten Sie, (...), eine Themenseite ›Wie wird das Wetter Weihnachten‹, und dort äußerte sich eine durchaus ansehnliche, jüngere Dame, angeblich Meteorologin, mit folgenden vermessenen Worten: Sie ›verwette ihren Arsch‹ (sic!), es würde Weihnachten keinen Schnee geben! Heute ist Weihnachten, 24.12.00, 10 Uhr 20, und es schneit bei mir in Lichtenrade Türen und Garagentore zu! Und nun möchten wir, die Leser, doch bitte diesen verwetteten Arsch ganz groß und in bunt in Ihrer BZ sehen! Solch Frevel an Wetter und Sprache muß gesühnt werden! (...)«

Die Kirche droht zu brechen, droht zu stürzen, doch der heilige Innozenz stützt sie ab wie ein gotischer Schwibbogen. Einen Giotto habe ich heute koloriert, sagen wir, vorträglich zu Weihnachten, der zeigt, wie schon seit je der Osten unsere Kirche zu kippen droht, und es ist das schöne am Bild, daß der träumende Innozenz durch kriegerische Entschiedenheit und seine in der Luft hängende Streckkraft, man bemerkt die ganze Anstrengung am leichten Durchhang seines Körpers, mehr gegenhält als unser Heiliger Franz! Nichts jedoch gegen diesen, den heiligen Franz, da er doch stets und immerdar die Etappe vatikanverbürgt verfeinerte und allen zur Verfügung stand, die Notsachen betreffend! Jenem Innozenz aber entglitt der vierte Kreuzzug dann leider doch gewaltig und der Fortgang der Dinge war um einiges düsterer bemenetekelt, als wir heute für gut befinden könnten. Und der heute wohl endgültige Verlust Byzanz' schmerzt mich ohnehin täglich! Aber das sagte ich ja schon.

25.12.00. Eitle Nacht. Der Mond liegt flach und voll, so stille. Wolken treiben drüber hin.
Darunter Anflüge kleinen Größenwahns: Den kleinen Gedenkstein, den ich einigen in meinen Büchern, sie einige Male dort beiläufig erwähnend, gesetzt habe, wird dauernder sein, als der winzige, an dem sie …, ach, Mensch, vergiß es! Ende der Durchsage.

Das Papier diese Buches besteht zu 50% aus Altpapier,
für den Schutzumschlag, Überzug und Vorsatz wurde Recyclingpapier
aus 100% Altpapier verwendet. Das Kapitalband wurden aus
ungefärbter und ungebleichter Baumwolle gefertigt.